मैं सेलिंग में असफलता से सफलता तक कैसे पहुँचा?

फ़्रैंक बेटगर

अनुवाद : डॉ. सुधीर दीक्षित, रजनी दीक्षित

AF529614

MANJUL
मंजुल पब्लिशिंग हाउस

मेरी पत्नी हेज़ल को समर्पित

जिसका प्रोत्साहन, मार्गदर्शन व प्रेरणा
इस पुस्तक के प्रत्येक पृष्ठ में समाहित है

MANJUL

मंजुल पब्लिशिंग हाउस

कॉरपोरेट एवं संपादकीय कार्यालय

द्वितीय तल, उषा प्रीत कॉम्प्लेक्स, 42 मालवीय नगर, भोपाल-462 003

विक्रय एवं विपणन कार्यालय

• सी-16, सेक्टर 3, नोएडा, उत्तर प्रदेश, 201301

वेबसाइट : www.manjulindia.com

वितरण केन्द्र

अहमदाबाद, बेंगलुरू, भोपाल, कोलकाता, चेन्नई,
हैदराबाद, मुम्बई, नई दिल्ली, पुणे

फ्रैंक बेटगर द्वारा लिखित मूल अंग्रेजी पुस्तक
हाउ आय रेज़्ड मायसेल्फ़ फ़्रॉम फ़ेलियर टु सक्सेस इन सेलिंग का हिन्दी अनुवाद

यह हिन्दी संस्करण 2003 में पहली बार प्रकाशित
चौदहवां संस्करण 2016

मूल पुस्तक के प्रकाशक साइमन ऐंड शुस्टर, इन्कॉर्पोरेटिड
के सहयोग से प्रकाशित

हिन्दी अनुवाद कॉपीराइट © 2003
मंजुल पब्लिशिंग हाउस प्रा. लि.

कॉपीराइट © 1947, 1977 प्रेन्टिस हॉल, इन्कॉर्पोरेटिड

ISBN 978-81-86775-46-2

मुद्रण व जिल्दसाज़ी : रेप्रो इंडिया लिमिटेड

सर्वाधिकार सुरक्षित। यह पुस्तक इस शर्त पर विक्रय की जा रही है कि प्रकाशक की लिखित पूर्वानुमति के बिना इसे या इसके किसी भी हिस्से को न तो पुनः प्रकाशित किया जा सकता है और न ही किसी भी अन्य तरीक़े से, किसी भी रूप में इसका व्यावसायिक उपयोग किया जा सकता है। यदि कोई व्यक्ति ऐसा करता है तो उसके विरुद्ध कानूनी कार्रवाई की जाएगी।

इस पुस्तक के बारे में मेरे विचार

डेल कारनेगी

★ ★ ★

मैं इस पुस्तक के लेखक फ्रैंक बेटगर को 1917 से जानता हूँ। वह मुश्किल के रास्ते से होकर ऊपर पहुँचे हैं। उन्हें ज़्यादा शिक्षा पाने का मौक़ा नहीं मिला। वे ग्रेड स्कूल भी पूरा नहीं कर पाये। उनके जीवन की कहानी एक अनोखी अमेरिकी सफलता की कहानी है।

उनके पिता उनके बचपन में ही गुज़र गये थे और उनकी माँ पाँच छोटे-छोटे बच्चों के साथ रह गई थीं। जब वे ग्यारह वर्ष के थे तो उन्हें हर दिन सुबह चाढ़े चार बजे सड़क पर अख़बार बेचने के लिये उठना पड़ता था ताकि वे अपनी विधवा माँ की मदद कर सकें जो अपने परिवार के भोजन की व्यवस्था के लिये कपड़े धोती थी और सिलाई करती थी। मिस्टर बेटगर ने मुझे बताया है कि कई मौक़े ऐसे आये जब उनके पास शाम के भोजन में सिर्फ़ कॉर्नमील मश और स्किम्ड मिल्क ही रहता था।

14 वर्ष की उम्र में उन्होंने स्कूल छोड़ दिया। वे स्टीमफिटर के सहयोगी बन गये। अठारह वर्ष की उम्र में वे प्रोफ़ेशनल बेसबॉल खिलाड़ी बन गये और दो साल तक वे सेंट लुई कार्डिनल्स के लिये तीसरे बेस पर खेले। फिर एक दिन शिकागो, इलिनॉय में शिकागो क्लब्स के ख़िलाफ़ खेलते हुये उनकी बाँह में चोट लग गयी और उन्हें मजबूरन बेसबॉल को छोड़ना पड़ा।

वे अपने गृहनगर फिलाडेल्फिया लौट आये -- जब मैं उनसे मिला तो वे 29 वर्ष के थे, जीवन बीमा बेचने की कोशिश कर रहे थे और सेल्समैन के रूप में पूरी तरह से असफल थे। परंतु अगले बारह सालों के दौरान उन्होंने इतना धन कमा लिया कि उन्होंने सत्तर हज़ार डॉलर की जायदाद ख़रीद ली और चालीस वर्ष की उम्र में ही रिटायर हो गये। मैं जानता हूँ। मैंने यह होते देखा है। मैंने उन्हें पूर्ण असफलता से अमेरिका के सबसे सफल और सबसे अधिक आमदनी करने वाले सेल्समैनों में से एक बनते देखा है। दरअसल, मैंने कुछ समय पहले उनसे यह आग्रह किया था कि वे मेरे साथ जुड़ जायें। मैंने

उनसे कहा कि मैं युनाइटेड स्टेट्स जूनियर चैम्बर ऑफ कॉमर्स के तत्वावधान में एक सप्ताह के जो कोर्स संचालित कर रहा था वे उसमें अपनी कहानी सुनायें। इन कोर्सों का विषय था "लीडरशिप प्रशिक्षण, मानव्रीय संबंध और सेल्समैनशिप।"

फ्रैंक बेटगर इस विषय पर बोलने और लिखने के सच्चे अधिकारी हैं क्योंकि उन्होंने लगभग 40000 सेल कॉल्स की हैं-- पच्चीस सालों तक हर दिन पाँच कॉल के हिसाब से।

पहला अध्याय "किस तरह एक विचार ने मेरी आमदनी और सुख को कई गुना बढ़ाया" उत्साह की शक्ति पर मेरे द्वारा सुना गया सबसे प्रेरणादायक भाषण था। उत्साह ने फ्रैंक बेटगर को असफल लोगों की श्रेणी से बाहर निकाला और उन्हें देश के सबसे अधिक आमदनी वाले सेल्समैनों में परिवर्तित कर दिया।

मैंने देखा है कि फ्रैंक बेटगर पहली बार सार्वजनिक रूप से बोलते समय किस तरह घबरा रहे थे। मैंने यह भी देखा है कि उन्होंने किस तरह पोर्टलैंड, ओरेगॉन, मियामी, फ्लोरिडा सभी जगहों में एकत्रित बड़े जनसमूह को अपनी चर्चाओं से आनंदित और प्रेरित किया। लोगों पर उनकी बातों का इतना अद्भुत प्रभाव होते देखकर मैंने उनसे एक पुस्तक लिखने का आग्रह किया जिसमें *उनके* अनुभव हों, *उनकी* तकनीकें हों और सेलिंग की *उनकी* फिलॉसफ़ी हो, ठीक उसी तरह जिस तरह वे लेक्चर प्लेटफॉर्म से देश भर में हज़ारों लोगों को सफलता के सूत्र बताया करते थे।

तो यह पुस्तक-- जो सेल्समैनशिप पर मेरे द्वारा पढ़ी गयी अब तक की सबसे मददगार और प्रेरक पुस्तक है-- सेल्समैनों की मदद करेगी, चाहे वे बीमा बेच रहे हों, जूते बेच रहे हों, या जहाज़ या सीलिंग वैक्स बेच रहे हों। यह पुस्तक तब भी अपना काम करती रहेगी जब फ्रैंक बेटगर इस दुनिया में नहीं रहेंगे।

मैंने इस पुस्तक का हर पेज पढ़ा है। मैं उत्साह के साथ इसकी अनुशंसा कर सकता हूँ। एक सिगरेट के लिये आप एक मील पैदल चल सकने की बात करते हैं-- जब मैंने बेचना शुरू किया था, तो मैं इस पुस्तक की एक प्रति हासिल करने के लिये शिकागो से न्यूयॉर्क तक ख़ुशी-ख़ुशी पैदल चलकर गया होता, अगर यह पुस्तक उस समय उपलब्ध होती।

मैंने यह पुस्तक किस तरह लिखी

★ ★ ★

एक दिन, संयोग से, मैं न्यूयॉर्क में उसी ट्रेन में सवार हुआ जिसमें डेल कारनेगी जा रहे थे। डेल लेक्चर देने के लिये मेम्फिस, टेनेसी जा रहे थे।

उन्होंने कहाः "फ्रैंक, मैं एक सप्ताह के कोर्सों की एक श्रृंखला आयोजित कर रहा हूँ जिसे युनाइटेड स्टेटस जूनियर चैंबर ऑफ कॉमर्स ने प्रायोजित किया है। आप भी मेरे साथ इसमें आकर सेलिंग पर कुछ व्याख्यान क्यों नहीं देते ?"

मैंने सोचा वे मज़ाक़ कर रहे हैं। मैंने कहाः "डेल, आप तो जानते हैं मैं कभी ग्रेड स्कूल भी पूरा नहीं कर पाया। मैं सेलिंग पर व्याख्यान कैसे दे सकता हूँ ?"

डेल ने कहाः "सिर्फ़ लोगों को यह बताओ कि आपने अपने आपको सेलिंग में असफलता से सफलता तक कैसे उठाया। सिर्फ़ उन्हें यह बताओ कि *आपने* क्या किया।"

मैंने इस बारे में सोचा और कहा, "हाँ, मुझे लगता है मैं इतना तो कर सकता हूँ।"

कुछ ही समय बाद डेल और मैं पूरे देश में व्याख्यान दे रहे थे। हम उन्हीं श्रोताओं से पाँच रातों तक लगातार चार घंटे प्रतिदिन चर्चा करते थे। डेल आधा घंटे बोलते थे और इसके बाद मैं आधा घंटे बोलता था।

बाद में, डेल ने कहाः "फ्रैंक, आप एक पुस्तक क्यों नहीं लिखते ? सेल्समैनशिप पर कई ऐसे लोगों ने पुस्तकें लिखी हैं जिन्होंने कभी कुछ नहीं बेचा। आप सेलिंग पर एक नई तरह की पुस्तक क्यों नहीं लिखते ? एक ऐसी पुस्तक, जो बताये कि आपने क्या किया है-- एक पुस्तक, जो बताये कि आपने सेलिंग में अपने आपको असफलता से उठाकर सफलता तक किस तरह पहुँचाया। अपने जीवन की कहानी बतायें। हर वाक्य में 'मैं' शब्द का प्रयोग करें। भाषण न दें। उन्हें सेल्समैन के रूप में अपने जीवन की कहानी बतायें।"

मैंने यह पुस्तक किस तरह लिखी

मैंने इस बारे में जितना सोचा, यह मुझे उतना ही अहंकारी लगा।

"मैं यह नहीं करना चाहता," मैंने कहा।

परंतु डेल ने पूरी दोपहर मेरे साथ गुज़ारी और मुझसे यह आग्रह किया कि मैं अपनी ख़ुद की कहानी बताऊँ, ठीक उसी तरह जिस तरह मैं लेक्चर प्लेटफॉर्म से बता रहा था।

डेल ने कहाः "हर शहर में जहाँ हमें लेक्चर देते हैं, वहाँ पर जूनियर चैंबर ऑफ कॉमर्स के बच्चे पूछते हैं कि क्या फ्रैंक बेटगर अपने लेक्चरों को पुस्तक के रूप में प्रकाशित करवाने जा रहे हैं। आपको शायद लगे कि साल्ट लेक सिटी में वह युवक मज़ाक़ कर रहा था जब उसने इस पुस्तक की पहली प्रति के लिये 40 डॉलर का एडवांस दिया था -- परंतु वह मज़ाक़ नहीं कर रहा था। वह जानता था कि उसके लिये यह पुस्तक 40 डॉलर से कई गुना ज़्यादा क़ीमती होगी..."

तो, कुछ ही समय में, मैं यह पुस्तक लिख रहा था।

इन पृष्ठों में, मैंने अपनी मूर्खताओं और ग़लतियों की कहानी बताने की कोशिश की है और जो मैंने किया उसी के कारण मैं असफलता और निराशा के दलदल से ऊपर उठने में कामयाब हुआ। जब मैं सेलिंग में असफल हो चुका था तो मैं बुरी तरह निराश था। मैं सेलिंग के बारे में जैक-रैबिट (jack-rabbit) से अधिक कुछ नहीं जानता था। बेसबॉल में गुज़ारे आठ वर्षों ने मुझे सेलिंग जैसे काम के लिये अयोग्य बना दिया था। अगर लंदन के लॉयड्स मुझ पर दाँव लगाते तो वे मेरी सफलता पर एक हज़ार में से एक का दाँव लगाते। और मुझे अपने आप पर उतना भी भरोसा नहीं था जितना कि लॉयड्स ने मुझ पर किया होता।

मुझे आशा है कि आप "मैं" के इतने अधिक प्रयोग के लिये मुझे क्षमा कर देंगे और इसे नज़रअंदाज़ करेंगे। अगर इस पुस्तक में ऐसा कुछ लगे जैसे मैं अपने बारे में डींगें हाँक रहा हूँ तो मैं आपको बता दूँ कि ऐसा करने का मेरा कोई इरादा नहीं था। मैंने जो भी डींगें हाँकी होंगी, वे उन विचारों के लिये होंगी जिन्होंने मेरे लिये इतना कुछ किया है और वे *किसी* के लिये भी इतना कर सकते हैं बशर्ते कि उन पर अमल किया जाये।

मैंने उस तरह की पुस्तक लिखने की कोशिश की है जिस तरह की पुस्तक की मैं उस समय तलाश कर रहा था जब मैंने बेचना शुरू किया था। यह रही पुस्तक। आशा है यह आपको पसंद आयेगी।

विषय-सूची

खंड एक

इन विचारों ने मुझे असफल लोगों के समूह से बाहर निकाला

खंड दो

सेलिंग में सफलता का फॉर्मूला

खंड तीन

दूसरों का विश्वास जीतने के छह तरीक़े

अध्याय	विषय-सूची	पृष्ठ

खंड चार

क्या करें जिससे लोग आपके साथ बिज़नेस करना चाहें

खंड पाँच

सेल के क़दम

खंड छह

हारने से न डरें

खंड एक

इन विचारों ने मुझे असफल लोगों के समूह से बाहर निकाला

1 किस तरह एक विचार ने मेरी आमदनी और सुख को कई गुना बढ़ाया

प्रोफ़ेशनल बेसबॉल खिलाड़ी बनते ही मुझे अपनी ज़िंदगी का एक बहुत बड़ा झटका लगा। यह 1907 की बात है। मैं ट्राई-स्टेट लीग में पेनसिल्वेनिया के जॉन्स्टाउन की तरफ़ से खेल रहा था। मैं युवा था, महत्वाकांक्षी था, मैं शिखर पर पहुँचना चाहता था- और हुआ क्या ? मुझे वहाँ से धक्के मारकर बाहर निकाल दिया गया! अगर मैं मैनेजर के पास जाकर उससे यह नहीं पूछता कि उसने मुझे टीम से बाहर *क्यों* निकाला तो शायद मेरी ज़िंदगी का नक़्शा कुछ और ही होता। दरअसल अगर मैंने उससे वह सवाल नहीं पूछा होता तो मुझे आज यह पुस्तक लिखने का दुर्लभ अवसर भी नहीं मिलता।

मैनेजर ने बताया कि उसने मुझे टीम से बाहर इसलिये किया था क्योंकि मैं आलसी था! मैं और आलसी! मैं इस बात की कल्पना भी नहीं कर सकता था और मुझे यह सुनने की क़तई उम्मीद नहीं थी।

"तुम मैदान में इस तरह घिसटते हुए चलते हो जैसे तुम्हें फुटबॉल खेलते-खेलते बीस साल हो चुके हैं," उसने मुझे बताया। "तुम इस तरह का व्यवहार क्यों नहीं करते जिससे यह पता चले कि तुम आलसी नहीं हो।"

मैंने कहा, "देखो, बर्ट, मैं इतना नर्वस होता हूँ, इतना डरा हुआ होता हूँ कि मैं अपने डर को जनता से और ख़ासकर टीम के दूसरे खिलाड़ियों से छुपाना चाहता हूँ। इसके अलावा, मैं यह भी सोचता था कि अगर मैं चीज़ों को आराम से लूँगा तो मेरी नर्वसनेस दूर हो जायेगी।"

"फ्रैंक," उसने कहा, "इससे कोई फ़ायदा नहीं होगा। तुम्हारे पिछड़ने

का यही कारण है। यहाँ से जाने के बाद तुम कहीं भी जाओ, पर भगवान के लिये, जाग जाओ और अपने काम में थोड़ा ज़्यादा उत्साह और जोश लाओ।"

मैं जॉन्स्टाउन में हर महीने 175 डॉलर कमा रहा था। वहाँ से निकाले जाने के बाद मैं अटलांटिक लीग में पेनसिल्वेनिया के चेस्टर में चला गया जहाँ वे मुझे हर महीने सिर्फ़ 25 डॉलर दे रहे थे। इतने कम पैसे मिलने पर ज़्यादा उत्साहित होने की मेरे पास कोई वजह नहीं थी, परंतु मैंने उत्साही होने का *अभिनय* किया। जब मुझे वहाँ तीन दिन हो गये तो एक पुराना खिलाड़ी डैनी मीहन मेरे पास आया और उसने मुझसे कहाः "फ्रैंक, तुम इस घटिया लीग में क्या कर रहे हो ?"

मेरा जवाब था, "डैनी, अगर मुझे बेहतर जगह पर काम मिले, तो मैं कहीं भी जाने को तैयार हूँ।"

एक सप्ताह बाद डैनी ने कनेक्टिकट के न्यू हैवन को इस बात के लिये राज़ी कर लिया कि वे मुझे ट्रायल का मौक़ा दें। न्यू हैवन में मेरा पहला दिन मुझे हमेशा याद रहेगा, क्योंकि यह मेरे जीवन की एक महान घटना थी। मुझे उस लीग में कोई नहीं जानता था, इसलिये मैंने यह संकल्प किया कि कोई भी मुझ पर आलसी होने का इल्ज़ाम न लगा सके। मैंने अपने मन में यह संकल्प कर लिया कि मैं न्यू इंग्लैंड लीग का सबसे उत्साही बॉल प्लेयर कहलाना पसंद करूँगा। मैंने सोचा कि अगर मेरी इस तरह की छवि बन जायेगी तो फिर मुझे उस छवि के अनुरूप बनना ही पड़ेगा।

मैदान पर मैं जिस पल उतरा, उसी पल से मैंने इस तरह से व्यवहार किया जैसे मुझमें बिजली दौड़ रही हो। मैंने इतनी फुर्ती दिखाई जैसे मुझमें दस लाख बैटरियाँ लगी हों। मैंने डायमंड के चारों तरफ़ बॉल इतनी तेज़ी और ताक़त से फेंकी कि उनसे इनफील्डर्स के हाथ ही नहीं टूटे, बाक़ी सब हो गया। एक बार जब मैं फँस चुका था, तो मैं इतनी ऊर्जा और शक्ति से थर्ड बेस में फिसला कि थर्ड बेसमैन के हाथ से बॉल छूट गयी और मैं एक महत्त्वपूर्ण रन स्कोर करने में कामयाब हो गया। हाँ, यह सब एक दिखावा था। मैं अभिनय कर रहा था। उस दिन तापमान 100 डिग्री के क़रीब था। अगर उस दिन मैदान पर दौड़ते हुए मैं सनस्ट्रोक की वजह से गिर जाता तो मुझे आश्चर्य नहीं होता।

क्या यह काम आया ? इसने तो जादू कर दिया। तीन बातें हुईंः

1. मेरे उत्साह के कारण मेरा डर पूरी तरह निकल गया। दरअसल मेरी नर्वसनेस ने मेरी मदद करना शुरू कर दिया। मैंने कभी सोचा भी नहीं था कि मैं इतना अच्छा खेल सकता था। (अगर आप नर्वस हैं तो

ईश्वर को धन्यवाद दीजिये। इसको रोकिये मत। इसको बने रहने दीजिये। आपकी नर्व्ज़ आपके *पक्ष में* काम करेंगी।)

2. मेरे उत्साह का टीम के दूसरे खिलाड़ियों पर भी प्रभाव पड़ा और वे भी उत्साहित हो गये।

3. गर्मी के मारे निढाल होकर गिरने के बजाय मुझे खेलते समय अच्छा महसूस हुआ और खेल ख़त्म हो जाने के बाद मैं पहले से बेहतर अनुभव कर रहा था।

मुझे सबसे अधिक रोमांच तब हुआ जब मैंने अगली सुबह न्यू हैवन के अख़बार में यह ख़बर पढ़ीः "इस नये खिलाड़ी बेटगर में तो उत्साह का भंडार है। उसने हमारे लड़कों को प्रेरित किया। न सिर्फ़ इन खिलाड़ियों ने यह गेम जीता, बल्कि वे इस सीज़न में पहले कभी इतना अच्छा नहीं खेले।"

अख़बारों ने मुझे "पेप" बेटगर का नाम देना शुरू कर दिया--जो टीम की जान था। मैंने अख़बार की ख़बर को जॉन्स्टाउन के मैनेजर बर्ट कॉन को भिजवा दिया। जब उसने "पेप" बेटगर के बारे में पढ़ा होगा, जिसे उसने *आलसी* होने के कारण तीन सप्ताह पहले अपनी टीम से निकाल दिया था, तो आप कल्पना ही कर सकते हैं कि उसके चेहरे पर कैसे भाव आये होंगे ?

दस दिन के भीतर ही *उत्साह* ने मुझे 25 डॉलर प्रति माह से 185 डॉलर प्रति माह तक पहुँचा दिया-- इसने मेरी आमदनी को 700 प्रतिशत बढ़ा दिया। मुझे इस बात को दोहराने दें- और किसी चीज़ ने नहीं, सिर्फ़ उत्साही होने के अभिनय ने मेरी आमदनी को दस दिनों में 700 प्रतिशत बढ़ा दिया। मेरी तनख़्वाह में यह ज़बर्दस्त बढ़ोतरी इसलिये नहीं हुई क्योंकि मैं बॉल को पहले से बेहतर फेंक सकता था- या बेहतर तरीक़े से हिट या कैच कर सकता था, इसलिये भी नहीं क्योंकि मैं अधिक योग्य खिलाड़ी बन गया था। मेरा बेसबॉल का ज्ञान अब भी उतना ही था, जितना कि पहले था।

उस छोटी सी चेस्टर टीम के लिये 25 डॉलर प्रति माह पर खेलने के दो साल बाद मैं सेंट लुइस कार्डिनल्स के लिये थर्ड बेस खेल रहा था और मेरी आमदनी तीस गुनी हो गयी थी। ऐसा कैसे हुआ ? केवल उत्साह के कारण ऐसा हुआ; सिर्फ़ उत्साह ने यह कर दिखाया।

उसके दो साल बाद जब मैं शिकागो में शिकागो क्लब्स के लिये गेम खेल रहा था तो मेरे साथ एक दुखद दुर्घटना हुई। फुल रन के दौरान जब मैं स्विंगिंग बन्ट ले रहा था, तो मैंने विपरीत दिशा में थ्रो करने की कोशिश की।

मेरी बाँह में कुछ चटकने की आवाज़ आयी। इस दुर्घटना की वजह से मुझे बेसबॉल छोड़नी पड़ी। उस समय मुझे यह एक बड़ी ट्रैजेडी लग रही थी, परंतु अब जब मैं पीछे पलटकर देखता हूँ तो मुझे लगता है यह मेरे जीवन की सबसे सौभाग्यशाली घटनाओं में से एक थी।

मैं घर आया और अगले दो साल तक मैं फिलाडेल्फिया की सड़कों पर साइकल से घूमते हुए अपनी रोज़ी-रोटी कमाता रहा। मैं क़िस्तों पर फ़र्नीचर देने वाली फ़र्म में वसूली करने लगा, जहाँ आप एक डॉलर अभी देकर सामान ले लेते थे और बाक़ी "आसान" या "मुश्किल" क़िस्तों में चुकाते थे। दो साल तक क़िस्तों की वसूली करने के बाद मैंने फैसला किया कि मैं फाइडेलिटी मीच्युअल लाइफ इन्श्योरेंस कंपनी के लिये बीमा बेचने की कोशिश करूँगा।

अगले दस महीने मेरे जीवन के सबसे लंबे और निराशाजनक महीने थे।

जीवन बीमा बेचने में बुरी तरह असफल होने के कारण मैं आख़िरकार इस नतीजे पर पहुँचा कि *मुझमें सेल्समैन के गुण नहीं थे।* मैंने शिपिंग क्लर्क की नौकरी के लिये विज्ञापनों के जवाब देना शुरू कर दिये। मैंने महसूस किया कि चाहे मैं कोई भी काम करूँ, मुझे उस काम को लेकर एक अजीब से डर के कॉम्प्लेक्स उबरना ही होगा, इसलिये मैं डेल कारनेगी के पब्लिक स्पीकिंग कोर्स में शामिल हो गया। एक रात मिस्टर कारनेगी ने मुझे मेरी चर्चा के बीच में रोका।

"मिस्टर बेटगर," उन्होंने कहा। "एक मिनट रुकिये... एक मिनट। आप जो कह रहे हैं, क्या उसमें आपकी रुचि है ?"

"हाँ, क्यों नहीं ?" मैंने जवाब दिया।

मिस्टर कारनेगी ने कहा, "आप अपनी चर्चा में थोड़ा उत्साह क्यों नहीं भरते ? जब तक आप अपनी बात में थोड़ा जोश और उत्साह नहीं भरेंगे तब तक आप यह उम्मीद कैसे कर सकते हैं कि आपके श्रोता उत्साहित होंगे ?"

इसके बाद डेल कारनेगी ने हमारे क्लास को उत्साह की शक्ति पर एक बड़ा प्रेरणादायक लेक्चर दिया। वे अपनी चर्चा में इतने रोमांचित हो गये कि उन्होंने एक कुर्सी को उठाकर दीवार पर दे मारा और उसका एक पैर तोड़ डाला।

उस रात को बिस्तर पर जाने से पहले मैं एक घंटे तक बैठकर सोचता रहा। मुझे जॉन्स्टाउन और न्यू हैवन के अपने बेसबॉल के दिन याद आ गये।

पहली बार मैंने महसूस किया कि जिस ग़लती के कारण बेसबॉल का मेरा कैरियर चौपट हो रहा था, उसी ग़लती के कारण अब मेरा सेल्समैन का कैरियर चौपट होने जा रहा था।

उस रात मैंने जो निर्णय किया वह मेरी ज़िंदगी का निर्णायक मोड़ था। वह निर्णय यह था कि मैं बीमा बिज़नेस को नहीं छोड़ूँगा, बल्कि अपने बेचने में अधिक उत्साह का प्रदर्शन करूँगा यानी कि उसी तरीक़े का प्रयोग करूँगा जिसका प्रयोग मैंने न्यू हैवन की टीम में शामिल होने पर बेसबॉल खेलते समय किया था।

मैं अगले दिन की अपनी पहली कॉल को कभी नहीं भूल पाऊँगा। यह मेरा पहला "आगे निकलने का" सत्र था। मैंने यह मानसिकता बना ली थी कि मैं अपने ग्राहक के सामने इस तरह का दिखावा करूँगा कि उसे लगे कि वह ज़िंदगी में पहली बार इतने उत्साही सेल्समैन से मिल रहा है। जब मैं रोमांचित होकर उसकी मेज़ पर अपना हाथ ठोंक रहा था, तो मुझे लग रहा था कि किसी भी समय सामने वाला आदमी मुझे रोक देगा और पूछेगा कि क्या आपकी मानसिक स्थिति ठीक है, परंतु उसने ऐसा नहीं किया।

इंटरव्यू में एक मौक़ा ऐसा भी आया जब मैंने देखा कि वह अधिक तनकर बैठ गया और उसने अपनी आँखें चौड़ी कर लीं, परंतु उसने सवाल पूछने के सिवाय मुझे बीच में बिलकुल नहीं रोका। क्या उसने मुझे बाहर जाने के लिये कहा? नहीं, उसने मुझसे बीमा ख़रीद लिया! यह आदमी था फिलाडेल्फिया की बूर्स बिल्डिंग का एक अनाज व्यापारी अल एमॉन्स, जो जल्द ही मेरा अच्छा दोस्त और प्रेरणास्त्रोत बन गया।

उस दिन के बाद से मैं सेलिंग में सफल होने लगा। उत्साह के जादू ने मुझे बिज़नेस में सफलता दिलाना चालू कर दिया, ठीक उसी तरह जिस तरह इसने मुझे बेसबॉल में सफलता दिलाई थी।

मैं आपको यह नहीं जताना चाहता कि उत्साह का मतलब सिर्फ़ मुट्ठी ठोंकना होता है... परंतु अगर मुट्ठी ठोंकने से आप उत्साहित होते हैं तो मैं पूरी तरह आपके साथ हूँ। मैं एक बात जानता हूँः जब मैं ख़ुद को उत्साहित होने का अभिनय करने के लिये विवश करता हूँ तो मैं जल्दी ही उत्साहित अनुभव करने लगता हूँ।

बत्तीस साल के सेलिंग कैरियर में मैंने देखा है कि उत्साह के कारण दर्जनों सेल्समैनों की आमदनी दुगनी और तिगुनी हो गयी है। और मैंने यह भी

देखा है कि उत्साह की कमी के कारण सैकड़ों सेल्समैन असफल हुए हैं।

मेरा दृढ़ विश्वास है कि सफल सेलिंग में उत्साह सबसे बड़ा तत्व है। उदाहरण के तौर पर, मैं एक ऐसे आदमी को जानता हूँ जो बीमे का बहुत बड़ा विशेषज्ञ है-- वह इस विषय पर एक पुस्तक भी लिख सकता है-- परंतु उसे बीमा बेचने में सफलता नहीं मिली। क्यों ? काफ़ी हद तक़ इसका कारण यह है कि उसमें उत्साह की कमी है।

मैं एक और सेल्समैन को जानता हूँ जो बीमे के बारे में दस प्रतिशत भी नहीं जानता, परंतु उसने इससे बहुत पैसा कमाया है और बीस साल बाद ही रिटायरमेंट ले लिया। इस सेल्समैन का नाम स्टैनले गैटिस है और अब वह फ्लोरिडा के मियामी बीच में रहता है। उसकी अद्‌भुत सफलता का कारण उसका ज्ञान नहीं, बल्कि उसका उत्साह है।

क्या आप उत्साहित होना सीख सकते हैं-- या यह एक पैदाइशी गुण होता है ? निश्चित रूप से आप इसे सीख सकते हैं! स्टैनले गेटिस ने यह सीखा था। वह एक मानवीय डायनैमो था। कैसे ? वह हर दिन अपने आपको विवश करता था कि वह उत्साहित होने का अभिनय करे। अपनी योजना के अनुसार स्टैनले गेटिस बीस साल तक लगभग हर सुबह एक कविता को दोहराते थे। उन्होंने पाया कि इसे दोहराने से उन्हें उस दिन उत्साहित रहने में मदद मिलती थी। मुझे यह कविता इतनी प्रेरणादायक लगी कि मैंने इसे एक कार्ड पर छपवा लिया और इसे सैकड़ों लोगों को बाँटा। यह कविता हर्बर्ट कॉफ़मैन ने लिखी है और इसका शीर्षक भी अच्छा है...

विजय

तुम ही वह आदमी हो जो डींगें हाँका करते थे
कि तुम चोटी पर पहुँचोगे,
किसी दिन!

तुम सिर्फ़ एक मौक़ा चाहते थे,
यह साबित करने का कि तुममें कितना ज्ञान था
और यह कि तुम कितनी दूर तक जा सकते हो...

हमने एक और साल गुज़ार लिया है।
कितने नये विचार आपके पास आये ?
आपने कितने बड़े काम किये ?
समय... ने आपको बारह ताज़े महीने दिये
आपने उनमें से कितनों का
लाभ लिया और साहस के साथ प्रयास किया
उस काम को करने का जिसमें आप अक्सर असफल होते थे ?

हमें आपका नाम सफल लोगों की सूची में नहीं मिला।
इसका कारण बतायें!
नहीं, आपके पास अवसर की कमी नहीं थी!
हमेशा की तरह -- आप काम करने में असफल रहे।

आप इस कविता को याद क्यों नहीं कर लेते, आप इसे हर दिन क्यों नहीं दोहराते। यह आपके लिये भी वह कर सकती है जो इसने स्टैनले गेटिस के लिये किया था।

एक बार मैंने वाल्टर पी. क्राइस्लर का एक वक्तव्य पढ़ा था। मैं इससे इतना प्रभावित हुआ कि मैं इसे एक सप्ताह तक अपनी जेब में रखकर घूमता रहा। मुझे लगता है कि मैंने इसे चालीस से अधिक बार पढ़ा होगा, जब तक कि मुझे यह पूरी तरह याद नहीं हो गया। मैं चाहूँगा कि हर सेल्समैन इसे कंठस्थ कर ले। वाल्टर क्राइस्लर से जब सफलता का रहस्य बताने के लिये कहा गया तो उन्होंने कई गुणों का ज़िक्र किया जैसे योग्यता, क्षमता, ऊर्जा परंतु उन्होंने यह जोड़ा कि असली रहस्य था उत्साह। "हाँ, उत्साह से भी ज़्यादा," क्राइस्लर ने कहा, "मैं इसे रोमांच का नाम देना चाहूँगा। मैं इस बात को पसंद करता हूँ कि लोग रोमांचित हों। जब वे रोमांचित होते हैं, तो वे अपने ग्राहकों को भी रोमांचित कर देते हैं और हमें बिज़नेस मिल जाता है।"

उत्साह दुनिया में सबसे अधिक लाभदायक गुण है, शायद इसलिये क्योंकि यह सबसे दुर्लभ गुणों में से एक है, परंतु यह भी याद रखिये कि यह सर्वाधिक संक्रामक गुणों में से एक है। अगर आप उत्साही हैं तो इस बात की काफ़ी संभावना है कि आपका श्रोता भी उत्साही होगा, चाहे आप अपने विचारों

को ख़राब तरीक़े से प्रस्तुत कर रहे हों। उत्साह के बिना आपकी बातें उतनी ही मुर्दा होंगी जितनी कि पिछले साल की टर्की।

उत्साह सिर्फ़ बाहरी अभिव्यक्ति नहीं है। एक बार आप इसे हासिल करना शुरू कर देते हैं तो फिर उत्साह आपके भीतर लगातार काम करने लगता है। आप अपने घर पर शांति से बैठे हैं... तभी आपके दिमाग़ में एक विचार आता है... वह विचार विकसित होने लगता है... आख़िरकार, आप पर उत्साह हावी हो जाता है... आपको कोई नहीं रोक सकता।

इससे आपको अपने डर को जीतने में मदद मिलेगी, बिज़नेस में अधिक सफल होने में मदद मिलेगी, अधिक धन कमाने में मदद मिलेगी, अधिक स्वस्थ, अमीर और सुखी जीवन जीने में मदद मिलेगी।

आप कब शुरू कर सकते हैं? अभी हाल। बस अपने आप से इतना ही कहें, "मैं यह एक काम कर सकता हूँ।"

आप किस तरह शुरूआत कर सकते हैं? इसका सिर्फ़ एक ही नियम है:

उत्साही बनने के लिये-- उत्साह का अभिनय करें।

इस नियम पर तीस दिन तक चलें और आश्चर्यजनक परिणाम देखने के लिये तैयार रहें। यह आसानी से आपके पूरे जीवन को बदल सकता है।

हर सुबह अपने पिछले पैरों पर खड़े हो जायें और इन शब्दों को पूरे उत्साह और सशक्त मुद्राओं के साथ दोहरायें:

उत्साह के अभिनय के लिये अपने आपको विवश करें और आप उत्साही बन जायेंगे!

मेरा आपसे अनुरोध है कि आप फ्रैंक बेटगर के इस अध्याय को कई बार पढ़ें और यह महान और पवित्र संकल्प कर लें कि आप अपने काम और अपने जीवन में जितने उत्साह से काम करते हैं, आप उसकी मात्रा को दुगुना कर लेंगे। अगर आप इस संकल्प पर अमल करने में कामयाब होते हैं तो शायद आपकी आमदनी दुगुनी हो जायेगी और आपका सुख भी।

डेल कारनेगी

2 इस विचार से मैं सेलिंग को छोड़ने के बाद दुबारा लौटा

जब मैं अपने गुज़रे हुए सालों पर नज़र डालता हूँ तो मुझे हैरानी होती है कि किस तरह छोटी-छोटी चीज़ों ने मेरी ज़िंदगी बदल दी। जैसा मैं पहले ही बता चुका हूँ कि दस दुखद, निराशाजनक महीनों तक जीवन बीमा बेचने की कोशिश करने के बाद मैं यह सोचने लगा था कि मैं कभी कुछ नहीं बेच सकता। मैंने इस्तीफ़ा दे दिया और मैंने नौकरियों के विज्ञापनों के जवाब देना शुरू कर दिया। मैं शिपिंग क्लर्क की नौकरी करना चाहता था, क्योंकि बचपन में मैं अमेरिकन रैडियेटर कंपनी में क्रेट्स में कील ठोंकने और शिपमेंट के लिये उन्हें स्टेंसिल करने का काम कर चुका था। चूँकि मेरी शिक्षा कम थी, इसलिये मैंने सोचा कि मेरे लिये इसी तरह का काम ठीक रहेगा। परंतु मेरी लाख कोशिशों के बाद भी मुझे शिपिंग क्लर्क की नौकरी नहीं मिली।

मैं न सिर्फ़ हताश था, बल्कि मैं निराशा के महासागर में गोते खा रहा था। मैंने सोचा कि अब मुझे फिर से साइकल पर सवार होकर जॉर्ज केली के लिये क़िस्तें वसूलने का काम करना पड़ेगा। मेरी सबसे बड़ी आशा यह थी कि मुझे 18 डॉलर प्रति सप्ताह की अपनी पुरानी नौकरी वापस मिल जाये।

बीमा कंपनी ऑफ़िस में मैं एक फाउंटेन पेन, पेननाइफ और कुछ छुटपुट व्यक्तिगत चीज़ें छोड़ आया था। एक दिन मैं इन चीज़ों को वापस लेने के लिये गया। मुझे आशा थी कि मैं ज़रा सी देर में सामान लेकर वापस लौट आऊँगा। परंतु जब मैं अपनी मेज़ पर से अपना सामान साफ़ कर रहा था, तभी कंपनी के प्रेसिडेंट मिस्टर वाल्टर लेमर टाल्बट और सभी सेल्समैन वहाँ पर मीटिंग करने के लिये आ गये। वहाँ से उठकर जाना अजीब लगता, इसलिये मैं वहाँ बैठ गया और मैंने कई सेल्समैनों की चर्चायें सुनीं। उन्होंने जितनी अधिक चर्चा की, मैं उतना ही निराश होता गया। वे उन चीज़ों के

बारे में बातें कर रहे थे जिन्हें करने की मैं कभी सोच भी नहीं सकता था। तभी मैंने मिस्टर टाल्बट के मुँह से एक ऐसा वाक्य सुना जिसने पिछले इकतीस सालों से मेरे जीवन पर गहरा और अमिट प्रभाव डाला है। *वह वाक्य यह था:*

> सज्जनों, सेलिंग का यह बिज़नेस कुल मिलाकर एक बात पर निर्भर करता है- सिर्फ़ एक बात पर... लोगों से मिलना। मुझे साधारण योग्यता का कोई भी आदमी बता दीजिये जो बाहर निकलता है और हर दिन चार या पाँच लोगों से गंभीरता से अपनी बात कहता है और मैं आपको वह आदमी दिखा दूँगा जिसे सफल होना ही है!

और यह सुनकर मैं अपनी कुर्सी से जैसे उछल गया। मैं मिस्टर टाल्बट की किसी भी बात पर विश्वास कर सकता था। इस आदमी ने ग्यारह साल की उम्र से कंपनी के लिये काम करना शुरू कर दिया था। उसने हर डिपार्टमेंट में काम किया था। उसे सड़क पर सामान बेचने का कई सालों का अनुभव था। ऐसा लगा जैसे बादलों के बीच से सूरज अचानक चमकने लगा हो। मैंने वहीं तत्काल यह फैसला कर लिया कि मैं उसकी इस बात पर विश्वास करूँगा और अमल करूँगा।

मैंने अपने आपसे कहा, "देखो, फ्रैंक बेटगर, तुम्हारे दोनों पैर सही-सलामत हैं। तुम हर दिन बाहर निकलकर अपनी बात चार या पाँच लोगों के सामने रख सकते हो; और इसलिये तुम्हें सफल होना ही है-- ख़ुद मिस्टर टाल्बट ने यह बात कही है!"

ओह, मैं कितना ख़ुश था! मुझे बहुत अधिक राहत मिली थी-- क्योंकि मैं जानता था कि मैं सफल होने जा रहा हूँ!

यह बात तब की है जब उस साल के ख़त्म होने में दस सप्ताह ही बचे थे। मैंने उस अवधि में यह रिकॉर्ड रखने का फैसला किया कि मैं कितने लोगों से मिलता हूँ, ताकि मैं यह सुनिश्चित कर सकूँ कि मैं हर दिन कम से कम चार लोगों से मिल सकूँ। रिकॉर्ड रखने से मुझे यह भी पता चला कि मैं और ज़्यादा कॉल कर सकता था। परंतु मैंने यह भी पाया कि सप्ताह दर सप्ताह हर दिन चार लोगों से मिलना बड़ा काम है। इससे मुझे यह एहसास हुआ कि पहले मैं वाक़ई कितने कम लोगों से मिलने जाया करता था।

इन दस सप्ताहों में मैंने 51,000 डॉलर का जीवन बीमा बेचा--

जितना मैं शुरूआती दस महीनों में नहीं बेच पाया था। यह ज़्यादा नहीं था परंतु इसने मेरे सामने यह साबित कर दिया कि मिस्टर टाल्बट जो कह रहे थे, सच कह रहे थे। मैं बेच सकता था!

फिर मुझे यह एहसास हुआ कि मेरा समय मूल्यवान है। इसलिये मैंने यह संकल्प किया कि मैं भविष्य में अपने समय को कम से कम बर्बाद करूँगा। मैंने सोचा रिकॉर्ड रखने की क्या ज़रूरत है।

उसके बाद न जाने क्यों मेरी सेल्स कम होने लगीं। कुछ महीनों बाद मैंने अपने आपको उतनी ही बुरी स्थिति में पाया जिसमें मैं पहले था। शनिवार की एक दोपहर मैं अपने ऑफ़िस में गया और ख़ुद को एक छोटे कॉन्फ्रेंस रूम में बंद कर लिया। तीन घंटे तक बैठकर मैं ख़ुद से यह पूछता रहाः "मेरे साथ समस्या क्या है? ग़लती कहाँ पर हो रही है?"

केवल एक ही निष्कर्ष था। आख़िरकार समस्या की जड़ को सीमित करते-करते मुझे एक ही बात समझ में आयी। मुझे इसे मानना ही पड़ा। मैं लोगों से मिल नहीं रहा था।

"मैं किस तरह *ख़ुद* को लोगों से मिलने के लिये तैयार करूँ?" मैंने सोचा। "निश्चित रूप से मेरे पास प्रेरणा की कमी नहीं है। मुझे पैसे की ज़रूरत है। मैं *आलसी* नहीं हूँ।"

आख़िरकार, मैंने यह फैसला किया कि मैं एक बार फिर से रिकॉर्ड रखना शुरू करूँगा।

एक साल बाद मैं अपनी एजेंसी के सामने खड़ा होकर उत्साह और गर्व से अपनी कहानी सुना रहा था। बारह महीनों में मैंने कितने कॉल्स किये, *मैंने इसका पूरा रिकॉर्ड रखा और मैंने इसे गोपनीय रूप से रखा*। संख्या में गड़बड़ी की कोई गुंजाइश नहीं थी, क्योंकि मैंने हर दिन आँकड़े लिखे थे। मैंने कुल मिलाकर 1849 कॉल किये थे। इनमें से मैं 828 लोगों से मिला और 65 लोगों को बीमा सेल किया और मेरा कमीशन 4251.82 डॉलर था।

मैंने यह हिसाब भी लगाया कि मेरे हर कॉल का मूल्य क्या था? मेरे हर कॉल का मूल्य था 2.30 डॉलर। ज़रा सोचिये! एक साल पहले मैं इतना हताश हो चुका था कि मैंने इस्तीफ़ा दे दिया था। *अब मेरे हर कॉल से मेरी जेब में 2.30 डॉलर जा रहे थे, चाहे मैं उस आदमी से मिलूँ या न मिलूँ।*

इन रिकॉर्डों को रखने से मुझे जो हौसला मिला, मुझमें जो विश्वास

जागा उसे मैं शब्दों में नहीं बता सकता।

बाद में, मैं बताऊँगा कि किस तरह रिकॉर्ड रखने से मुझे ख़ुद को सुव्यवस्थित रखने में मदद मिली और मैं किस तरह क्रमशः अपने हर *कॉल* के मूल्य को 2.30 डॉलर से बढ़ाकर 19 डॉलर तक ले गया; किस तरह कई सालों में मैंने सेल को सफलतापूर्वक क्लोज़ करने के अपने अनुपात को 29 में से 1 से 25 में से 1 और फिर 20 में से 1, फिर 10 में से 1 और आख़िरकार 3 में से 1 कर लिया। अब मुझे अनुमति दें कि मैं आपके सामने एक और उदाहरण प्रस्तुत करूँः

रिकॉर्ड से पता चला कि मेरी 70 प्रतिशत सेल्स पहली मुलाक़ात में हो जाती थीं, 23 प्रतिशत सेल्स दूसरी मुलाक़ात में हो जाती थीं और सिर्फ़ 7 प्रतिशत सेल्स तीसरी या बाद की मुलाक़ातों में होती थीं। परंतु ज़रा यह भी सुनियेः मेरा 50 प्रतिशत समय इन 7 प्रतिशत सेल्स में लग रहा था। "मैं इन 7 प्रतिशत के बारे में चिंता क्यों करूँ," मैंने सोचा। "क्यों न मैं अपने सारे समय को पहली और दूसरी मुलाक़ातों में ही लगाऊँ?" केवल इसी फैसले से मेरे हर कॉल का मूल्य 2.80 डॉलर से बढ़कर 4.27 डॉलर हो गया।

बिना रिकॉर्ड के हमारे पास यह जानने का कोई तरीक़ा नहीं है कि हमसे कौन सी चीज़ ग़लत हो रही है। मैग्ज़ीन पढ़ने से मुझे जितनी प्रेरणा मिल सकती है, उससे ज़्यादा प्रेरणा मुझे अपने रिकॉर्ड के अध्ययन से मिल सकती है। विश्व के महानतम सेल्समैनों में से एक क्ले डब्ल्यू. हैमलिन ने हज़ारों लोगों की तरह मुझे भी अक्सर प्रेरणा दी है। क्ले ने मुझे बताया कि वे तीन बार असफल हुए, तब कहीं जाकर उन्होंने रिकॉर्ड रखना शुरू किया।

"आप जब तक बल्ला नहीं घुमाते, तब तक आप गेंद को हिट नहीं कर सकते," मैंने पाया कि यह सिद्धांत सेलिंग में भी उतना ही सही था जितना कि बेसबॉल में। जब मैं कार्डिनल्स के साथ खेलता था, तो हमारी टीम में स्टीव इवान्स नाम का एक राइट फील्डर था। स्टीव एक लम्बा-तगड़ा, ताक़तवर आदमी था जिसे बेब रूथ के साँचे में ढाला गया था और वह भी बेब की तरह ही बॉल को ताक़त से हिट कर सकता था। परंतु स्टीव की एक बुरी आदत थी। इंतज़ार करने की आदत। आम तौर पर उसे दो स्ट्राइक बोलकर बताने पड़ते थे, तब कहीं जाकर वह अपना बैट घुमाता था। मुझे सेंट लुइस में एक महत्वपूर्ण खेल याद है- नौवीं इनिंग में स्टीव की बैटिंग की बारी थी। दो लोग बाहर थे और बेस पूरे भरे थे, यानी कि किसी भी तरह

के शॉट से गेम को जीता जा सकता था। स्टीव ने अपने फेवरिट बैट को उठाया और प्लेट की तरफ़ चल दिया। हर आदमी चिल्ला रहा थाः "स्टीव, चलो, पहली गेंद को हिट कर दो!"

प्लेट पर अपने स्थान पर खड़े होने के बाद आप देख सकते थे कि स्टीव पहली बॉल को हिट करने के लिये पूरी तरह तैयार था... बॉल सीधे प्लेट के बीचोंबीच आयी... परंतु इवान्स ने बल्ले को अपने कंधे से नीचे नहीं उतारा, उसका बल्ला हिला भी नहीं।

"स्ट्राइक वन," अंपायर गरजा।

"स्टीव, चलो! अगली बॉल पर बैट घुमाओ!" खिलाड़ी और जनता अनुरोध कर रहे थे।

स्टीव ने अपने स्पाइक्स को ज़मीन में ज़्यादा गहराई से गड़ा लिये ताकि अच्छी पकड़ जम सके। एक बार फिर पिचर ने बीचोंबीच बॉल फेंकी।

और एक बार फिर, स्टीव ने बल्ला नहीं घुमाया। "स्ट्राइक टू!" अंपायर गरजा।

"इवान्स!" हमारा मैनेजर रॉजर ब्रेस्नाहन थर्ड बेस कोचिंग लाइन से चीख़ा। "आख़िर तुम किस चीज़ का इंतज़ार कर रहे हो?"

"एक तारीख़ का और पंद्रह तारीख़ का, और क्या!" स्टीव ने ग़ुस्से से कहा। (पहली और पंद्रहवीं तारीख़ को तनख़्वाह मिला करती थी।)

हर बार जब भी मैं सेल्समैनों को सेलिंग के घंटों में ऑफ़िस में बैठे देखता हूँ और उन्हें प्रॉस्पेक्ट कार्ड्स से ताश खेलते देखता हूँ, तो मुझे स्टीव इवान्स की याद आ जाती है जिसका बैट उसके कंधों पर है और वह मारने लायक गेंदों को भी छोड़ रहा है- और मुझे ब्रेस्नाहन की वह चीख़ भी सुनाई देती हैः "इवान्स, आख़िर तुम किस चीज़ का इंतज़ार कर रहे हो?"

अगर आप मेहनत करें तो सेलिंग दुनिया का सबसे आसान काम है-- परंतु अगर आप इसे हल्के-फुल्के ढंग से करें तो सेलिंग दुनिया का *सबसे मुश्किल* काम है।

आप जानते होंगे, एक अच्छा डॉक्टर परिणामों का इलाज नहीं करता। वह *कारणों* का इलाज करता है। इसलिये आइये सेलिंग के व्यवसाय के इन सूत्रों की तरफ़ चलेंः

आप तब तक कमीशन नहीं कमा सकते जब तक कि आप बेच न दें;

आप तब तक बेच नहीं सकते, जब तक कि आप ऑर्डर न लिख लें;

आप तब तक ऑर्डर नहीं लिख सकते, जब तक कि आप ग्राहक से मिल न लें;

और आप तब तक मिल नहीं सकते, जब तक कि आप कॉल न करें!

संक्षेप में यही सारी बातों का निचोड़ है। सेलिंग बिज़नेस की नींव यही है- **कॉल्स**!

3 इसे करने के बाद मुझे अपने सबसे बड़े दुश्मन का सामना करने में मदद मिली

पहले साल में तो मेरी कमाई इतनी कम थी कि मुझे स्वार्दमोर कॉलेज की बेसबॉल टीम के कोच का पार्ट टाइम जॉब करना पड़ा।

एक दिन, मुझे चेस्टर के वाय. एम. सी. ए. की तरफ़ से आमंत्रण मिला कि मैं वहाँ जाकर "साफ़-सुथरा जीवन, साफ़-सुथरा चरित्र और साफ़-सुथरा खेल" विषय पर कुछ बोलूँ। पत्र को पढ़ते ही मुझे यह एहसास हो गया कि उनके आमंत्रण को स्वीकार करना मेरे लिये क़तई संभव नहीं था। दरअसल मेरे सामने यह रहस्य अचानक खुला कि सौ लोगों की बात तो रहने दें, मुझमें एक अकेले आदमी से भी विश्वासपूर्ण ढंग से बात करने की हिम्मत नहीं थी।

तब मुझे यह एहसास होना शुरू हुआ कि अगर मैं किसी भी काम में सफल होना चाहता हूँ, तो सबसे पहले मुझे अपने संकोच और अजनबियों से बात करने के अपने डर को जीतना होगा।

अगले दिन, मैं वाय. एम. सी. ए. 1421 आर्क स्ट्रीट, फिलाडेल्फिया गया और मैंने शैक्षणिक संचालक को बताया कि मेरी असफलता के कारण क्या थे। मैंने पूछा कि क्या उनके यहाँ कोई ऐसा कोर्स है जो मेरी मदद कर सकता है। वे मुस्कराये और उन्होंने जवाब दियाः "हमारे पास जो कोर्स है आपको उसी की ज़रूरत है। मेरे साथ आइये।"

मैं एक लंबे हॉल के गलियारे में उसके पीछे-पीछे चल दिया। हम एक कमरे में गये जहाँ लोगों का समूह बैठा हुआ था। एक आदमी ने अभी-अभी बोलना ख़त्म किया था और दूसरा आदमी अपने पैरों पर खड़ा होकर उस आदमी की चर्चा का मूल्यांकन कर रहा था। हम कमरे में पीछे की तरफ़ बैठ गये। शैक्षणिक संचालक ने मेरे कान में कहाः "यह एक पब्लिक स्पीकिंग कोर्स है।"

मैंने कभी "पब्लिक स्पीकिंग कोर्स" का नाम नहीं सुना था।

तभी एक और आदमी खड़ा हुआ और उसने भाषण देना शुरू कर

दिया। उसका भाषण भयानक था। दरअसल यह इतना भयानक था कि इससे मुझे प्रोत्साहन मिला। मैंने ख़ुद से कहा, "हालाँकि मैं डरा हुआ हूँ, हालाँकि मैं गूँगा हूँ, परंतु मैं इससे बुरा तो नहीं बोल सकता।"

जल्दी ही वह आदमी जिसने पहले वाले वक्ता का मूल्यांकन किया था दुबारा मंच पर आया। मेरा उससे परिचय करवाया गया। उसका नाम *डेल कारनेगी* था।

मैंने कहा, "मैं शामिल होना चाहता हूँ।" उन्होंने कहा, "हमारा कोर्स लगभग आधा हो चुका है। शायद आपको कुछ समय और इंतज़ार करना चाहिये। हम जनवरी में एक और क्लास शुरू करने जा रहे हैं।"

"नहीं," मैंने कहा, "मैं अभी, इसी समय शामिल होना चाहता हूँ।"

"ठीक है," मिस्टर कारनेगी मुस्कराये और उन्होंने मेरी बाँह थामकर कहाः "आप हमारे अगले वक्ता हैं।"

ज़ाहिर है, यह सुनकर मैं थर-थर काँपने लगा- दरअसल मैं आतंकित था- परंतु किसी तरह मैं क्लास के स्टुडेन्ट्स को यह बताने में कामयाब हो गया कि मैं वहाँ पर क्यों आया था। मेरी चर्चा भयानक थी, परंतु भयानक होने के बावजूद मेरे लिये यह ज़बर्दस्त जीत थी। इसके पहले मैं किसी भीड़ या समूह के सामने खड़ा नहीं हो सकता था और इतना भी नहीं कह सकता था कि "आप कैसे हैं ?"

यह इन पंक्तियों को लिखने के तीस साल पहले की बात है। बहरहाल, वह रात मुझे हमेशा याद रहेगी क्योंकि इसी रात से मेरे जीवन का अत्यंत महत्वपूर्ण दौर शुरू हुआ था।

मैं इस ट्रेनिंग के लिये भर्ती हो गया और मैं साप्ताहिक मीटिंग्स में नियमित रूप से जाता रहा।

दो महीने बाद मैं चेस्टर गया और मैंने वहाँ अपना भाषण दिया। मैं यह पहले ही सीख चुका था कि अपने ख़ुद के अनुभवों के बारे में बात करना तुलनात्मक रूप से आसान होता है, इसलिये मैंने चेस्टर के अपने श्रोताओं को बेसबॉल के अपने अनुभव बताये, मिलर हगिन्स के साथ रूममेट होने के संस्मरण सुनाये और यह बताया कि मैं किस तरह बड़े लीग मैचों में पहुँचा जिनमें क्रिस्टी मैथ्यूसन पिचिंग कर रहे थे। मैं इस तथ्य से हैरान था कि मैं लगभग आधा घंटे तक बोला। मैं और भी ज़्यादा हैरान तब हुआ जब बीस या तीस लोग बाद में मेरे पास आये, उन्होंने मुझसे हाथ मिलाया और मुझे बताया

कि उन्हें इस चर्चा में कितना मज़ा आया था।

यह मेरे जीवन की सबसे बड़ी सफलताओं में से एक थी। इससे मुझे इतना विश्वास मिला जितना पहले किसी चीज़ से नहीं मिला था। मुझे यह किसी चमत्कार की तरह लग रहा था। यह एक चमत्कार ही था। दो महीने पहले मैं किसी से अपनी आधिकारिक स्थिति में भी चर्चा करने से डरता था और अब, मैं यहाँ खड़ा होकर 100 लोगों के समूह के सामने उनकी दिलचस्पी का केंद्र बना हुआ था और इस अनुभव का आनंद ले रहा था। जब मैं उस कमरे से बाहर निकला तो मैं पूरी तरह बदल चुका था।

मेरे पच्चीस मिनट के भाषण से उस समूह के लोगों ने मेरे बारे में जितना जाना, उतना वे उस स्थिति में नहीं जान पाते अगर मैं महीनों तक उनके साथ बिना बोले बैठा रहता।

मुझे आश्चर्य हुआ जब मीटिंग के चेयरमैन और डेलावेअर काउन्टी के प्रसिद्ध वकील जे. बॉर्टन वीक्स स्टेशन तक मेरे साथ आये। जब मैं ट्रेन में चढ़ा तो उन्होंने मुझसे हाथ मिलाया, मुझे भावभीना धन्यवाद दिया और मुझे आमंत्रित किया कि मैं मौक़ा मिलते ही वहाँ फिर चला आऊँ। जब ट्रेन चलने लगी तो उन्होंने कहा, "मैं और मेरा लॉ पार्टनर जीवन बीमा ख़रीदने के बारे में सोच रहे हैं।"

मुझे चेस्टर जाने का "अगला मौक़ा" आश्चर्यजनक रूप से जल्दी ही मिल गया।

उसके कुछ सालों बाद जे. बॉर्टन वीक्स कीस्टोन ऑटोमोबाइल क्लब के प्रेसिडेन्ट बन गये जो दुनिया का दूसरा सबसे बड़ा ऑटोमोबाइल क्लब है। बॉर्टन वीक्स मेरे बहुत अच्छे दोस्त बन गये और इसके अलावा मेरे बिज़नेस को बढ़ाने में भी उनका काफ़ी बड़ा हाथ रहा।

हालाँकि इस संबंध से मुझे बहुत लाभ हुआ, परंतु यह लाभ उस लाभ की तुलना में कुछ भी नहीं था जो मुझे आत्मविश्वास और साहस हासिल करने से मिला था और इसका कारण इतना सा था कि मैंने पब्लिक स्पीकिंग में यह कोर्स करके ट्रेनिंग हासिल की थी। इससे मेरी आँखें खुलीं और मेरा उत्साह बढ़ा; इससे मुझे अपने विचारों को लोगों के सामने अधिक प्रभावी तरीक़े से कहने में मदद मिली; और इससे मुझे अपने सबसे बड़े दुश्मन को नष्ट करने में मदद मिली- डर।

जो आदमी या औरत डर के कारण पीछे है, जिसमें साहस और

आत्मविश्वास की कमी है, मैं उससे यही अनुरोध करता हूँ कि वह अपने शहर में आयोजित हो रहे सबसे अच्छे पब्लिक स्पीकिंग कोर्स में शामिल हो जाये। किसी भी लेक्चर कोर्स में शामिल न हों। किसी ऐसे कोर्स में ही शामिल हों जहाँ आपको हर मीटिंग में बोलने का मौक़ा मिले क्योंकि यही तो आप चाहते हैं- बोलने का अनुभव।

अगर आपको कोई अच्छा, प्रैक्टिकल कोर्स न मिले तो वही कीजिये जो बेन फ्रैंकलिन ने किया था। बेन ने इस तरह की ट्रेनिंग के महान मूल्य को समझ लिया था और उन्होंने मेरे गृहनगर में ही एक "ग्रुप" बना लिया। हर सप्ताह वे एक रात को मिला करते थे। हर सप्ताह या महीने के लिये वे चेयरमैन चुनते थे। अगर आपको कोई अच्छा प्रशिक्षक न मिले, तो एक-दूसरे का मूल्यांकन करें जैसा फ्रैंकलिन के ग्रुप ने 200 साल पहले किया था।

मैंने पाया कि मेरी क्लास के उन सदस्यों को सबसे ज़्यादा फ़ायदा हुआ और उनमें सबसे ज़्यादा सुधार नज़र आया जिन्होंने अपनी ट्रेनिंग का प्रयोग अपने प्रैक्टिकल जीवन में किया। इसलिये ख़राब स्थिति के बावजूद मैंने सार्वजनिक रूप से बोलने के अवसर ढूँढना शुरू कर दिया। पहले तो स्टेज के डर के मारे मेरी जान निकल गयी, परंतु मैंने किसी तरह अपना भाषण पूरा कर ही लिया।

मैंने आठ बच्चों की संडे स्कूल क्लास को भी पढ़ाया। बाद में मैं संडे स्कूल का सुपरिंटेंडेंट बन गया। मैं नौ साल तक सुपरिंटेंडेंट बना रहा। इस ट्रेनिंग और अनुभव का प्रभाव लोगों के साथ मेरी निजी चर्चाओं में भी पड़ा। यह मेरे अब तक के सर्वश्रेष्ठ अनुभवों में से एक था।

मैं जितने भी लीडर्स और सफल लोगों से मिला हूँ उनमें साहस था, आत्मविश्वास था और उनमें से ज़्यादातर लोग अपनी बात को अच्छी तरह से और प्रभावी तरीक़े से कह सकते थे।

मैंने यह पाया कि डर को भगाने का और साहस तथा आत्मविश्वास को तेज़ी से विकसित करने का सबसे अच्छा तरीक़ा यह है कि समूह के सामने बोला जाये। मैंने पाया कि जब श्रोताओं के समूह के सामने बोलने का मेरा डर दूर हो गया तो अकेले आदमी के सामने बोलने का मेरा डर अपने आप दूर हो गया, चाहे वह व्यक्ति कितना ही बड़ा या महत्वपूर्ण क्यों न हो। पब्लिक स्पीकिंग की इस ट्रेनिंग और अनुभव ने मुझे अपने खोल से बाहर निकाला, मेरी आँखें खोलीं ताकि मैं अपनी संभावनाओं को देख सकूँ और इसने मेरी सीमाओं को विस्तार दिया। यह मेरे कैरियर के टर्निंग पॉइन्ट्स में से एक था।

4 इकलौता तरीक़ा जिससे मैं खुद को व्यवस्थित कर पाया

जब मैंने रिकॉर्ड रखना शुरू किया तो जल्दी ही मुझे यह पता चल गया कि मैं दुनिया का सबसे अव्यवस्थित आदमी था। मैंने प्रति सप्ताह चालीस कॉल्स की दर से साल भर में 2000 कॉल करने का लक्ष्य रखा था। परंतु मैं इतनी बुरी तरह से पिछड़ गया कि मुझे रिकॉर्ड रखने में ही शर्म आने लगी। मेरे इरादे नेक थे। मैं नये संकल्प करने लगा परंतु वे अधिक दिनों तक नहीं चले। मैं किसी तरह ख़ुद को व्यवस्थित *नहीं कर पा रहा था*।

आख़िरकार मेरे दिमाग़ में यह बात घुस गयी कि मुझे योजना बनाने के लिये अधिक समय निकालना चाहिये। यह सोचना आसान था कि चालीस या पचास प्रॉस्पेक्ट्स (prospects) या संभावित ग्राहकों के कार्ड सामने रख लिये जायें और मान लिया जाये कि मैं पूरी तरह तैयार था। *इसमें* ज़्यादा समय नहीं लगता। परंतु रिकॉर्ड का पूरी तरह विश्लेषण करना, हर कॉल का सावधानीपूर्वक अध्ययन करना, यह योजना बनाना कि मैं हर व्यक्ति से क्या कहूँगा, प्रस्ताव तैयार करना, पत्र लिखना और शेड्यूल बनाना, सोमवार से लेकर शुक्रवार तक के हर दिन के कॉल को उनके सही क्रम में व्यवस्थित करना-- इस सब कामों में चार से पाँच घंटे के ठोस और गहन परिश्रम की आवश्यकता थी।

इसलिये मैंने शनिवार की सुबह को अलग रख लिया और इसे "ख़ुद को व्यवस्थित करने के दिन" का नाम दिया। क्या इस योजना से मुझे मदद मिली ? सुनिये! हर सोमवार की सुबह जब मैं निकलता था तो अनिच्छा से कॉल करने के बजाय मैं विश्वास और उत्साह के साथ लोगों से मिलने जाता था। मैं उनसे मिलने के लिये उत्सुक और व्यग्र होता था क्योंकि मैंने उनके बारे में सोचा था, उनकी स्थितियों का अध्ययन किया था, और मेरे पास कुछ विचार थे जो मेरी राय में उनके लिये मूल्यवान हो सकते थे। सप्ताह के अंत में थकान और हताशा अनुभव करने के बजाय मैं दरअसल प्रफुल्लित महसूस करने लगा और मैं रोमांचित होकर यह सोचता था कि अगले सप्ताह मैं इससे भी बेहतर

कर सकता हूँ।

कुछ साल बाद मैं इस क़ाबिल हो गया कि अपने "ख़ुद को व्यवस्थित करने के दिन" को शुक्रवार की सुबह पर ले आऊँ और बाक़ी के सप्ताह को अपने शेड्यूल से हटा दूँ। इस तरह मैं सोमवार की सुबह तक अपने बिज़नेस को पूरी तरह से भूल सकता था। यह बड़ी हैरानी की बात थी कि जब मैंने योजना बनाने के लिये पर्याप्त समय निकाला तो मैंने कितना अधिक काम कर लिया। और यह तो उससे भी अधिक हैरानी की बात थी कि जब मैंने योजना के बिना काम किया तो मैं कितना कम काम कर पाया। मुझे सप्ताह में साढ़े चार दिन टाइट शेड्यूल में काम करना पसंद है, बजाय इसके कि मैं पूरे सप्ताह हर समय काम करता रहूँ और कुछ भी हासिल न कर सकूँ।

मैंने पढ़ा है कि महान उद्योगपति हेनरी एल. डोहर्टी ने कहा थाः "मैं लोगों को दो कामों को छोड़कर हर काम के लिये नौकरी पर रख सकता हूँः *सोचना, और चीज़ों को उनके महत्त्व के क्रम से करना*।"

मेरी समस्या यही थी। बहरहाल, इतने सालों तक हर सप्ताह इस समस्या को सुलझाने के बाद मेरा विश्वास है कि सही जवाब इतना सा है- सोचने और योजना बनाने के लिये पर्याप्त समय निकालें।

इस अध्याय के अंत में आप एक "साप्ताहिक टाइमटेबल" देखेंगे। मैंने इसे सैंपल की तरह नहीं बनाया है। मैंने अपनी फाइलों में से कुछ पन्ने निकाले और उनमें से एक का प्रयोग उदाहरण के लिये किया है। आप एक महीने के "रिकॉर्ड कार्ड्स" भी देखेंगे, जो हर उस आदमी की मदद कर सकते हैं जो अपने समय की योजना बनाना चाहता है।

हाँ, मैं आपको यह कहते हुए सुन सकता हूँ, "परंतु यह मेरे लिये नहीं है! मैं इस तरह की चीज़ नहीं कर सकता- मैं टाइमटेबल के हिसाब से ज़िंदगी नहीं गुज़ार सकता। मैं सुखी नहीं रहूँगा।" मेरे पास आपके लिये अच्छी ख़बर है। *आप अभी भी टाइमटेबल के हिसाब से ज़िंदगी गुज़ार रहे हैं*। और अगर आपने इसकी योजना नहीं बनायी है तो शायद यह एक ख़राब टाइमटेबल है। मुझे एक उदाहरण देने की अनुमति दीजियेः कई साल पहले एक युवक मेरे पास सलाह के लिये आया। उसने एक बहुत पुराने और प्रतिष्ठित कॉलेज से अच्छे नंबरों से स्नातक की परीक्षा पास की थी और वह सेलिंग लाइन में सफलता के सपने लेकर गया था। अब दो साल बाद वह बुरी तरह निराश हो चुका था। उसने कहा, "मिस्टर बेटगर, मुझे सच-सच बताइये, क्या आपको लगता है कि मुझमें सेल्समैन का हुनर है ?"

"नहीं, एड," मैंने जवाब दिया, "मुझे नहीं लगता कि तुममें सेल्समैन का हुनर है।"

उसका चेहरा लटक गया, परंतु मैंने आगे कहा। "मुझे नहीं लगता कि किसी में भी सेल्समैन -- या किसी और व्यवसाय का हुनर होता है। मुझे *लगता है कि हमें अपने आपमें उस काम का हुनर पैदा करना होता है जो हम बनना चाहते हैं।*"

"मैं समझा नहीं!" एड ने कहा। "मैं हमेशा व्यस्त रहता हूँ और काम करता रहता हूँ। मुझे अपने लिये टाई ख़रीदने का भी वक़्त नहीं मिलता। काश कि मैं अपने आपको व्यवस्थित कर पाता!"

मुझे यह बात पता थी कि यह युवक सुबह देर से उठता है। इसलिये मैंने कहा, "एड, तुम छह बजे वाले क्लब में शामिल क्यों नहीं हो जाते?"

"छह बजे वाले क्लब में?" उसने पूछा। "यह कौन सा क्लब है?"

मैंने स्पष्ट किया, "कई साल पहले मैंने पढ़ा था कि बेन फ्रैंकलिन के अनुसार जो लोग जल्दी नहीं उठते उनमें से केवल कुछ ही लोग बुढ़ापे तक ज़िंदा रह पाते हैं और उनसे भी बहुत कम लोग कभी सफल हो पाते हैं। इसलिये मैंने अपनी अलार्म घड़ी को सुबह डेढ़ घंटे पहले सेट करना शुरू कर दिया। इसमें से एक घंटा मैं पढ़ने और अध्ययन करने में लगाता हूँ। ज़ाहिर है कि मैं रात को जल्दी ही बिस्तर पर चला जाता हूँ, परंतु मुझे इससे बहुत फ़ायदा हुआ है।"

उस दिन एड सहमत हो गया कि वह अलार्म घड़ी ख़रीदेगा और सुबह छह बजे वाले क्लब में शामिल हो जायेगा। उसने ख़ुद को व्यवस्थित करने वाले दिन के रूप में शनिवार की सुबह को अलग रख दिया। जल्दी ही उसकी समस्यायें पीछे छूट गयीं और एड सफलतापूर्वक बेचने लगा। चार साल बाद ही एक बड़ी औद्योगिक कंपनी ने उसे एक बड़ी पूर्वी टेरिटरी के मैनेजर पद पर नियुक्त कर दिया।

कुछ समय पहले की बात है, मैंने इन्टरनेशनल बिज़नेस मैशीन्स कॉरपोरेशन के एक्ज़ीक्यूटिव का इंटरव्यू लिया। यह कंपनी अपनी सेल्स-ट्रेनिंग तकनीकों के लिये दुनिया में मशहूर है। मैंने उस एक्ज़ीक्यूटिव से पूछा कि वे अपनी "साप्ताहिक वर्कशीट" को कितना महत्वपूर्ण मानते हैं।

उसका कहना था: "मिस्टर बेटगर, हम अपने सेल्समैनों को कुछ टूल्स देते हैं जो हमारे हिसाब से उनकी सफलता के लिये अनिवार्य हैं। हमारा नंबर

वन टूल है 'साप्ताहिक वर्कशीट' जिसे हमारे सेल्समैनों को हर हालत में भरना होता है। इसमें सेल्समैन उन सभी लोगों के नाम देते हैं जिनसे वे अगले सप्ताह मिलने वाले हैं और उन्हें उस सप्ताह से पहले ही उसकी एक कॉपी हमें *एडवांस* में देना होती है।"

"क्या आप इस नियम को उन सभी उन्यासी देशों में लागू करते हैं जहाँ आप काम करते हैं?"

"बिलकुल," उसने जवाब दिया।

"क्या होगा, अगर कोई सेल्समैन इस नंबर वन टूल का प्रयोग करने से मना कर दे?" मैंने पूछा।

"ऐसा हो ही नहीं सकता। परंतु अगर कोई ऐसा करता है, तो फिर वह सेल्समैन हमारे लिये काम नहीं कर सकता।"

उसके ठीक यही शब्द थे।

मैं जितने सफल लोगों से मिला हूँ उनमें से ज़्यादातर अपने समय को लेकर पूरी तरह से निर्मम हैं। एक उदाहरण लें। फिलाडेल्फिया की फाइडेलिटी मीच्युअल लाइफ इन्श्योरेंस कंपनी के एक ऑफ़िसर लॉरेन्स डूलिन ने मुझे हाल ही के एक अनुभव के बारे में बताया। लैरी ने एक रात को पेनसिल्वेनिया के अल्टूना के अपने मैनेजर रिचर्ड डब्ल्यू. कैंपबेल को फोन किया और कहाः "डिक, मैं अपनी कुछ एजेंसियों के दौरे के लिये अगले सप्ताह पश्चिम के टूर पर निकल रहा हूँ। सोमवार को मैं हैरिसबर्ग में रहूँगा। मंगलवार का दिन मैं अल्टूना में आपके साथ बिताना चाहूँगा।"

डिक ने जवाब दिया, "लैरी, मेरी तुमसे मिलने की बहुत इच्छा है, परंतु मेरे लिये तुमसे अगले शुक्रवार की दोपहर से पहले मिलना संभव नहीं है।"

अगले शुक्रवार को जब दोनों लोग इकट्ठे लंच करने बैठे तो लैरी ने कहाः "क्या आप पूरे सप्ताह बाहर थे, डिक?"

"नहीं," डिक ने जवाब दिया, "मैं पूरे सप्ताह यहीं था।"

आश्चर्यचकित होकर लैरी ने कहा, "आपके कहने का मतलब यह है कि मंगलवार को आप अल्टूना में ही थे?"

"हाँ," डिक ने मुस्कराते हुए कहा।

काफ़ी आक्रोश से लैरी ने कहा, "डिक, क्या आप जानते हैं कि आपकी वजह से मुझे क्या करना पड़ा? आपकी वजह से मुझे सिनसिनाटी से दुबारा

वापस आना पड़ा! आज रात मुझे दुबारा लौटना होगा और वहाँ से डेट्रॉइट जाना होगा।"

डिक कैम्पबेल ने स्थिति को स्पष्ट किया: "देखो, लैरी, तुम्हारे फोन करने से पहले मैंने पिछले शुक्रवार की सुबह पूरे पाँच घंटे की मेहनत करके पूरे सप्ताह की योजना बना ली थी। मंगलवार मेरा सबसे अधिक व्यस्त दिन

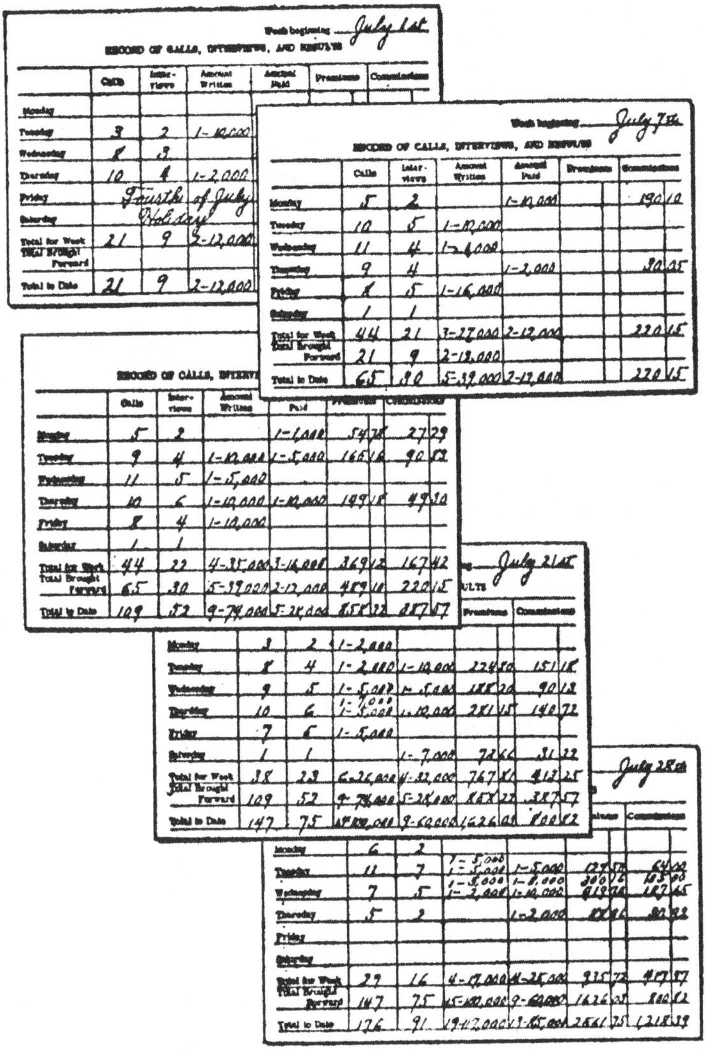

एक महीने के रिकॉर्ड कार्ड्स, जो योजना के वास्तविक परिणाम और कमाये गये कमीशन को दर्शा रहे हैं।

WEEKLY TIME TABLE

	Mon. 6/14	Tues. 6/15	Wed. 6/16	Thur. 6/17	Fri. 6/18
MORNING	Rosengarten Siano	Buehler Boryer Dick	Coale Felton McClennon	Madden Haglett Weaver	Haircut 8 a.m. Planning 8:45-12 N.
LUNCH	Quigley	Trout	McBride	Kroll	
AFTERNOON	Connelly Dutcher Dick	Lueders Ackley Rigley Levick	Silver Horst Karl	Fritz Paoli Stiefel Derry	
EVENING	Paul Fisher		Henze		

सामान्य "साप्ताहिक टाइमटेबल" जिससे मुझे सुव्यवस्थित होने में मदद मिली।

था। उस दिन मेरे बहुत से अपॉइंटमेंट थे। तुम्हारे साथ मंगलवार गुज़ारने का मतलब होता अपने पूरे सप्ताह का शेड्यूल बिगाड़ना। बुरा मत मानो, लैरी। अगर तुम्हारी जगह कंपनी के प्रेसिडेन्ट ई. ए. रॉबर्ट्स भी होते तो भी मैंने यही किया होता। मुझे इस बिज़नेस में जो भी सफलता मिली है, वह इसी कारण मिली है कि मैं हर शुक्रवार को मेहनत करके सप्ताह का जो शेड्यूल बनाता हूँ, मैं उसमें किसी भी चीज़ या किसी भी काम को हस्तक्षेप नहीं करने देता।"

लैरी डूलिन ने मुझसे कहाः "फ्रैंक, जब मैंने यह पहली बार सुना तो मुझे धक्का लगा। परंतु मैं गुस्सा नहीं हो पाया। मुझे जल्दी ही यह महसूस हो गया कि यही डिक कैम्पबेल की अद्‌भुत सफलता का *असली रहस्य* था।"

लैरी ने बताया कि उस रात को जब वह ट्रेन में बैठा तो उसमें एक नये उत्साह की लौ जग चुकी थी। उस समय से वह पूरे देश के सेल्समैनों को यह कहानी सुना रहा है।

1926 में मैंने गर्मियों का ज़्यादातर समय ईटन के ड्यूड रैंच में गुज़ारा जो व्यॉमिंग के शेरिडन के पास बिग हॉर्न पहाड़ों की तराई में स्थित है। वहाँ पर पचास से अधिक उपन्यास लिखने वाली अमेरिका की सबसे अधिक

आमदनी वाली लेखिका मैरी रॉबर्ट्स राइनहार्ट का ग्रीष्म निवास था। मैंने मिसेज़ राइनहार्ट से पूछा कि वे लेखिका कैसे बनीं। यह रहा उनका जवाब, उन्हीं के शब्दों मेंः

> मैं हमेशा सोचती थी कि अगर मेरे पास समय होता तो मैं लिखना सीख सकती थी, परंतु मेरे तीन छोटे बेटे थे और मुझे अपने पति और बच्चों की देखभाल करनी होती थी। इसके अलावा मेरी माँ भी पिछले कई सालों से बीमार थी। फिर एक आर्थिक झटके में हमारा सब कुछ चला गया। हम पर इतना क़र्ज़ हो गया कि मैं पागल हो गयी। मैंने सोचा कि मैं लिखकर कुछ पैसे कमाऊँ, इसलिये मैंने एक टाइमटेबल बनाया, जिसमें आने वाले सप्ताह के हर घंटे का पहले से ही प्लान बना लिया। मैंने दिन में कुछ समय तय कर लिया और शाम को जब बच्चे सो जाते थे या जब डॉ. राइनहार्ट बाहर कॉल पर जाते थे, तब का समय मैंने लेखन के लिये अलग रख दिया।

मैंने मिसेज़ राइनहार्ट से पूछा कि इतने टाइट शेड्यूल के हिसाब से काम करने पर वे थक जाती होंगी। "सच्चाई इसके बिलकुल विपरीत थी," उन्होंने मुस्कराते हुए कहा, "मेरी ज़िंदगी में इस वजह से मुझे एक नया आनंद मिला।"

मैरी रॉबर्ट राइनहार्ट नहीं जानतीं कि उन्होंने मुझे कितनी प्रेरणा दी। जब मैं घर लौटा तो मैंने फ्रैंक बेटगर और उसके समय का पहले से बेहतर सदुपयोग करना शुरू कर दिया।

सालों पहले मुझे डगलस मैलॉक की यह कविता मिली। मैंने इंसे काटकर अपनी स्क्रैपबुक में रख लिया। मैंने इसे पढ़ा और बार-बार पढ़ा जब तक कि यह मुझे पूरी तरह याद नहीं हो गई। इसने मेरे भीतर कुछ बदल दिया। शायद यह आपके भीतर भी कुछ बदल दे। यह रही कविताः

> हो सकता है कि आपके साथ कुछ भी गड़बड़ न हो,
> जिस तरह से आप जीते हैं, जिस तरह से आप काम करते हैं,
> परंतु मैं साफ़ देख सकता हूँ
> कि मेरे साथ क्या गड़बड़ है।
> ऐसा नहीं है कि मैं आलसी हूँ
> या जान-बूझकर काम से जी चुराता हूँ;
> सबकी तरह मैं भी कड़ी मेहनत करता हूँ,
> और इसके बावजूद मुझसे इतना कम हो पाता है,

सुबह जा चुकी है, दोपहर आ गयी है,
इससे पहले कि मैं जान पाऊँ, रात क़रीब आ चुकी है,
और मेरे चारों तरफ़, अफ़सोस,
काम पड़े हुए हैं, जो अधूरे हैं।
काश मैं अपने आपको व्यवस्थित कर पाता!
मैंने अक्सर यह महसूस किया है
कि आदमी ही महत्वपूर्ण नहीं है;
बल्कि आदमी के पास योजना भी होना चाहिये

• • •

आपके साथ हो सकता है कुछ भी गड़बड़ न हो,
परंतु मेरी मुश्किल यह रही;
मैं ऐसे काम करता हूँ
जिनसे ज़्यादा लाभ नहीं होता, जो महत्वहीन होते हैं,
हालाँकि वे दिखते सचमुच महत्वपूर्ण हैं।
और मुझसे ज़्यादातर काम छूट जाते हैं।
मैं इसको थोड़ा सा करता हूँ, उसको थोड़ा सा करता हूँ,
परंतु मैं अपने कामों को पूरा नहीं कर पाता।
सबकी तरह मैं भी कड़ी मेहनत करता हूँ,
और फिर भी, मुझसे इतना कम हो पाता है,
मैं इतना कुछ कर सकता हूँ कि आप हैरान रह जायें,
बशर्ते कि मैं अपने आपको सिर्फ़ व्यवस्थित कर लूँ!

संक्षेप

खंड एक
पॉकेट रिमाइन्डर्स

1. उत्साह का अभिनय करने के लिये ख़ुद को विवश कीजिये और आप उत्साहित हो जायेंगे। "यह महान और पवित्र संकल्प कर लें कि आप अपने काम और अपने जीवन में उत्साह की मात्रा को दुगुना करेंगे। अगर आप इस संकल्प को अपने जीवन में उतार पायें, तो आप शायद अपनी आमदनी और सुख को दुगुना कर लेंगे।"

   आप किस तरह शुरूआत कर सकते हैं ? इसका एक ही नियम है: "उत्साहित बनने के लिये उत्साह का अभिनय करें, उत्साह का प्रदर्शन करें।"

2. वाल्टर लेमर टाल्बट के एक वाक्य को याद रखें। "सेलिंग का यह बिज़नेस कुल मिलाकर एक बात पर निर्भर करता है- सिर्फ़ एक बात पर... लोगों से मिलना। मुझे साधारण योग्यता का कोई भी आदमी दे दीजिये जो बाहर निकलता है और हर दिन चार या पाँच लोगों से गंभीरता से अपनी बात कहता है और मैं आपको वह आदमी दिखा दूँगा *जिसे सफल होना ही है!*"

3. अगर आप डर को जीतना चाहते हैं और साहस और आत्मविश्वास को तेज़ी से विकसित करना चाहते हैं तो पब्लिक स्पीकिंग के किसी अच्छे से कोर्स में शामिल हो जायें। किसी भी लेक्चर कोर्स में नहीं। उसी कोर्स में शामिल हों जहाँ आपको हर मीटिंग में बोलने का मौक़ा मिल सके। जब श्रोताओं के समूह के सामने बोलने का आपका डर दूर हो जायेगा तो अकेले आदमी के सामने बोलने का आपका डर अपने आप दूर हो जायेगा, चाहे वह व्यक्ति कितना ही बड़ा या महत्वपूर्ण क्यों न हो।

4. अपने काम को पूरा करने, और अपनी सर्वश्रेष्ठ योग्यता के अनुरूप पूरा करने से हमें संतोष मिलता है। अगर आपको ख़ुद को व्यवस्थित करने में दिक़्क़त आ रही है, अगर आप सोचने की अपनी योग्यता को बढ़ाना चाहते हैं और कामों को उनके महत्व के क्रम से करना चाहते हैं तो याद रखें इसका केवल एक ही तरीक़ा हैः "सोचने के लिये अधिक समय निकालें और कामों को उनके महत्व के क्रम से करें। ख़ुद को व्यवस्थित करने के दिन के रूप में सप्ताह के एक दिन या किसी निश्चित समय को अलग रख दें। पर्याप्त समय न होने की चिंता से मुक्त होने का रहस्य ज़्यादा घंटे काम करना नहीं है, बल्कि सही योजना बनाकर उतने ही घंटे काम करना है।

खंड दो

सेलिंग में सफलता का फ़ॉर्मूला

5 किस तरह मैंने सेल्समैनशिप का सबसे महत्वपूर्ण रहस्य सीखा

अगस्त की एक गर्म सुबह को मैं जॉन स्कॉट एंड कंपनी के ऑफ़िस में गया। यह कंपनी बहुत बड़ी होलसेल ग्रॉसरी कंपनी थी और इसका ऑफ़िस फिलाडेल्फिया में अमेरिकन एंड डायमंड स्ट्रीट्स में था। मैंने मिस्टर जॉन स्कॉट के बारे में पूछा। उनके पुत्र हैरी ने कहा, "आज सुबह डैडी बहुत व्यस्त हैं। क्या आपका उनसे अपॉइंटमेंट है ?"

मैंने जवाब दिया, "मेरा उनसे अपॉइंटमेंट नहीं है, परंतु उन्होंने मेरी कंपनी से कुछ जानकारी चाही थी, और मैं वही जानकारी देने के लिये आया हूँ।"

"अच्छा," पुत्र ने कहा, "तो आप ग़लत दिन आ गये हैं। डैडी के ऑफ़िस में इस समय तीन लोग बैठे हुए हैं, और-"

तभी जॉन स्कॉट वहाँ आ गये और वेअरहाउस की तरफ़ जाने लगे।

"डैडी," पुत्र ने आवाज़ लगायी, "यहाँ पर एक आदमी है जो आपसे मिलना चाहता है।"

"क्या आप मुझसे मिलना चाहते हैं, यंग मैन ?" बॉस ने कहा, जब वे वेअरहाउस के झूलते हुए दरवाज़े से तेज़ी से अंदर जा रहे थे।

मैं उनके पीछे-पीछे चल दिया, और यह रहा उस खड़े-खड़े होने वाले इंटरव्यू का ब्यौराः

मैंः मिस्टर स्कॉट, मेरा नाम बेटगर है। आपने हमसे कुछ जानकारी मँगवायी थी और मैं आपको वह जानकारी देने आया हूँ। (*मैंने उसे उसका साइन किया हुआ कार्ड दिया जो उसने मेरी कंपनी को डाक से भेजा था*)।

स्कॉट (*कार्ड की तरफ़ देखते हुए*)ः देखो यंग मैन, मुझे जानकारी नहीं

चाहिये थी, परंतु मैंने सोचा कि क्यों न वह मेमोरंडम बुक ले ली जाये जो आपकी कंपनी के अनुसार उन्होंने मेरे लिये अलग से रखवायी थी। मेरे पास आपकी कंपनी के कई पत्र आये जिसमें मुझे यह बताया गया कि उन्होंने यह बुक मेरे नाम पर अलग से रखी हुयी है। यही वजह थी कि मैंने इसके लिये कार्ड भेज दिया।

मैं (*मेमो बुक देते हुए*): मिस्टर स्कॉट, इन छोटी बुकलेटों से हमारा जीवन बीमा नहीं बिकता, परंतु इससे हमें आमने-सामने की मुलाक़ात का और अपनी बात कहने का मौक़ा मिल जाता है।

स्कॉटः देखिये, अभी मेरे ऑफ़िस में तीन लोग हैं और मैं कुछ समय के लिये व्यस्त हूँ। इसके अलावा, बीमे पर विचार करने में समय बर्बाद करने का कोई औचित्य नहीं है। मैं 63 साल का हूँ और मैंने कई सालों से बीमा ख़रीदना बंद कर दिया है। मेरी ज़्यादातर पॉलिसियों का पूरी तरह भुगतान हो चुका है। मेरे बच्चे अब बड़े हो चुके हैं और वे मुझसे बेहतर अपना ख़ुद का ध्यान रख सकते हैं। मेरे साथ अब सिर्फ़ मेरी पत्नी और पुत्री है और अगर मुझे कुछ हो जाता है, तो उनके पास इतना पैसा होगा जो उनकी ज़रूरत से ज़्यादा है।

मैंः मिस्टर स्कॉट, जीवन में जो आदमी आपकी तरह सफल हुहा है, उसके पास अपने परिवार और अपने बिज़नेस के अलावा भी रुचियाँ होंगी। शायद कोई अस्पताल, धार्मिक कार्य, किसी अच्छे या महत्वपूर्ण लक्ष्य से जुड़ा कोई मिशनरी या चैरिटेबल काम। क्या आपने कभी सोचा कि आपकी मौत के बाद उन्हें आपका समर्थन मिलना बंद हो जायेगा ? क्या इससे एक अच्छा काम बंद नहीं हो जायेगा या उसे गहरा धक्का नहीं लगेगा ?

(उसने मेरे सवाल का जवाब नहीं दिया, परंतु उसके चेहरे पर जो भाव आये उन्हें देखकर मैं समझ गया कि तीर निशाने पर जाकर लगा है। वह मेरे विस्तार से कहने का इंतज़ार कर रहा था।)

अगर आप हमारी योजना मान लेते हैं, मिस्टर स्कॉट, तो आप निश्चिंत रह सकते हैं कि उन्हें आपके समर्थन की गारंटी रहेगी, चाहे आप जियें या मरें। अगर आप ज़िंदा रहते हैं तो आज से सात साल बाद से आपको हर साल 5000 डॉलर की आमदनी होगी जो आपको मासिक चेक के रूप में तब तक मिलती रहेगी जब तक आप ज़िंदा रहेंगे। अगर आपको इस आमदनी की ज़रूरत न हो तो आप इसे दान में दे सकते हैं, परंतु अगर आपको इस आमदनी की ज़रूरत हो, तो यह आपके लिये एक बड़ा वरदान साबित हो सकती है!

स्कॉट (*अपनी घड़ी की तरफ़ देखते हुए*)ः अगर आप कुछ देर इंतज़ार करना चाहें, तो मैं आपसे इस बारे में कुछ सवाल पूछना चाहूँगा।

मैंः मैं ख़ुशी-ख़ुशी इंतज़ार करूँगा।

(*लगभग बीस मिनट बाद, मुझे मिस्टर स्कॉट ने प्राइवेट ऑफ़िस में बुलवाया।*)

स्कॉटः आपका नाम क्या है ?

मैंः बेटगर।

स्कॉटः मिस्टर बेटगर, आपने चैरिटी की बात की थी। मैं तीन विदेशी मिशनरीज़ को दान देता हूँ और मैं हर साल उन कामों में काफ़ी पैसा देता हूँ जो मेरे दिल के काफ़ी क़रीब हैं। अब आप बताइये कि आपका क्या मतलब था जब आपने कहा कि इस प्लान से उन्हें मेरे मरने के बाद भी मेरे समर्थन की गारंटी रहेगी। इसके अलावा आपने यह भी कहा था कि आज से सात साल बाद मुझे हर साल 5000 डॉलर की आमदनी भी होने लगेगी -- इस सबमें कितना ख़र्च आयेगा ?

(*जब मैंने उसे ख़र्च बताया, तो वह हैरान हो गया।*)

स्कॉटः नहीं! मैं इस बारे में सोच भी नहीं सकता!

तब मैंने उससे इन तीन विदेशी मिशनरीज़ के बारे में और सवाल पूछे। वह उनके बारे में ख़ुशी-ख़ुशी बताने लगा। मैंने पूछा कि क्या वह कभी इन मिशन्स में गया है। नहीं, वह नहीं गया, परंतु उसका एक बेटा और बहू निकारागुआ में एक मिशन के इन्चार्ज हैं और वह वहाँ शरद ऋतु में जाने की योजना बना रहा है। फिर उसने मुझे उनके काम के बारे में कई क़िस्से सुनाये।

मैंने पूरी रुचि के साथ सुना। बाद में मैंने पूछाः "मिस्टर स्कॉट, जब आप निकारागुआ जायेंगे तो क्या आप ख़ुशी-ख़ुशी अपने बेटे और उसके परिवार को यह ख़बर नहीं सुनाना चाहेंगे कि आपने पूरे इंतज़ाम कर लिये हैं कि अगर आपको कुछ हो जाता है तो भी उनके पास हर महीने एक चेक आता रहेगा ताकि उनका काम बिना किसी बाधा के चलता रहे ? और क्या आप बाक़ी दो मिशनरीज़ को भी पत्र लिखना पसंद नहीं करेंगे, जिसमें इसी तरह का संदेश हो ?

जब भी वह इतनी भारी-भरकम क़िस्तों की बात करता था, मैं उन विदेशी मिशनरीज़ के बारे में बातें करने लगता था, सवाल पूछने लगता था,

जिनको वह दान देता था।

आख़िरकार, उसने मुझसे बीमा ख़रीद ही लिया। उसने उस दिन 8672 डॉलर का चेक दिया ताकि योजना को उसी दिन से लागू किया जा सके।

मैं उस ऑफ़िस से बाहर निकला- नहीं, मैं निकला नहीं, मैं तो हवा में उड़ रहा था। मैंने चेक को अपनी बग़ल वाली जेब में रख लिया, परंतु मैं इसे अपने हाथ से पकड़े रहा। मुझे डर था कि कहीं यह बाहर न निकल जाये। मुझे लगा कि अगर ऑफ़िस पहुँचने से पहले यह चेक कहीं गिर जायेगा तो मेरे लिये यह कितना भयावह दुःस्वप्न होगा। मेरे पास 8672 डॉलर का चेक था! आठ हज़ार छह सौ बहत्तर डॉलर। दो साल पहले मैं शिपिंग क्लर्क की नौकरी की आस लगाये बैठा था। दरअसल इस सेल ने मुझे अपने जीवन का बहुत बड़ा रोमांच दिया। जब मैं अपनी कंपनी के हेड ऑफ़िस पहुँचा तो मुझे यह सुनकर हैरानी हुई कि कंपनी के इतिहास में यह सबसे बड़ी सेल्स में से एक थी।

मैं उस रात खा नहीं पाया। मैं उस रात सो नहीं पाया और सुबह तक जागता रहा। यह 3 अगस्त 1920 की बात है। मैं इस तारीख़ को कभी नहीं भूल पाऊँगा। मैं फिलाडेल्फिया का सबसे रोमांचित आदमी था।

चूँकि यह सेल मुझ जैसे नये, अनुभवहीन और ग़लती करने वाले नौजवान ने की थी, जिसने ग्रेड स्कूल भी पूरा नहीं किया था, इसलिये इस बात से थोड़ी सनसनी फैलना स्वाभाविक था। कुछ सप्ताह बाद मुझे आमंत्रित किया गया कि मैं इस सेल की कहानी बॉस्टन में नेशनल सेल्स कन्वेन्शन में सुनाऊँ।

सम्मेलन में अपनी कहानी सुनाने के बाद, देश के मशहूर सेल्समैन क्लेटन एम. हन्सिकर जो मुझसे उम्र में दुगने होंगे, मेरे पास आये और उन्होंने मुझसे हाथ मिलाते हुए इस सेल के लिये बधाई दी। फिर उन्होंने मुझसे एक ऐसी बात कही जिसे सुनने के कुछ समय बाद ही मैंने जान लिया कि यह लोगों के साथ व्यवहार करने का सबसे गहरा रहस्य है।

उन्होंने कहाः "मुझे लगता है शायद आप अब भी यह नहीं समझे होंगे कि आप उस सेल में क्यों सफल हुए?"

मैंने उनसे पूछा कि उनके कहने का क्या मतलब था।

तब उन्होंने एक ऐसी महत्वपूर्ण सच्चाई को उजागर किया जो सेलिंग की मूलभूत सच्चाई है। उन्होंने कहाः "सेल्समैनशिप का सबसे महत्वपूर्ण रहस्य यह पता लगाना है कि सामने वाला आदमी क्या चाहता है और फिर उस चीज़ को हासिल करने में उस आदमी की मदद करने का सबसे अच्छा तरीक़ा ढूँढना

है। स्कॉट नाम के इस आदमी से इंटरव्यू के पहले ही मिनट में आपने अँधेरे में एक तीर चलाया और आपको संयोगवश यह पता चल गया कि वह क्या चाहता था। फिर आपने उसे बता दिया कि उसकी इच्छा कैसे पूरी हो सकती थी। आप उसकी इच्छा के बारे में बात करते रहे, इसके बारे में सवाल पूछते रहे, आपने उसे उस इच्छित वस्तु के विषय से इधर-उधर भटकने नहीं दिया। अगर आप इसी एक नियम को हमेशा याद रखेंगे, तो आपके लिये सेलिंग आसान हो जायेगी।"

बॉस्टन में मैं तीन दिन रुका और पूरे समय मैं मिस्टर हन्सिकर की बातों के बारे में सोचता रहा। वे सही थे। मैंने सच में यह नहीं सोचा था कि मैं वह सेल करने में सफल क्यों हुआ था। अगर क्लेटन हन्सिकर ने इसका विश्लेषण नहीं किया होता और मुझे इस बारे में नहीं बताया होता, तो मैं बरसों तक भटकता रहता। जब मैंने उनकी बातों पर विचार किया तो मुझे यह समझ में आने लगा कि ज़्यादातर मुलाक़ातों में सामने वाले मेरी बात का विरोध क्यों करते थे। मैंने महसूस किया कि मैं सीधे ग्राहक पर हमला बोल देता था और उससे ख़रीदने की बात करने लगता था। मैं न तो यह जानता था, न ही यह जानने की कोशिश करता था कि सामने वाला क्या चाहता है या उसकी परिस्थिति क्या है।

मैं इस नये विचार को लेकर रोमांचित हो गया जिसका प्रयोग मैंने अनजाने में किया था। मैं इतना रोमांचित हो गया कि इसका प्रयोग करने के लिये फिलाडेल्फिया पहुँचने का इंतज़ार करना भी मेरे लिये दूभर हो रहा था।

इससे मैं जॉन स्कॉट और उसकी स्थिति के बारे में सोचने के लिये विवश हुआ। अचानक मेरे मन में यह विचार आया कि उसके पास एक और काम है, जो उसे करना हैः अपने बिज़नेस के भविष्य की योजना बनाना। उसने मुझे विस्तार से बताया था कि किस तरह वह सत्रह वर्ष की उम्र में आयरलैंड से अमेरिका आया था, किस तरह उसने एक छोटे से ग्रॉसरी स्टोर में नौकरी की थी, और आख़िरकार किस तरह उसने अपना ख़ुद का बिज़नेस शुरू किया और धीरे-धीरे पूर्वी प्रांतों में बहुत बड़े होलसेल ग्रॉसरी बिज़नेस का विस्तार किया था। ज़ाहिर था कि उसके मन में अपने बिज़नेस के प्रति भावनात्मक प्रेम था। यह उसके जीवन का लक्ष्य था। निश्चित रूप से वह चाहता था कि उसके गुज़र जाने के बाद भी उसका बिज़नेस चलता रहे।

जब मैं बॉस्टन सम्मेलन से लौटा तो तीस दिन के अंदर ही मैंने जॉन स्कॉट की मदद करते हुए एक ऐसी योजना बनायी जिसमें उसके बेटे और आठ

अन्य कर्मचारी उसके साथ बिज़नेस में जुड़ जायें। इस सबका जश्न फिलाडेल्फिया के मैन्युफैक्चरर्स क्लब में मनाया गया और जॉन स्कॉट ने बहुत ही ख़ास लोगों को डिनर पर बुलाया। मैं ही इकलौता बाहरी आदमी था जिसे आमंत्रित किया गया था। मिस्टर स्कॉट डिनर के बाद खड़े हुए और उन्होंने संक्षिप्त और भावनात्मक बातें करते हुए कहा कि यह उनके लिये कितनी ख़ुशी का मौक़ा है। "मैंने अब दिल की सबसे क़रीबी दो चीज़ों की योजना बना ली है, मेरा बिज़नेस और वे विदेशी मिशन जिन्हें मैंने स्थापित किया था।"

मैंने बिज़नेस से जुड़े इन प्रमुख व्यक्तियों के जीवन का जो बीमा किया था, जिसमें मिस्टर स्कॉट के जीवन का और अधिक बीमा शामिल था, उससे मुझे एक दिन में ही इतना धन मिला जो मुझे इससे पहले एक साल तक बीमा बेचने के बाद भी नहीं मिला था।

उस डिनर की रात को मुझे पूरी तरह से क्लेट हन्सिकर के दिये गये सबक़ का महत्व और मूल्य समझ में आया। इसके पहले मैं अक्सर यह सोचता था कि सेलिंग महज़ अपने लिये रोज़ी-रोटी कमाने का साधन है। लोगों से मिलने जाने में मुझे डर लगता था क्योंकि मुझे लगता था कि मैं उनके काम और समय का नुक़सान कर रहा हूँ। परंतु अब, मैं प्रेरित हो चुका हूँ। मैंने तभी यह संकल्प कर लिया था कि मैं अपने बचे हुए सेलिंग कैरियर को इस सिद्धांत के प्रति समर्पित कर दूँगाः

यह जानिये कि लोग क्या चाहते हैं, और फिर
उसे हासिल करने में लोगों की मदद कीजिये।

मैं आपको बता नहीं सकता कि इसकी वजह से मुझमें किस नये तरह का साहस और उत्साह आया। यह सेल्स तकनीक से अधिक था। यह एक ऐसी फिलॉसफ़ी थी, जिसके हिसाब से जिया जा सकता था।

6 सही निशाने पर तीर चलाना

बॉस्टन के कन्वेन्शन में मुझे इस बात से बड़ी हैरानी हुई कि वहाँ देश के दिग्गज सेल्समैन बड़ी संख्या में उपस्थित थे। उनमें से कई तो कैलिफोर्निया, टैक्सॉस और फ्लोरिडा जैसे दूर-दराज़ के इलाक़ों से आये थे।

मैंने अपने नये मित्र हन्सिकर से इस बारे में पूछा।

"देखो," उसने गोपनीय स्वर में कहा, "यह चोटी के सेल्समैन नये विचारों के भूखे हैं। ये हमेशा ऐसे उपाय खोजने में लगे रहते हैं जिनसे वे अपने काम को बेहतर तरीक़े से कर सकें। आप जितने अधिक सेल्स कन्वेन्शन्स में हिस्सा ले सकते हों, उनमें हिस्सा लें। अगर आपको वहाँ पर एक भी विचार मिल जातो है, तो आपने जितना पैसा और समय ख़र्च किया है, वह आपके लिये सबसे अच्छा निवेश साबित हो सकता है। इसके अलावा, वहाँ पर आपको कई बड़े लोगों से मिलने का अवसर मिलता है। उनसे व्यक्तिगत रूप से मिलने से और उनकी बातें सुनने से आपको प्रेरणा मिलेगी। आप जब घर लौटेंगे तो आपमें नया विश्वास और उत्साह होगा।"

यह सलाह इस ट्रिप पर सचमुच मेरे लिये काम कर गयी थी। मिस्टर हन्सिकर ख़ुद ही वे बड़े आदमी थे जिनसे मुझे वह विचार मिला जो अमूल्य साबित हुआ। कोई हैरानी की बात नहीं थी कि मैं अपने लक्ष्य को अक्सर प्राप्त नहीं कर पाता था। मैं तो यह भी नहीं जानता था कि लक्ष्य था क्या! बेसबॉल में कहा जाता है, "अगर आप बॉल को नहीं देख पाते, तो आप उसे नहीं मार सकते।" जब क्लेट हन्सिकर ने मुझे लक्ष्य बता दिया तो मैं घर लौटा और मैंने सचमुच लक्ष्य पर, सही निशाने पर या बुल्स आई पर तीर चलाना शुरू कर दिया।

दो साल बाद क्लीवलैंड में हुए एक कन्वेन्शन में एक वक्ता ने (जिसका नाम मुझे याद नहीं है) एक बहुत ज़ोरदार भाषण दिया, "सेल्समैनशिप का नंबर वन नियम।" उसनें एक उदाहरण दिया था, जो मुझे हमेशा याद रहेगा।

यह रहा वह उदाहरणः

एक रात वूस्टर युनिवर्सिटी की एक मुख्य इमारत आग में जलकर धराशायी हो गयी। दो दिन बाद युनिवर्सिटी के युवा प्रेसिडेन्ट लुई ई. होल्डन एन्ड्रयू कारनेगी से मिलने गये।

तत्काल बिंदु पर आते हुए लुई होल्डन ने कहा, "मिस्टर कारनेगी, आप एक व्यस्त आदमी हैं और मैं भी। मैं आपका पाँच मिनट से अधिक समय नहीं लूँगा। वूस्टर युनिवर्सिटी की बिल्डिंग परसों रात को जल गयी है और मैं आपसे नई बिल्डिंग के लिये 1,00,000 डॉलर चाहता हूँ।"

कारनेगी ने कहा, "यंग मैन, मैं कॉलेजों को पैसा देने में यक़ीन नहीं रखता।"

होल्डन ने जवाब दियाः "परंतु आप युवा लोगों की मदद करने में तो यक़ीन रखते हैं, नहीं क्या ? मैं भी युवा हूँ, मिस्टर कारनेगी, और मैं अभी भारी संकट में हूँ। मेरा बिज़नेस है मैं कच्चे माल से कॉलेज के छात्र तैयार करना। और इस समय मेरे प्लांट का सर्वश्रेष्ठ हिस्सा धराशायी हो चुका है। आप समझ सकते हैं कि आपको कैसा लगेगा अगर आपकी कोई बड़ी स्टील की मिल धराशायी हो जाये और वह भी बिज़ी सेशन में।"

कारनेगीः "यंग मैन, अगर आप तीस दिन में 1,00,000 डॉलर इकट्ठे कर लेते हैं, तो मैं आपको इतने ही डॉलर और दे दूँगा।"

"ठीक है, सर, मैं समझ गया," होल्डन ने जवाब दिया।

लुई होल्डन के इंटरव्यू में सिर्फ़ *चार मिनट* का समय लगा था। पंद्रह दिन में उसने 1,00,000 डॉलर इकट्ठे कर लिये।

एन्ड्रयू कारनेगी ने उन्हें अपना चेक थमाते हुए मुस्कराकर कहा, "यंग मैन, अगर आप दुबारा मुझसे मिलने आयें, तो इतना ज़्यादा समय न लें। आपके द्वारा लिया गया हर मिनट मेरे लिये 25,000 डॉलर का था।"

लुई होल्डन सीधे बुल्स आई पर निशाना साध रहे थे। वे जानते थे कि मिस्टर कारनेगी के दिल में महत्वाकांक्षी युवकों के लिये सॉफ्ट कॉर्नर था।

डॉ. होल्डन ने शायद वूस्टर युनिवर्सिटी के लिये 1,00,000 डॉलर

इकट्ठे करने से भी बड़ा काम किया था। एन्ड्रयू कारनेगी ने बाद में शिक्षा के विकास के लिये 10,00,00,000 डॉलर दिये।

इस नियम को अपनायें:

यह जानने की कोशिश करें कि लोग क्या चाहते हैं, और फिर उसे हासिल करने में लोगों की मदद करें। यह किसी भी चीज़ को बेचने का एक बड़ा रहस्य है।

हाल ही में मैंने इस नियम के ग़लत और सही प्रयोग का एक बेहतरीन उदाहरण देखा। मैं एक बड़े पश्चिमी शहर में था जहाँ एक आदमी ने, जिसे मैं ब्राउन का नाम देना चाहूँगा, मुझे होटल में फोन किया। उसने कहा: "मिस्टर बेटगर, मेरा नाम ब्राउन है। मैं इस शहर के युवाओं के लिये एक सेल्स स्कूल प्रमोट करने जा रहा हूँ और मुझे आशा है कि हम अगले महीने इसे शुरू कर देंगे। मैं आज रात को एक बड़ी मीटिंग आयोजित कर रहा हूँ। यह मीटिंग उसी होटल में है, जिसमें आप ठहरे हुए हैं। हमने इस मीटिंग के विज्ञापन में काफ़ी पैसा ख़र्च किया है और मुझे आशा है कि वहाँ पर सैकड़ों लोगों की भीड़ जमा होगी। यदि आप इस अवसर पर एक छोटा सा भाषण दें तो मैं आपका आभारी रहूँगा। हमारे पास कई और वक्ता हैं, इसलिये आपको दस मिनट से अधिक वक़्त नहीं लगेगा। मैंने अनुभव से सीखा है कि यदि मैं इस मीटिंग से एक अच्छी क्लास तैयार नहीं कर सका, तो यह एक घाटे का सौदा होगा, इसलिये मैं आपकी मदद के लिये आपका आभारी रहूँगा... इत्यादि...इत्यादि।"

मैं ब्राउन नाम के इस आदमी को नहीं जानता था। मैं उसके प्रोजेक्ट को प्रमोट करने के लिये अपना समय क्यों बर्बाद करूँ? मैं अपने ही कामों में बहुत व्यस्त था और मेरे पास बहुत से काम पड़े थे। इसके अलावा, मुझे अगले दिन जाने के लिये तैयारी भी करना थी। इसलिये मैंने उसकी सफलता की आशा करते हुए पत्र लिखा परंतु क्षमा माँगी कि चूँकि इस वजह से मुझे काफ़ी असुविधा होगी, इसलिये मैं नहीं बोल पाऊँगा।

उसी दिन बाद में मुझे एक और आदमी ने फोन किया जिसे मैं व्हाइट का नाम देना चाहूँगा। उसने भी मुझसे उसी प्रोजेक्ट के बारे में बात की। हम उसके तरीक़े पर ग़ौर करें:

"मिस्टर बेटगर, मेरा नाम व्हाइट है- जो व्हाइट। मैं समझता हूँ कि मिस्टर ब्राउन ने आपको पहले ही बता दिया है कि इस शाम को होटल में हमारी शुरूआती मीटिंग होने वाली है। मैं जानता हूँ कि आप बहुत व्यस्त होंगे, ख़ास

तौर पर तब जब आपको जाने की तैयारी भी करना है, परंतु यदि आप हमारे लिये कुछ मिनट का समय निकाल लेंगे, मिस्टर बेटगर, तो आप बहुत से लोगों का भला कर सकते हैं। मैं जानता हूँ कि आप युवाओं की मदद करने में रुचि रखते हैं और हमारे श्रोताओं में से अधिकांश लोग युवा सेल्समैन होंगे, जो अपने आपको सुधारने और आगे बढ़ने की महत्वाकांक्षा रखते हैं। आप समझ ही सकते हैं कि इस तरह के प्रशिक्षण का आपके लिये उस समय कितना महत्व होता जब आप शुरूआती दौर में थे और सफल होना चाहते थे। मैं *किसी दूसरे आदमी* को नहीं जानता, मिस्टर बेटगर, जो इस मीटिंग में लोगों का भला करने में आपसे ज़्यादा सक्षम हो!"

पहले आदमी ने वही ग़लती की थी जो मैं कर रहा था (और मैं ज़िंदगी भर वही ग़लती करता रहता अगर क्लेट हन्सिकर ने मुझे सही सलाह न दी होती)। वह अपने बारे में बात कर रहा था, अपने प्रोजेक्ट के बारे में बात कर रहा था और अपनी इच्छाओं के बारे में बात कर रहा था। दूसरे आदमी ने एक बार भी यह ज़िक्र नहीं किया कि वह क्या चाहता था। उसने सीधे बुल्स आई पर निशाना साधा। उसने पूरी तरह मेरे नज़रिये को ध्यान में रखते हुये आग्रह किया। इस दूसरी तरह के आग्रह पर "ना" कहना मेरे लिये संभव नहीं था।

डेल कारनेगी ने कहा है: "इस धरती पर एक ही तरीक़ा है जिससे आप किसी से कोई काम करवा सकते हैं। क्या आप यह सोचने के लिये कभी रुके हैं ? हाँ, एक ही तरीक़ा। और वह यह कि आप सामने वाले में यह भावना जगा दें कि वह इसे करना चाहे। याद रखें, दूसरा कोई तरीक़ा है ही नहीं।"

द्वितीय विश्वयुद्ध से ठीक पहले मैं कई पश्चिमी शहरों में भाषणों की एक सीरीज़ दे रहा था। जब भी मैं इस विषय पर बोलता था, हर बार कुछ लोग सवाल पूछने के लिये आ जाते थे। एक रात आयोवा में डेस मॉइन्स में एक अधेड़ आदमी ने कहा: "मिस्टर बेटगर, मैं समझ सकता हूँ कि इस तरह का विचार आपके लिये जीवन बीमा बेचने में काफ़ी मददगार साबित हुआ होगा, परंतु मेरा काम अलग है। मैं लोगों से एक राष्ट्रीय मैग्ज़ीन का सदस्य बनने के लिये आग्रह करता हूँ। मैं इसे किस तरह अपने काम में इस्तेमाल कर सकता हूँ ?"

उसमें और मुझमें खुलकर चर्चा हुई। इस आदमी ने कई सालों तक बहुत से क्षेत्रों में बेचने की कोशिश की थी और ज़ाहिर था कि उसका स्वभाव अब बहुत कटु हो गया था। अंत में मैंने उसे एक तरीक़ा बताया जिसे सुनकर वह चला तो गया परंतु मुझे नहीं लगा कि वह उस तरीक़े के बारे में कोई ख़ास

उत्साहित हुआ था या उसे मेरी सलाह से कोई ख़ास लाभ हुआ था।

अगले शनिवार की सुबह मैं होटल फोर्ट डेस मॉइन्स की बार्बर शॉप में अपने बाल कटवा रहा था तभी यह आदमी वहाँ आया। उसे पता चला था कि मैं दोपहर की ट्रेन से जा रहा था। मेरे जाने से पहले वह मुझे एक बात बताना चाहता था।

"मंगलवार की रात को आपकी बातें सुनने के बाद, मिस्टर बेटगर," उसने रोमांचित आश्चर्य के साथ कहा, "मैंने महसूस किया कि मैं कहीं नहीं जा रहा था। मैं अपनी मैग्ज़ीन को बिज़नेसमैनों को बेचने की कोशिश कर रहा था, परंतु उनमें से ज़्यादातर लोगों का कहना था कि वे इतने व्यस्त थे कि उनके पास उन पत्रिकाओं को पढ़ने का ही समय नहीं था जिन्हें वे पहले से ख़रीद रहे थे। बुधवार को मैं शहर के एक प्रसिद्ध जज से एक पत्र लिखवाने में कामयाब हो गया। इस पत्र में उन्होंने लिखा था कि वे हमारी पत्रिका इसलिये लेते थे क्योंकि इसमें उन्हें सप्ताह भर की सभी महत्वपूर्ण और रोचक ख़बरें *एक ही शाम को कुछ ही समय में पढ़ने के लिये मिल जाती थीं।* फिर मैंने शहर के प्रसिद्ध बिज़नेसमैनों की एक लंबी सूची बनायी जो पहले से ही हमारे ग्राहक थे। अब, मिस्टर बेटगर, जब मैं इस आदमी से मिला तो मैंने उसे जज का पत्र और यह सूची दिखायी। जिस आपत्ति के कारण वह हमारी मैग्ज़ीन को नहीं ख़रीद रहा था, अब वही मेरा सबसे बड़ा प्लस पॉइन्ट बन गयी। मैं आपको यह बताने की कोशिश कर रहा हूँ कि अब मैं *मैग्ज़ीन* नहीं बेच रहा था; बल्कि मैं इन बिज़नेसमैनों को एक ऐसी चीज़ बेच रहा था जिसकी उन्हें ज़रूरत थी। मैं उन्हें जीवन की सबसे मूल्यवान वस्तु बेच रहा था- *अधिक समय*।"

कुछ दिन पहले तक इस सेल्समैन को लगता था कि वह जिन लोगों से मिलता था उनमें से ज़्यादातर लोग उसे तुच्छ दृष्टि से देखते थे। वह लोगों से मिलने जाने से घबराता था। अब उसका नज़रिया पूरी तरह से बदल गया था क्योंकि अब उसे समझ में आ चुका था कि वह कितना महत्वपूर्ण काम कर रहा था।

आदमी वही था, वह उसी प्रॉडक्ट को बेच रहा था, उसी शहर में बेच रहा था, परंतु पहले वह असफल हो रहा था जबकि अब वह सफल हो रहा था।

जैसा मैं आपको पहले ही बता चुका हूँ, कई साल पहले मुझे एक छोटे संडे स्कूल का सुपरिंटेंडेंट चुना गया था। मैंने सोचा कि स्कूल की तात्कालिक महत्वपूर्ण आवश्यकता एक बड़े संगठन की थी, इसलिये मैंने पादरी से अगले

रविवार की चर्च सभा में मुझे पाँच मिनट का समय देने का आग्रह किया। मैं जानता था कि मुझे कुछ सेल करना था। अब, मैं खड़े होकर चर्च में बैठे लोगों को यह बता सकता था कि मुझ पर यह काम थोपा गया था और मुझे इस काम में उनके सहयोग और मदद की ज़रूरत थी। परंतु मैंने फैसला किया कि अगर मैं अपनी मनचाही चीज़ हासिल करना चाहता था तो उसका तरीक़ा यह था कि मैं उनसे इस बारे में बात करूँ कि वे क्या चाहते थे। तो मैंने उनसे यह कहाः

"मैं आपसे कुछ मिनट के लिये उन चीज़ों के बारे में बात करूँगा जो आप चाहते हैं। आपमें से कइयों के बच्चे हैं। आप चाहते हैं कि वे संडे स्कूल में यहाँ आयें और दूसरे अच्छे बच्चों से मिलें और इस महान पुस्तक की सच्चाइयों से जीवन के बारे में अधिक सीखें। आप और मैं चाहते हैं कि हमारे बच्चे वे ग़लतियाँ न करें जो मुझसे हुई हैं और शायद आपमें से कुछ लोगों से भी हुई होंगी। हम ऐसा किस तरह से कर सकते हैं?

"हम ऐसा केवल एक ही तरीक़े से कर सकते हैं और वह तरीक़ा है बड़ा संगठन बनाना। आपके पास अभी संडे स्कूल में पादरी को मिलाकर केवल नौ टीचर्स हैं। हमें कम से कम पच्चीस की ज़रूरत है। आपमें से कुछ पढ़ाने में हिचकते होंगे क्योंकि आपको भी वही डर सता रहे होंगे जो मुझे एक साल पहले सताया करते थे जब मैंने बच्चों की एक छोटी सी क्लास ली थी-- यही डर कि आप बाइबल के बारे में ज़्यादा नहीं जानते। तो, मैं आपको यह बता सकता हूँ, कि आप अगर इन छोटे बच्चों को हर रविवार की सुबह बीस मिनट पढ़ायेंगे तो आप बाइबल के बारे में छह महीने में ही इतना अधिक जान जायेंगे जितना कि आप केवल सुनकर छह साल में जान पायेंगे-- और यह आपके अधिक काम आयेगी!

"आप पति और पत्नियाँ घर में इकट्ठे पढ़ सकते हैं और लेक्चर तैयार कर सकते हैं। इससे आपको एक साझा काम मिल जायेगा और आप एक दूसरे के ज़्यादा क़रीब आ सकेंगे। अगर आपके बच्चे हैं तो जब वे आपको सक्रिय देखेंगे तो वे भी इसमें ज़्यादा रुचि लेंगे। जीसस की वह नीतिकथा याद रखें जो उन्होंने उन तीन लोगों के बारे में कही थी, जिन्हें योग्यता दी गयी थी। आप पुरुषों और महिलाओं में भी कई योग्यताएं हैं। मैं नहीं जानता कि इस काम के द्वारा अपनी योग्यताओं को सुधारने और उन्हें कई गुना करने से बेहतर कोई रास्ता हो सकता है?"

क्या हुआ? अगली सुबह हमारे पास इक्कीस नये शिक्षक थे। पहले तो वहाँ पर पर्याप्त बच्चे नहीं थे, परंतु हमने आपस में बँटवारा कर लिया। कई

क्लासें तो दो या तीन बच्चों से ही शुरू हुईं। फिर हमने घर-घर प्रचार शुरू किया। हमने पेनसिल्वेनिया के विनफील्ड के समुदाय में से तीन को छोड़कर सभी प्रोटेस्टेंट बच्चों को अपने यहाँ भर्ती कर लिया। आख़िरकार उस छोटी सी चर्च में इतने सारे लोगों के लिये जगह नहीं बची, इसलिये हमें नई चर्च बनाना पड़ी। तीन महीने के अभियान में विनफील्ड युनाइटेड प्रेस्बाइटेरियन चर्च के लोगों ने 180000 डॉलर का चंदा इकट्ठा कर लिया जो 372 पुरुषों, महिलाओं और बच्चों ने दिया था।

यह बात तो तय थी कि इस आश्चर्यजनक रिकॉर्ड के लिये यह शिक्षक पूरी तरह से ज़िम्मेदार नहीं थे, परंतु यह भी सच था कि यह तब तक नहीं हो सकता था जब तक कि बाइबल स्कूल का इतना अधिक विस्तार नहीं होता।

जब आप किसी आदमी को यह दिखा देते हैं कि वह क्या चाहता है तो वह इसे हासिल करने के लिये ज़मीन-आसमान एक कर देता है।

यह शाश्वत नियम इतने अधिक महत्त्व का है कि यह मानवीय संबंधों के बाक़ी सभी नियमों से पहले आता है। यह हमेशा सबसे महत्त्वपूर्ण नियम रहा है और यह हमेशा सबसे महत्त्वपूर्ण नियम रहेगा। हाँ, यह सभ्यता के सारे नियमों में पहले नंबर का नियम बन चुका है।

बेंजामिन फ्रैंकलिन ने इस नियम के महत्त्व को समझा था। उन्होंने एक प्रार्थना भी बनायी ताकि उन्हें इसे याद रखने में मदद मिल सके। जब मैंने पहली बार फ्रैंकलिन की आत्मकथा को पढ़ना शुरू किया तो मुझे यह जानकर सुखद आश्चर्य हुआ कि वह इसी प्रार्थना को पचास साल तक हर दिन करते रहे। मैं फिलाडेल्फिया में रहता हूँ। यह वही शहर है जहाँ बेंजामिन फ्रैंकलिन ने अपना अधिकांश जीवन गुज़ारा है और वे मेरे लिये हमेशा एक प्रेरणास्त्रोत रहे हैं।

मैंने ख़ुद से कहा, "अगर इस प्रार्थना ने बेन फ्रैंकलिन की मदद की है, तो यह निश्चित रूप से मेरी भी मदद करेगी"- इसलिये मैं इस प्रार्थना को पच्चीस से भी अधिक सालों से करता चला आ रहा हूँ। इससे मुझे यह मदद मिली कि मैं अपने विचारों को ख़ुद से दूर रखता हूँ और यह कभी नहीं सोचता कि मुझे इस सेल से क्या मिलने वाला है। इसके बजाय मैं अपने विचारों को सामने वाले आदमी पर केंद्रित करता हूँ और यह सोचता हूँ कि इस सेल से उसे क्या मिलने वाला है। फ्रैंकलिन ने लिखा थाः "... ईश्वर को बुद्धि का स्त्रोत मानते हुए मैं सोचता हूँ कि यह उचित और आवश्यक है कि हम इसे हासिल करने के लिये उसका सहयोग माँगें; इसी उद्देश्य से मैंने यह प्रार्थना बनायी

है और मैं हर सुबह नियमित रूप से यह प्रार्थना करता हूँ।"

यहाँ प्रार्थना दी हुई है- बेन फ्रैंकलिन की प्रार्थनाः

हे लोककल्याणकारी! उदार पिता। दयालु मार्गदर्शक! मुझमें वह बुद्धि बढ़ायें जिससे मुझे सच्चा लाभ हो। इस बुद्धि द्वारा सुझाये गये मेरे संकल्पों को मज़बूत करें। आपकी दूसरी संतानों के लिये किये गये मेरे दयालुतापूर्ण कार्यों को स्वीकार करें, क्योंकि मेरे प्रति आपकी दयालुता का बदला चुकाने का मेरे पास सिर्फ़ यही एक तरीक़ा है।

संक्षेप में

1. सेल्समैनशिप का सबसे महत्वपूर्ण रहस्य यह पता लगाना है कि सामने वाला क्या चाहता है और फिर उसे हासिल करने का सर्वश्रेष्ठ तरीक़ा खोजने में उसकी मदद करना है।
2. इस दुनिया में किसी से भी कोई काम करवाने का एक ही तरीक़ा है। क्या आपने कभी इस बारे में सोचा है ? हाँ, केवल एक ही तरीक़ा। और वह तरीक़ा है सामने वाले में ऐसी इच्छा जगाना ताकि वह उस काम को करना चाहे। याद रखें, इसके अलावा कोई दूसरा तरीक़ा है ही नहीं।
3. जब आप किसी आदमी के सामने यह स्पष्ट कर देते हैं कि वह क्या *चाहता* है तो वह इसे पाने के लिये ज़मीन-आसमान एक कर देगा।

7 पंद्रह मिनट में 2,50,000 डॉलर की सेल

जब क्ले हन्सिकर मुझे बॉस्टन में एक तरफ़ ले गया और जब उसने मुझे सेलिंग का महान रहस्य सिखाया तो मेरा उत्साह बहुत अधिक बढ़ गया, इतना कि वह चरम पर पहुँच गया। मैंने सोचा कि अब मुझे यही करना है कि मैं जाऊँ और पर्याप्त लोगों से मिलूँ- और बेचना मेरे लिये आसान हो जायेगा!

अगले कुछ महीनों में मेरे सेल्स रिकॉर्ड में निश्चित रूप से सचमुच सुधार हुआ, परंतु अब भी ग्राहक मेरा काफ़ी विरोध करते थे। मुझे समझ में नहीं आ रहा था कि उनके विरोध का कारण क्या था।

फिर एक दिन जब मैं फिलाडेल्फिया में बेलेव्यू-स्ट्रैटफोर्ड होटल में एक सेल्स कॉंग्रेस में भाग ले रहा था, तो मैंने अमेरिका के चोटी के सेल्समैनों में से एक को एक अद्भुत तरीक़ा बताते सुना जिससे मुझे संक्षेप में जवाब मिल गया। वह सेल्समैन न्यूयॉर्क सिटी के जे. एलियट हॉल थे। हालाँकि अब वे कई सालों से रिटायर हो चुके हैं, परंतु एलियट हॉल का रिकॉर्ड सार्वकालिक टॉप प्रॉड्यूसर्स में आज भी दर्ज है।

मिस्टर हॉल ने बताया कि वे किस तरह सेल्समैन के रूप में असफल हुए थे और वे सेल्स लाइन छोड़ने वाले थे कि तभी उन्हें वह कारण पता चल गया जिसके कारण वे असफल हो रहे थे। उन्होंने कहा कि वे बहुत ज़्यादा "निश्चयात्मक वाक्य" बोल रहे थे।

मुझे लगा, यह कैसी मूर्खतापूर्ण बात है।

परंतु उन्होंने श्रोताओं को यह कहकर रोमांचित कर दिया कि वे अपनी आपत्तियाँ और सवाल पूछ सकते हैं। दो हज़ार सेल्समैनों ने उन पर हर दिशा से सवालों और आपत्तियों की बौछार कर दी-- यह आपत्तियाँ कि ग्राहक और संभावित ग्राहक हर दिन "उन्हें दूर हटा देते हैं।"

रोमांच ज़बर्दस्त हो गया जब एलियट हॉल ने यह अद्भुत प्रदर्शन दिया

कि किस तरह आपत्तियों का सामना किया जाये-- और इन आपत्तियों का सामना करने के लिये उन्होंने किताबों में "किस तरह आपत्तियों का सामना किया जाये" अध्याय में लिखे गये *स्मार्ट स्टॉक जवाबों* का सहारा नहीं लिया।

उन्होंने आपत्ति करने वालों को यह बताने की कोशिश नहीं की कि वे ग़लत थे। उन्होंने यह भी नहीं दर्शाया कि उनकी तुलना में वे ज़्यादा स्मार्ट हैं। उन्होंने सिर्फ़ कुछ सवाल पूछे जिनसे आपत्ति करने वालों को सहमत होना पड़ा। और वे तब तक सवाल पूछते गये जब तक कि जवाबों से एक ही निष्कर्ष नहीं निकला-- एक दमदार निष्कर्ष जो तथ्यों पर आधारित था।

इस मास्टर सेल्समैन से मैंने जो गहरी सीख ली उसने मेरे सोचने का पूरा नज़रिया ही बदल दिया। उन्होंने यह जताने का प्रयास नहीं किया कि वे किसी को अपने नज़रिये के हिसाब से सोचने के लिये मजबूर कर रहे हैं या उन्हें प्रभावित करने की कोशिश कर रहे हैं। एलियट हॉल के प्रश्नों का केवल एक ही लक्ष्य था:

> *सामने वाले आदमी को यह पहचानने में मदद करना कि वह क्या चाहता है और फिर उसे हासिल करने का तरीक़ा बताने में मदद करना।*

श्रोताओं ने मिस्टर हॉल को बताया कि इस आपत्ति से पार पाना बहुत मुश्किल होता है: "मैं अब तक यह फैसला नहीं कर पाया हूँ कि मैं इसे लूँ या न लूँ।"

मिस्टर हॉल ने जवाब दिया, "मेरा काम ग्राहक को फैसला करने में मदद करना है। इस दुनिया में इस तरह का कोई सवाल ही नहीं है कि आपको यह करना चाहिये या नहीं..." फिर, उन्होंने सारी बात को सवालों में संक्षेप में प्रस्तुत किया।

एक सेल्समैन ने कहा कि उसके सामने सबसे बड़ी समस्या तब आती है जब ग्राहक कहता है, *"मुझे घर जाकर इस पर सोचना पड़ेगा।"*

"मैं आपकी इस बात में मदद करूँगा कि क्या हम इस पर सही तरीक़े से विचार कर सकते हैं," मिस्टर हॉल ने जवाब दिया। "आपको इस बारे में नहीं सोचना है..." फिर मिस्टर हॉल अपने सवालों की तरफ़ गये ताकि आपत्ति करने वाले को यह पता चल सके कि आख़िर उसे किस बात पर विचार करना है।

उनके दृढ़ निश्चय के बावजूद किसी को भी यह नहीं लगा कि एलियट हॉल वाद-विवाद कर रहे हों या किसी का विरोध कर रहे हों। वे बहुत अधिक ओजस्वी थे, परंतु उन्होंने एक बार भी बहस नहीं की या विरोध नहीं किया या अपना कोई फिक्स्ड विचार प्रस्तुत नहीं किया। उनका नज़रिया यह नहीं था, "मैं जानता हूँ कि मैं सही हूँ और आप ग़लत हैं।"

लोगों की मदद करने का उनका तरीक़ा था - सवाल पूछकर उनके सोच को स्पष्ट करना। और मैं अपने अनुभव से कह सकता हूँ कि यह लाजवाब तरीक़ा है और इसके जैसा कोई दूसरा तरीक़ा नहीं है। मैं उन्हें और उनकी कही बातों को कभी नहीं भूल पाऊँगा।

जब मैंने उस दिन एलियट हॉल की बातों को फटी आँखों से सुना तो मैंने संकल्प किया कि आगे से मैं यह महत्वाकांक्षा रखूँगा कि मैं उस महान कला को विकसित करने की कोशिश करूँ जिसमें उन्होंने इतनी अधिक विशेषज्ञता हासिल कर ली थी-- सवाल पूछने की कला।

मिस्टर हॉल के भाषण के कुछ ही दिन बाद मेरे एक मित्र ने मुझे फोन किया। उसने मुझे बताया कि न्यूयॉर्क का एक बड़ा निर्माता 2,50,000 डॉलर का जीवन बीमा कराने के लिये बाज़ार में था। दोस्त जानना चाहता था कि क्या प्रस्ताव प्रस्तुत करने में मेरी रुचि थी। इस निर्माता की कंपनी 2,50,000 डॉलर उधार ले रही थी और क़र्ज़ देने वाले इस बात पर ज़ोर दे रहे थे कि निर्माता को क़र्ज़ की पूरी रक़म के बराबर जीवन बीमा कराना होगा। न्यूयॉर्क की दस बड़ी कंपनियों ने पहले से ही विस्तृत प्रस्ताव प्रस्तुत कर दिये थे।

"निश्चित रूप से मैं प्रस्ताव प्रस्तुत करने में रुचि रखता हूँ," मैंने कहा, "बशर्ते कि तुम मेरे लिये एक अपॉइंटमेंट फिक्स करवा दो।"

बाद में उसी दिन मेरे दोस्त ने फोन करके बताया कि उसने मेरे लिये अगले दिन सुबह पौने ग्यारह बजे का अपॉइंटमेंट ले लिया है। इसके बाद यह हुआः

पहले तो मैं अपनी टेबल-कुर्सी पर बैठा और मैंने यह विचार किया कि मुझे क्या करना है। एलियट हॉल की चर्चा अब भी मेरे दिमाग़ में ताज़ी थी। मैंने फैसला किया कि मैं कई सवाल तैयार करूँगा। आधे घंटे तक मेरा दिमाग़ सोच-विचार में डूबा रहा। फिर कुछ सवाल आने शुरू हुए-- ऐसे सवाल जिनसे यह आदमी अपने विचारों को अधिक स्पष्ट कर सकता था और जिनसे उसे फैसले पर पहुँचने में मदद मिलती। इसमें मुझे लगभग दो घंटे का समय लगा।

आख़िरकार मैंने चौदह सवाल लिख लिये। फिर मैंने इन सवालों को अधिक तार्किक क्रम में जमा लिया।

अगली सुबह न्यूयॉर्क जाने वाली ट्रेन में बैठकर मैंने इन सवालों का बार-बार अध्ययन किया। जब मैं पेनसिल्वेनिया स्टेशन पहुँचा तो मैं इतना रोमांचित और उतावला था कि मैं इंटरव्यू का इंतज़ार ही नहीं करना चाहता था। अपने आत्मविश्वास को बढ़ाने के लिये मैंने एक जोखिम उठाने का फैसला किया। मैंने न्यूयॉर्क के बहुत बड़े मेडिकल एग्ज़ामिनर को फोन किया और अपने प्रॉस्पेक्ट के लिये एग्ज़ामिनर के ऑफ़िस में साढ़े ग्यारह बजे का अपॉइंटमेंट ले लिया।

अपने प्रॉस्पेक्ट के ऑफ़िस में पहुँचने के बाद उसकी सेक्रेटरी ने मेरा अभिवादन किया। उसने प्रेसिडेन्ट का दरवाज़ा खोला और मैंने उसे यह कहते हुए सुना, "मिस्टर बूथ, फिलाडेल्फिया से कोई मिस्टर बेटगर आपसे मिलने आये हैं। उनका कहना है कि उनका आपके साथ पौने ग्यारह बजे का अपॉइंटमेंट है।"

बूथः अरे, हाँ। उन्हें अंदर भेज दो।

मैंः मिस्टर बूथ!

बूथः आप कैसे हैं, मिस्टर बेटगर। बैठिये। (*मिस्टर बूथ ने इंतज़ार किया कि मैं चर्चा शुरू करूँ, जबकि मैं इंतज़ार कर रहा था कि वे चर्चा शुरू करें।*) मिस्टर बेटगर, मुझे लगता है कि आप अपना समय बर्बाद कर रहे हैं!

मैंः क्यों ?

बूथ (*अपनी मेज़ पर रखे प्रस्तावों के ढेर की तरफ़ इशारा करते हुए*) न्यूयॉर्क की सभी बड़ी कंपनियों ने मेरे पास अपने प्लान भेज दिये हैं जिनमें से तीन मेरे दोस्तों ने भेजे हैं-- इनमें से एक मेरा बहुत क़रीबी मित्र है; मैं हर शनिवार और रविवार को उसके साथ गोल्फ खेलता हूँ। वह न्यूयॉर्क लाइफ में है; और यह काफ़ी अच्छी कंपनी है, नहीं क्या ?"

मैंः दुनिया में इससे अच्छी कोई कंपनी नहीं है।

बूथः तो, मिस्टर बेटगर, इन परिस्थितियों में अगर आपको अब भी यह लगता हो कि आप मेरे सामने अपना प्लान प्रस्तुत करना चाहते हैं तो आप मेरी उम्र यानी 46 साल के हिसाब से सामान्य जीवन योजना पर 2,50,000 डॉलर के जीवन बीमा के आँकड़े निकाल सकते हैं और मुझे डाक से भिजवा

सकते हैं। मैं इसे बाक़ी सारी प्रस्तावों के साथ रख दूँगा और अगले दो-तीन सप्ताहों में मैं इस बारे में किसी नतीजे पर पहुँचूँगा। अगर आपका प्लान सबसे सस्ता और सबसे अच्छा होगा तो यह बिज़नेस आपको ही मिलेगा। परंतु मुझे लगता है कि आप अपना और मेरा दोनों का ही समय बर्बाद कर रहे हैं।

मैंः मिस्टर बूथ, अगर आप मेरे अपने भाई होते तो भी मैं आपको वही बताता जो मैं आपको अभी बताने जा रहा हूँ।

बूथः क्या ?

मैंः बीमा बिज़नेस के बारे में अपने ज्ञान के आधार पर अगर आप मेरे भाई होते तो मैं आपसे यह कहता कि आप इसी वक़्त इन सारे प्रस्तावों को उठाकर कचरे की बाल्टी में फेंक दें।

बूथः (*स्पष्ट रूप से हैरानी से*) आप ऐसा क्यों कह रहे हैं ?

मैंः पहली बात तो यह कि इन प्रस्तावों का सही तरीक़े से विश्लेषण करने के लिये आपको एक्चुअरी की सेवायें लेनी होंगी और एक्चुअरी बनने के लिये सात साल का समय लगता है। परंतु अगर आप आज की तारीख़ में सबसे कम लागत के प्रस्ताव को चुनने में सफल भी हो जाते हैं, तो भी आज से पाँच साल बाद यह हो सकता है कि वही कंपनी चलकर सबसे अधिक लागत वाली कंपनी बन जाये। इतिहास में ऐसा हुआ है। सच तो यह है कि जिन कंपनियों को आपने चुना है वे दुनिया की सर्वश्रेष्ठ कंपनियाँ हैं। आप इन प्रस्तावों को ले सकते हैं, अपनी मेज़ पर उन्हें फैला सकते हैं, अपनी आँखें बंद कर सकते हैं और जिस कंपनी के प्रस्ताव पर आप उँगली रखेंगे उसके कम लागत वाली कंपनी होने के अवसर उतने ही होंगे, जितने कि उस स्थिति में जब आप कई सप्ताहों के सावधानीपूर्वक सोच-विचार के बाद किसी निष्कर्ष पर पहुँचेंगे। अब, मिस्टर बूथ, मेरा काम है कि मैं अंतिम निर्णय पर पहुँचने में आपकी मदद करूँ। आपकी मदद करने के लिये मुझे आपसे कुछ सवाल पूछने होंगे। आपको कोई एतराज़ तो नहीं है ?

बूथः बिलकुल नहीं। पूछिये।

मैंः जैसा मैं समझता हूँ, आपकी कंपनी 2,50,000 डॉलर का क़र्ज़ लेने वाली है। इस सौदे की एक शर्त यह है कि आपको 2,50,000 डॉलर का बीमा करवाना है और बीमे की पॉलिसी को अपने क़र्ज़दारों के पास रखवाना है। क्या यह सही है ?

बूथः हाँ। यह सही है।

मैंः दूसरे शब्दों में, अगर आप जीवित रहते हैं तो उन्हें आप पर भरोसा है, परंतु आपकी मृत्यु की स्थिति में उन्हें आपकी कंपनी में उतना विश्वास नहीं है। क्या यह सही नहीं है, मिस्टर बूथ ?

बूथः हाँ, मुझे लगता है कि यह सही है।

मैंः फिर क्या यह सबसे महत्वपूर्ण नहीं है-- दरअसल महत्व की एकमात्र बात यही है- कि आप इस बीमे को तत्काल हासिल कर लें और जोखिम को बीमा कंपनी पर डाल दें ? मान लीजिये आप आज रात को जागें, आधी रात को और आपके मन में अचानक यह विचार आये कि कनेक्टिकट के आपके बड़े प्लांट में आग का बीमा कल ही एक्स्पायर हो चुका है। शायद आप बची हुई रात में सो नहीं पायेंगे! और आप सुबह सबसे पहले यह काम करेंगे कि ब्रोकर को फोन लगायेंगे और उससे कहेंगे कि वह तत्काल बीमा करवा ले, नहीं क्या!

बूथः बिलकुल, मैं ऐसा ही करूँगा।

मैंः जिस तरह आप अपने प्लांट के लिये आग के बीमे को महत्वपूर्ण समझते हैं, उसी तरह से आपके क़र्ज़दार आपके जीवन बीमे को महत्वपूर्ण समझते हैं। अगर आप अपने जीवन का बीमा नहीं करवा पाते, तो क्या यह संभव नहीं है कि आपके क़र्ज़दार लोन की रक़म को कम कर दें या लोन देने से पूरी तरह इन्कार कर दें।

बूथः मैं नहीं जानता, परंतु मुझे लगता है कि यह संभव है।

मैंः और अगर आपको यह क़र्ज़ नहीं मिलता, तो शायद आपके लिये यह लाखों-करोड़ों का मामला होगा। क्या इस साल में इसी वजह से आपका लाभ घाटे में नहीं बदल जायेगा ?

बूथः आपका क्या मतलब है ?

मैंः आपके लिये मैंने साढ़े ग्यारह बजे न्यूयॉर्क के प्रमुख मेडिकल एग्ज़ामिनर डॉ. कार्लायल से अपॉइंटमेंट ले रखा है। उनके एग्ज़ामिनेशन को सभी जीवन बीमा कंपनियाँ मान्यता देती हैं। जहाँ तक मैं जानता हूँ वे एकमात्र मेडिकल एग्ज़ामिनर हैं जिनके एक ही एग्ज़ामिनेशन से किसी आदमी के जीवन पर 2,50,000 डॉलर का जीवन बीमा किया जा सकता है। 150 ब्रॉडवे में उनके ऑफ़िस में उनके पास इलेक्ट्रो-कार्डियोग्राफ और फ्लुअरोस्कोप मशीनें हैं और वे सारी मशीनें हैं जिनकी ज़रूरत आपके परीक्षण में होगी।

बूथः क्या दूसरे ब्रोकर मेरे लिये यह नहीं कर सकते?

मैंः आज की सुबह तो वे ऐसा नहीं कर सकते! मिस्टर बूथ, मान लीजिये कि आप इस एग्ज़ामिनेशन के गंभीर महत्व को पहचानकर किसी ब्रोकर को इसी दोपहर को फोन करें और उसे बतायें कि आप तत्काल एग्ज़ामिनेशन करवाना चाहते हैं, तो वह पहला काम तो यह करेगा कि वह अपने किसी मित्र को फोन करेगा जो उसका नियमित एग्ज़ामिनर होगा। फिर वह उसे यहाँ पर आपके ऑफ़िस में लेकर आयेगा जहाँ आपका पहला परीक्षण किया जायेगा। अगर डॉक्टर की रिपोर्ट आज रात को ही डाक से रवाना हो जाये, तो उस विशेष कंपनी का कोई मेडिकल डायरेक्टर हेड ऑफ़िस में अपनी कुर्सी पर बैठकर कल सुबह आपकी रिपोर्ट को देखेगा। अगर उसके मन में यह विचार आता है कि चूँकि आप 2,50,000 डॉलर का बीमा करवा रहे हैं इसलिये दूसरे एग्ज़ामिनेशन की ज़रूरत है तो वह किसी दूसरे डॉक्टर को दूसरे एग्ज़ामिनेशन के लिये अधिकृत कर देगा जिसके पास आवश्यक मशीनें हों। इस सबका मतलब है अनावश्यक विलंब। आप इस जोखिम को अगले सप्ताह तक क्यों उठाते हैं, या फिर एक दिन भी क्यों उठाते हैं?

बूथः मुझे लगता है कि मैं अभी कुछ समय तक जीवित रहूँगा।

मैंः मान लीजिये कल सुबह आपका गला ख़राब हो जाये और आप एक सप्ताह तक बिस्तर पर पड़े रहें? फिर जब आप इस कठिन परीक्षण के लिये पर्याप्त स्वस्थ हो जायेंगे तब मान लीजिये बीमा कंपनी आपसे यह कहेः "अब, मिस्टर बूथ, हमें लगता है कि आप बिलकुल सही हो जायेंगे, परंतु आपकी हाल की बीमारी के कारण एक छोटी सी समस्या खड़ी हो गई है और हमें इस काम को तीन-चार महीनों के लिये टालना पड़ेगा जब तक कि हम यह सुनिश्चित न कर लें कि यह समस्या टेम्परेरी है या परमानेंट।" तब आपको अपने क़र्ज़दारों को यह बताना पड़ेगा कि अंतिम निर्णय कुछ समय के लिये टल गया है। क्या यह संभव नहीं है कि वे भी तब तक आपको लोन देने से मना कर दें? क्या यह एक *संभावना* नहीं है, मिस्टर बूथ?

बूथः हाँ, यह संभावना तो है।

मैंः (*अपनी घड़ी की तरफ़ देखते हुए*)। मिस्टर बूथ, अभी ग्यारह बजकर दस मिनट हुये हैं। अगर हम तत्काल निकलते हैं तो हम डॉ. कार्लायल के ऑफ़िस में साढ़े ग्यारह बजे के अपॉइंटमेंट के लिये सही समय पर पहुँच जायेंगे। आपको देखकर लगता है कि आप इस समय पूरी तरह स्वस्थ हैं। अगर आप अंदर से भी उतने ही स्वस्थ हैं जितने कि बाहर से दिख रहे हैं, तो

आपको यह बीमा अड़तालीस घंटों में मिल जायेगा। आप इस सुबह अच्छा महसूस कर रहे हैं, नहीं क्या, मिस्टर बूथ ?"

बूथः हाँ, मैं अच्छा महसूस कर रहा हूँ।

मैंः तो फिर क्यों न इस एग्ज़ामिनेशन को जो आपके लिये दुनिया में सबसे महत्वपूर्ण चीज़ है अभी हाल ही करवा लिया जाये ?

बूथः मिस्टर बेटगर ? आप किसकी तरफ़ हैं ?

मैंः मैं आपकी तरफ़ हूँ!

बूथ (*सिर को सोच-विचार में झुकाते हुए। सिगरेट जलाते हैं। कुछ पल सोचकर धीमे से अपनी कुर्सी से उठते हैं, ऊपर की तरफ़ देखते हैं, खिड़की की तरफ़ जाते हैं और फिर हैटरैक की तरफ़ जाकर अपने हैट को रैक पर से उठाते हैं और मेरी तरफ़ मुड़ते हैं)* : आइये चलें!

हम सिक्स्थ एवेन्यू के सबवे में डॉक्टर के ऑफ़िस में गये। एग्ज़ामिनेशन संतोषजनक ढंग से निबट जाने पर मिस्टर बूथ अचानक मेरे मित्र बन गये। उन्होंने इस बात पर ज़ोर दिया कि मैं उनके साथ लंच करूँ। जब हमने खाना शुरू कर दिया तो उन्होंने मेरी तरफ़ देखा और हँसने लगे। उन्होंने पूछा, "अरे हाँ, मैं यह पूछना तो भूल ही गया, आप किस कंपनी से आये हैं ?"

8 उस सेल में अपनाये गये मूलभूत सिद्धांतों का विश्लेषण

आइये हम सेल का विश्लेषण करें। मैं जानता हूँ कि आप क्या सोच रहे हैं। आप ख़ुद से कह रहे होंगेः "मैं किस तरह इस तकनीक का प्रयोग कर सकता हूँ। यह आपके लिये सही हो सकती है। इससे बीमा बिकता होगा, परंतु मैं इसका प्रयोग किस तरह कर सकता हूँ ?" परंतु मैं आपको बताना चाहता हूँ कि आप इस तकनीक का प्रयोग करके "जूते से लेकर जहाज़ और सीलिंग वैक्स" तक कुछ भी बेच सकते हैं और मैं यह भी बताना चाहूँगा कि आप ऐसा किस तरह से कर सकते हैंः

1. अपॉइंटमेंट लें।

लोगों से बिना अपॉइंटमेंट लिये न मिलें! जब आप अपॉइंटमेंट लेते हैं तो आपको बहुत फ़ायदा होता है। इससे सामने वाले को यह पता चलता है कि आप उसके समय के महत्व को समझते हैं। अवचेतन मन में वह आपके समय को भी अधिक महत्वपूर्ण समझने लगता है। अगर मैं *बिना अपॉइंटमेंट लिये* उस व्यस्त एक्ज़ीक्यूटिव से मिलने न्यूयॉर्क गया होता तो मेरे सफल होने की कोई संभावना नहीं थी।

2. तैयार रहें।

आप क्या करेंगे यदि आपको जूनियर और सीनियर चैंबर्स ऑफ कॉमर्स तथा आपके समुदाय के अन्य सभी सर्विस क्लब्स की संयुक्त मीटिंग के सामने बोलने के लिये आमंत्रित किया जाये और वे आपको 100 डॉलर का भुगतान करने वाले हों ? आप तैयारी करने में कई घंटे लगायेंगे, नहीं क्या ? आप कई रातों को इस बात की योजना बनायेंगे कि आप किस तरह से अपने भाषण को शुरू करेंगे; आप किन बिंदुओं को विस्तार से बतायेंगे; आप किस तरह से अपने भाषण को समाप्त करेंगे। आप इसे एक बड़ी घटना के रूप में लेंगे, नहीं क्या ? क्यों ? क्योंकि आपके सामने तीन सौ या चार सौ या इससे

भी अधिक श्रोता होंगे। बहरहाल, यह कभी न भूलें कि चार सौ श्रोताओं और एक श्रोता में कोई अंतर नहीं होता। और यह आपके लिये 100 डॉलर से अधिक मूल्यवान हो सकता है। कई सालों में यह आपके लिये सैकड़ों डॉलर कमा सकता है। इसलिये क्यों न हर इंटरव्यू की तैयारी बड़ी घटना के रूप में की जाये ?

जब मेरे पास मेरे दोस्त का फोन आया और उसने मुझे बताया कि उसने अगले दिन सुबह मेरे लिये अपॉइंटमेंट ले लिया है तो मैं शायद तीस मिनट तक अपनी टेबल-कुर्सी पर बैठा रहा और यह सोचता रहा कि मैं इस आदमी से क्या कहूँगा। मेरे दिमाग़ में जो विचार आ रहे थे, वे मुझे पसंद नहीं आ रहे थे। मैंने सोचा, "अभी मैं थका हुआ हूँ। मैं कल सुबह ट्रेन से जाते हुए रास्ते में इसकी तैयारी करूँगा।"

फिर एक छोटी सी आवाज़ ने मेरे कानों में कहाः "कल सुबह, नहीं, बिलकुल नहीं! *आपको यह काम अभी करना है*। आप जानते हैं कि जब आप बिना तैयारी किये जाते हैं तो आपमें आत्मविश्वास कम होता है। यह आदमी आपको अपॉइंटमेंट देने के लिये तैयार हुआ है, बेटगर। इसलिये तैयारी करके जायें! और वहाँ पर विजेता का नज़रिया लेकर जायें।"

कुछ समय बाद मेरे सामने यह सवाल आयाः "सबसे मुख्य मुद्दा क्या है ?" इसका जवाब देना मुश्किल नहीं था। क़र्ज़। इस सिल्क निर्माता को क़र्ज़ लेना था। क़र्ज़ देने वाले इस बात पर ज़ोर दे रहे थे कि वह अपने जीवन का बीमा करवाये। वह इस बीमे को हासिल करने में जितनी देर लगा रहा था, वह एक बड़ा ख़तरा मोल ले रहा था। बीमे के बिना एक-एक दिन, एक-एक घंटा उसके लिये जोखिम थां। उस बीमे की शुद्ध लागत का दरअसल कोई महत्व ही नहीं था।

इंटरव्यू या मीटिंग की तैयारी में इस आसान और छोटे से विचार ने लगातार मेरी मदद की और यह काफ़ी सहायक सिद्ध हुआ। यदि मैं ख़ुद से यह सवाल पूछता हूँ तो मैं सही शुरूआत करता हूँः

3. सबसे मुख्य मुद्दा क्या है?

या, रुचि का मुख्य बिंदु क्या है ?

या, सबसे कमज़ोर बिंदु क्या है ?

इसी वजह से मुझे दस अन्य बड़ी कंपनियों की प्रतियोगिता के बावजूद

बिज़नेस हासिल करने में सफलता मिली।

यह सुनें कि जब हम लोग लंच के लिये उस दिन बैठे तो मिस्टर बूथ ने मुझसे क्या कहाः

"मुझे लगता है कि मेरे कुछ बीमा लाइन के दोस्तों को बहुत सदमा पहुँचेगा। परंतु वे लोग कई सप्ताह से मुझ पर दबाव डाल रहे थे, एक दूसरे की बुराइयाँ कर रहे थे और मुझे यह बताने की कोशिश कर रहे थे कि उनका प्लान कितना किफ़ायती था।आपने किसी की बुराई नहीं की, बल्कि मुझे यह एहसास दिलाया कि मैं इंतज़ार या देर करके जोखिम ले रहा हूँ" - फिर, एक मुस्कराहट के साथ- "दरअसल, मैं क़र्ज़ न मिलने की संभावना के बारे में सोचकर आतंकित हो गया। मैंने फैसला किया कि बिना एग्ज़ामिनेशन करवाये अगर मैं लंच भी करूँगा तो यह एक बहुत बड़ी मूर्खता होगी।"

इस सेल ने मुझे एक बहुत बड़ा सबक़ सिखायाः कभी बहुत सारे बिंदुओं को टटोलने की कोशिश मत करो; मुख्य बिंदु को अपनी आँखों से ओझल न होने दें; यह पता लगायें कि मुख्य बिंदु क्या है, और फिर उस पर अड़े रहें।

4. कीवर्ड नोट्स।

कोई असामान्य व्यक्ति ही होगा जो किसी इंटरव्यू या मीटिंग में जाये या महत्वपूर्ण टेलीफोन कॉल करे और

(1) यह याद रखे कि वह किन बिंदुओं पर बोलना चाहता है,

(2) उन्हें तार्किक क्रम में बोले।

(3) संक्षिप्त रहे और मुख्य बिंदु से न भटके।

जब तक कि मैं पहले नोट्स नहीं बना लेता, तब तक इस बात की संभावना रहती है कि मैं यहाँ पर बुरी तरह से असफल हो जाऊँगा। बूथ के इंटरव्यू की तैयारी करते समय मैंने कीवर्ड नोट्स बनाये यानी कि मुख्य शब्दों को लिख लिया। ट्रेन में जाते समय मैंने अपने नोट्स बार-बार पढ़े जब तक कि मुझे यह ठीक-ठीक पता नहीं चल गया कि मैं क्या बोलने वाला था और किस तरह से बोलने वाला था। इससे मुझे आत्मविश्वास मिला। इंटरव्यू के दौरान मुझे अपने नोट्स की तरफ़ देखने की ज़रूरत ही नहीं पड़ी। बहरहाल, अगर लोगों से मुलाक़ात के दौरान मेरी याददाश्त मुझे धोखा दे जाती है तो मैं बिना झिझके कीवर्ड नोट्स के अपने कार्ड को बाहर निकाल लेता हूँ।

5. सवाल पूछिये।

मैंने पिछले दिन चौदह सवाल तैयार किये थे, जिसमें से मैंने केवल ग्यारह सवाल ही पूछे। दरअसल, यह पूरे पंद्रह मिनट का इंटरव्यू ज़्यादातर सवाल्-जवाब में ही चला। प्रश्न पूछने का महत्व एक अत्यंत महत्वपूर्ण विषय है और मुझे बेचने में सफलता दिलाने में इसका बहुत बड़ा योगदान रहा है। यही वजह है कि मैं अपने अगले अध्याय को इसी विषय पर लिख रहा हूँ।

6. डाइनामाइट का विस्फोट कीजिये!

कोई भी आश्चर्यजनक या चौंकाने वाला काम कीजिये। लोगों को जगाना और उनके अपने लाभ के लिये उन्हें कार्य के लिये प्रेरित करना अक्सर ज़रूरी होता है। परंतु बेहतर होगा कि आप ऐसा न करें जब तक कि आप उस विस्फोट के बाद तथ्यों का सहारा न ले सकें; केवल विचारों से काम नहीं चलेगा।

मैंने मिस्टर बूथ से कहाः "बीमा बिज़नेस के बारे में अपने ज्ञान के आधार पर अगर आप मेरे भाई होते तो मैं आपसे यह कहता कि आप इसी वक़्त इन सारे प्रस्तावों को उठाकर कचरे की बाल्टी में फेंक दें!"

7. डर जगाइये।

मूलभूत रूप से केवल दो ही कारणों से आदमी काम करने के लिये प्रेरित होता हैः लाभ की इच्छा, या हानि का डर। विज्ञापन के लोग हमें बताते हैं कि जहाँ जोखिम या ख़तरा होता है वहाँ डर सबसे अधिक प्रेरक तत्व होता है। मिस्टर बूथ के साथ हुई पूरी चर्चा डर और अनावश्यक जोखिम पर आधारित थी। मैंने उन्हें बताया कि वे 2,50,000 डॉलर के क़र्ज़ को गँवाने का अनावश्यक जोखिम ले रहे थे।

8. विश्वास जगाइये।

अगर आप पूरी तरह गंभीर हैं, तो कई तरीक़े हैं जिनसे आप लोगों में विश्वास जगा सकते हैं। मुझे विश्वास है कि चार नियमों के कारण मैं इस अजनबी का विश्वास हासिल कर पाया:

(1) असिस्टेंट बायर बनिये।

इंटरव्यू की तैयारी में मैंने यह कल्पना की जैसे मैं मिस्टर बूथ की कंपनी में तनख़्वाह पा रहा एक कर्मचारी हूँ। मैंने अपने आपको "बीमा के इन्चार्ज असिस्टेंट बायर" की भूमिका में रखा। इस मामले में मेरा ज्ञान मिस्टर बूथ के ज्ञान से अधिक था। इस तरीक़े से महसूस करने के बाद मैं उत्साह और रोमांच से भरी बातें करने में ज़रा भी नहीं झिझका। इस विचार ने मुझे पूरी तरह निडर बना दिया। असिस्टेंट बायर के नज़रिये से मुझे उस सेल में इतनी ज़्यादा मदद मिली कि मैं आगे भी कई वर्षों तक इस भूमिका को निभाता रहा। मैं किसी भी युवा सेल्समैन या लोगों से व्यवहार करने, वाले युवक को असिस्टेंट बायर बनने का आग्रह करूँगा। लोगों को बेचा जाना पसंद नहीं होता। वे ख़रीदना पसंद करते हैं।

(2) "अगर आप मेरे अपने भाई होते तो भी मैं आपको वही बताता जो मैं आपको अभी बताने जा रहा हूँ..."

यह विश्वास जगाने वाली एक सशक्त तकनीक है बशर्ते कि आप इसका प्रयोग पूरी गंभीरता और ईमानदारी से करें। मिस्टर बूथ से कहे गये यह मेरे लगभग शुरूआती शब्द थे। मैंने उनकी आँखों में आँखें डालकर देखा और इन शब्दों को पूरी भावना से कहा। फिर मैंने उनके कुछ कहने का इंतज़ार किया। उन्होंने वही सवाल पूछा जो ज़्यादातर संभावित ग्राहक या प्रॉस्पेक्ट्स पूछते हैं: "क्या ?"

(3) अपने प्रतियोगियों की तारीफ़ कीजिये।

"अगर आप चढ़ा नहीं सकते, तो आप गिराइये भी मत," हमेशा एक सुरक्षित नियम है। मैंने पाया है कि इससे विश्वास सबसे जल्दी जमता है। सामने वाले व्यक्ति के बारे में कुछ अच्छा बोलने की कोशिश करें। जब मिस्टर बूथ ने मुझे बताया कि न्यूयॉर्क लाइफ में उनका एक दोस्त है और उन्होंने कहा, "यह काफ़ी अच्छी कंपनी है, नहीं क्या ?" मैंने तत्काल जवाब दिया, "दुनिया में इससे अच्छी कोई कंपनी नहीं है!" फिर, मैं वापस अपने सवालों की तरफ़ मुड़ गया।

(4) "मैं आज की सुबह आपके लिये कुछ ऐसा कर सकता हूँ जो कोई दूसरा आदमी नहीं कर सकता।"

एक सशक्त सेलिंग वाक्यांश। जहाँ यह ईमानदारी से फिट होता है, वहाँ इसका आश्चर्यजनक प्रभाव पड़ता है। मुझे एक उदाहरण देने की अनुमति दीजियेः

जब डेल कारनेगी और मैं एक शाम को डेस मॉइन्स, आयोवा, रसेल लेवाइन में एक ट्रेन में चढ़ने जा रहे थे, तो हमारे स्कूल के स्पॉन्सर जूनियर चैम्बर ऑफ कॉमर्स का एक उत्साही सदस्य स्टेशन तक हमें छोड़ने आया। रसेल ने कहाः "कल आपके एक वाक्य ने मेरी तेल की पूरी फ्रेट कार बिकवा दी।" मैंने कहाः "मुझे इस बारे में बताइये।"

रसेल ने जवाब दिया कि कल वह एक ग्राहक से मिलने गया था और उसने कहा थाः "मैं आज की सुबह आपके लिये कुछ ऐसा कर सकता हूँ जो कोई दूसरा आदमी नहीं कर सकता।"

ग्राहक ने पूछा, "वह क्या ?"

"मैं आपको ऑइल का पूरा फ्रेट कारलोड दिलवा सकता हूँ," रसेल ने कहा।

"नहीं," ग्राहक का जवाब था।

"क्यों नहीं ?" रसेल ने पूछा।

"मेरे पास इसे रखने की कोई जगह नहीं है," उस आदमी ने जवाब दिया।

"मिस्टर डी., अगर आप मेरे भाई होते, तो भी मैं आपसे वही कहता जो मैं अभी कहने जा रहा हूँ।"

"क्या ?" ग्राहक ने पूछा।

"उस ऑइल के कारलोड को अभी ले लें। उसकी शॉर्टेज होने वाली है और जब बाद में आपको उसकी ज़रूरत होगी तो आपको वह नहीं मिलेगा। इसके अलावा, इसकी क़ीमतें भी बढ़ने वाली हैं।"

"नहीं," आदमी ने दोहराया, "मेरे पास इसे रखने के लिये कोई जगह नहीं है।"

"तो फिर आप स्टोरेज का स्थान किराये पर क्यों नहीं ले लेते ?" रसेल

ने सुझाव दिया।

"नहीं," उस आदमी ने कहा, "मैं इस वक़्त इसे नहीं ख़रीद पाऊँगा।"

बाद में जब रसेल अपने ऑफ़िस में लौटा तो उसके लिये उसी आदमी का एक संदेश था कि वह फोन पर उससे बात कर ले। जब रसेल ने उसे फोन किया तो उसने कहा, "रसेल, मैंने एक पुराना गैरेज किराये पर ले लिया है जहाँ मैं उस ऑइल को स्टोर कर सकता हूँ, इसलिये आप यह मान लें कि आपने कारलोड मुझे बेच दिया है!

9. अपने श्रोता की योग्यता की सच्ची सराहना कीजिये

हर आदमी चाहता है कि उसे महत्वपूर्ण समझा जाये। लोग तारीफ़ के भूखे होते हैं। लोग सच्ची सराहना के लिये तरसते हैं। परंतु आपको बहुत अधिक तारीफ़ भी नहीं करनी चाहिये। बेहतर होगा यदि आप इस मामले में संयम से काम लें। मैं जानता हूँ कि इस सफल बिज़नेसमैन को ख़ुशी हुई जब मैंने उसे बतायाः "अगर आप जीवित रहते हैं तो उन्हें आप पर भरोसा है, परंतु आपकी मृत्यु की स्थिति में उन्हें आपकी कंपनी में उतना विश्वास नहीं है। क्या यह सही नहीं है, मिस्टर बूथ ?"

10. क्लोज़ की कल्पना कीजिये।

जीतने वाले का नज़रिया रखिये। मैंने अपने संभावित ग्राहक से मिलने जाने से पहले ही डॉ. कार्लायल से अपॉइंटमेंट लेने का जुआ खेला। मैंने जीतने पर अपने सारे दाँव लगा दिये थे।

11. इंटरव्यू में आप का रहना बहुत ज़रूरी है।

सालों बाद जब मैं मूलभूत सिद्धांतों के बारे में ज़्यादा जानने लगा, तो मैंने इस सेल का विश्लेषण किया और यह जानकर मुझे आश्चर्य हुआ कि उस छोटे से पंद्रह मिनट के इंटरव्यू में मैंने "आप" या "आपका" शब्द 69 बार बोला था। मुझे याद नहीं है कि मैंने इस टेस्ट के बारे में कहाँ सुना था, परंतु यह एक बेहतरीन तरीक़ा है जिसके द्वारा आप यह सुनिश्चित कर सकते हैं कि आप सबसे महत्वपूर्ण नियम का पालन कर रहे हैंः

दूसरे आदमी के नज़रिये से चीज़ों को देखिये और उसकी इच्छाओं, ज़रूरतों और आकांक्षाओं के संदर्भ में बात कीजिये।

क्या आप अपने आप पर एक बहुत ही रोचक और लाभदायक टेस्ट करना चाहेंगे ? लिखिये कि आपने अपने आख़िरी सेलिंग इंटरव्यू में क्या कहा था। फिर देखिये कि कितनी जगहों पर आप “मैं” या “हम” को काटकर उसे “आप” या “आपका” में बदल सकते हैं। इंटरव्यू में **आप** का रहना बहुत ज़रूरी है।

9 सवाल पूछने से मेरे सेल्स इंटरव्यू किस तरह अधिक प्रभावी बने

नया विचार कई बार किसी आदमी के नज़रिये में तीव्र और क्रांतिकारी परिवर्तन उत्पन्न करता है। उदाहरण के तौर पर न्यूयॉर्क में उस सेल को सफलतापूर्वक हासिल करने से ठीक पहले मैंने अपने लिये "ढाई लाख डॉलर प्रति वर्ष का प्रोड्यूसर" होने का लक्ष्य निर्धारित किया था। मैंने सोचा था कि कड़ी और निरंतर मेहनत से मैं इस लक्ष्य को हासिल कर लूँगा।

अब, अचानक, मैंने एक ही दिन में ढाई लाख डॉलर का बिज़नेस हासिल कर लिया था। अविश्वसनीय! ऐसा कैसे हो सकता था? केवल एक सप्ताह पहले ढाई लाख डॉलर प्रति वर्ष बड़ा लक्ष्य दिख रहा था। अब मैं यह सोचने लगा, "*दस लाख* मेरा लक्ष्य है!"

उस रात को फिलाडेल्फिया लौटते समय ट्रेन में बैठे-बैठे यही विचार मेरे मस्तिष्क में दौड़ रहे थे। मुझे भावनात्मक उत्तेजना हो रही थी। मैं इतना रोमांचित था कि मुझसे अपनी सीट पर बैठा नहीं जा रहा था। मैं डिब्बे में यहाँ से वहाँ और वहाँ से यहाँ टहलने लगा। हर सीट भरी हुई थी, परंतु मुझे याद नहीं आता कि मैंने किसी आदमी को ठीक से देखा हो। बार-बार मैं उसी सेल के बारे में सोचता रहा। उसके हर शब्द के बारे में। मिस्टर बूथ ने क्या कहा था? मैंने क्या कहा था? आख़िरकार मैं बैठ गया और मैंने पूरे इंटरव्यू को लिख लिया।

"यह ट्रिप कितनी बेकार और मूर्खतापूर्ण होती," मैंने ख़ुद से कहा, "अगर मैंने एलियट हॉल की वह चर्चा नहीं सुनी होती जिसमें उन्होंने सवाल पूछने के महत्व के बारे में बताया था।" सच्चाई यह है कि कुछ दिन पहले तक मेरे मन में इस तरह के प्रकरण में न्यूयॉर्क जाने का विचार ही नहीं आया होता।

मैंने यह महसूस किया: "अगर मैंने वही बातें सवालों के रूप में न कहकर सामान्य रूप में कही होतीं तो मुझे तीन मिनट में ही वहाँ से धक्के

मारकर बाहर निकाल दिया जाता! हालाँकि मैंने जो कहा था वह बहुत प्रबलता और रोमांच के साथ कहा था, परंतु इस सफल निर्माता ने मेरी बातों का बुरा नहीं माना। अपने विचारों को सवालों के रूप में रखने से उसे यह पता चल गया कि मेरी राय में उसे क्या करना चाहिये, परंतु उसी समय मैंने उसे ख़रीदार की सीट में बिठा दिया। हर बार जब भी वह कोई आपत्ति या कमेंट देता था, तो मैं एक और प्रश्न पूछकर गेंद को उसी के पाले में उछाल देता था। जब वह आख़िरकार उठा, उसने अपना हैट उठाया और कहाः "आइये चलें!" तो मैं जानता था कि उसे ऐसा महसूस हो रहा होगा कि यह उसी का विचार था, उसी का निर्णय था।

कुछ ही दिनों बाद मैंने एक मित्र से बिल्डिंग इंजीनियर्स की फ़र्म के युवा प्रेसिडेन्ट के नाम परिचय का एक पत्र लिखवा लिया जो कुछ महत्वपूर्ण प्रोजेक्ट्स बना रहे थे। यह शहर के सबसे संभावनापूर्ण संगठनों में से एक था।

युवा प्रेसिडेन्ट ने एक ही नज़र में परिचय के उस पत्र को पढ़ लिया और कहा, "अगर आप बीमे के बारे में बात करना चाहते हैं, तो उसमें मेरी कोई रुचि नहीं है। मैंने अभी एक महीने पहले ही बीमा ख़रीदा है।"

उसके अंदाज़ में ऐसा कुछ था जिससे यह पता चलता था कि यह उसका आख़िरी फैसला था, इसलिये मैंने महसूस किया कि आगे जुटे रहना घातक होगा। बहरहाल मैं ईमानदारी से इस आदमी को बेहतर तरीक़े से जानना चाहता था, इसलिये मैंने उससे एक सवाल पूछने की हिम्मत कीः

"मिस्टर एलन, आप बिल्डिंग कन्स्ट्रक्शन बिज़नेस में किस तरह आये और आपने किस तरह शुरूआत की?"

मैं तीन घंटे तक सुनता रहा।

आख़िरकार उसकी सेक्रेटरी उससे कुछ चेक साइन करवाने आयी। जब वह चली गयी तो युवा एग्ज़ीक्यूटिव ने मेरी तरफ़ देखा परंतु कहा कुछ नहीं। मैं भी चुपचाप बैठा उसकी तरफ़ देखता रहा।

"आप मुझसे क्या चाहते हैं?" उसने पूछा।

"मैं आपसे कुछ सवालों के जवाब चाहता हूँ।" मैंने जवाब दिया।

मैं जब वहाँ से निकला तो मैं पूरी तरह जानता था कि उसके दिमाग़ में क्या है- उसकी आशायें, महत्वाकांक्षायें, लक्ष्य। एक बार इंटरव्यू में उसने कहा, "मैं नहीं जानता कि मैं आपको यह सारी बातें क्यों बता रहा हूँ। आप जितना जानते हैं उतना तो मैंने आज तक किसी को भी नहीं बताया है- अपनी

पत्नी को भी नहीं!"

मुझे विश्वास है कि उसे उस दिन कुछ ऐसी चीज़ें पता चली होंगी जो वह ख़ुद ही नहीं जानता होगा; ऐसी चीज़ें जो उसके दिमाग़ में पहले कभी पूरी तरह स्पष्ट नहीं हुई होंगी।

मुझ पर विश्वास करने के लिये के लिये मैंने उसे धन्यवाद दिया और उसे बताया कि मैं उसकी बतायी हुई जानकारी पर विचार करूँगा और उसका अध्ययन करूँगा। दो सप्ताह बाद मैंने उसके और उसके दो सहयोगियों के लिये एक प्लान प्रस्तुत किया ताकि उनके बिज़नेस की सुरक्षा हो सके और निरंतरता भी जारी रह सके। यह क्रिसमस की शाम थी। मैं दोपहर को चार बजे उस कंपनी के ऑफ़िस से जब बाहर निकला तो मेरे हाथ में प्रेसिडेन्ट (1,00,000 डॉलर), वाइस प्रेसिडेन्ट (1,00,000 डॉलर) और सेक्रेटरी-कोषाध्यक्ष (25,000 डॉलर) के जीवन बीमे के आदेश थे।

यह इन लोगों के साथ क़रीबी व्यक्तिगत मित्रता की शुरूआत थी। अगले दस सालों के दौरान मैंने उनके साथ जो बिज़नेस किया वह कुल मिलाकर 7.5 लाख डॉलर था।

मुझे यह कभी महसूस नहीं हुआ जैसे मैंने उन्हें कुछ "बेचा।" हमेशा उन्होंने ही "ख़रीदा।" उन्हें यह जताने के बजाय जैसे मैं सभी जवाब जानता हूँ--जे. एलियट हॉल को सुनने के पहले मेरी यही आदत थी-- *मैंने उन्हीं को जवाब देने दिया* और काफ़ी हद तक मैंने ऐसा सवाल पूछकर किया।

पच्चीस साल तक मैंने यह पाया कि लोगों को मेरे नज़रिये से सोचने पर बाध्य करने से सौ गुना अधिक प्रभावी है सवाल पूछने का मेरा नया तरीक़ा।

जब मैंने मिस्टर हॉल से यह विचार पाया तो मुझे लग रहा था कि उन्होंने सोचने का एक नया तरीक़ा खोजा है। उसके कुछ ही समय बाद मुझे यह पता चला कि एक और महान सेल्समैन ने फिलाडेल्फिया में ही 150 साल पहले इस विषय पर कुछ बातें लिखने का समय निकाला था। आपने उनका नाम सुना होगा। उनका नाम था बेंजामिन फ्रैंकलिन।

फ्रैंकलिन ने बताया कि किस तरह उन्होंने यह विचार उस आदमी के लेखन में खोजा जो बेन फ्रैंकलिन से 2,200 वर्ष पहले पैदा हुआ था और जो एथेंस, ग्रीस में रहा करता था। उस आदमी का नाम सुकरात था। सवाल पूछने के अपने तरीक़े के कारण सुकरात ने ऐसा कुछ किया जो इतिहास में बहुत कम

लोग कर पाये हैं-- उन्होंने विश्व के चिंतन को बदल दिया।

मुझे यह जानकर आश्चर्य हुआ कि युवावस्था में फ्रैंकलिन की लोगों से पटरी नहीं बैठती थी। उन्होंने कई दुश्मन बना लिये क्योंकि उन्हें बहस और वाद-विवाद करने की आदत थी; वे निश्चयात्मक वाक्य बहुत अधिक बोलते थे और वे लोगों पर हावी होने की बहुत कोशिश करते थे। आख़िरकार, उन्हें यह एहसास हो गया कि वे हर तरह से हार रहे थे। तब वे सुकरात के तरीक़े के अध्ययन में रुचि लेने लगे। उन्हें इस कला को विकसित करने में बहुत आनंद आया और उन्होंने इसका लगातार अभ्यास किया।

> "यह आदत," फ्रैंकलिन ने लिखा, "मुझे विश्वास है कि मेरे लिये बहुत लाभकारी रही है जब मैंने लोगों से अपनी बात मनवाने की कोशिश की जैसा मुझे कई मामलों को प्रमोट करने के लिये समय-समय पर करना पड़ता था। चूँकि चर्चा का मुख्य लक्ष्य सूचना का आदान-प्रदान है, इसलिये मैं चाहता हूँ कि अच्छे इरादे रखने वाले समझदार लोग अपनी अच्छाई करने की शक्ति को निश्चयात्मक और दंभी तरीक़े के द्वारा कम न करें जिसकी वजह से उनका विरोध होता है क्योंकि ऐसा तरीक़ा उन सभी लक्ष्यों को परास्त कर देता है जिनके लिये हमें वाणी का वरदान मिला है।"

फ्रैंकलिन लोगों के दिल की बात बाहर निकालने में बहुत ही कुशल थे। वे इस क्षेत्र के विशेषज्ञ थे, परंतु उन्होंने सामने वाले को अपने प्रश्नों के लिये तैयार करने के इस आसान नियम को सबसे महत्वपूर्ण पायाः

> "जब कोई आदमी ऐसी कोई बात कह देता था जो मैं जानता था कि ग़लत है, तो भी मैं उसका तत्काल विरोध करने का और उसकी ग़लती तत्काल बताने का आनंद त्याग देता था। जवाब देते समय मैं कहता था कि *कई प्रकरणों या परिस्थितियों में उसकी बात सही हो सकती थी, परंतु इस प्रकरण में मुझे लगता है कि यह सही नहीं होगी*, इत्यादि। मुझे शैली बदलने का जल्दी ही फ़ायदा हुआ। अब मेरी चर्चायें अधिक सुखद होने लगीं। चूँकि मैं विनम्र तरीक़े से अपने विचार रखता था, इसलिये लोग मेरे विचारों से ख़ुशी-ख़ुशी सहमत होने लगे और मेरा विरोध कम होने लगा। मैं ग़लत भी सिद्ध हो जाऊँ तो भी अब मुझे कम अपमान झेलना पड़ता था। और जब मैं सही होता था तो मेरे लिये अपने विरोधियों से उनकी ग़लती मनवाकर अपनी बात मनवाना आसान होता था।"

यह तरीक़ा इतना प्रैक्टिकल और आसान है कि मैंने इसे सेलिंग में आज़माना शुरू कर दिया। इसने मेरी तत्काल मदद की। मैंने फ्रैंकलिन के शब्दों को ही अवसर के अनुरूप दूसरे शब्दों में ढाला था ताकि मैं सेलिंग में उनका प्रयोग कर सकूँ।

मुझे अब शर्म आती है कि मैं कभी यह कहा करता था: "मैं आपसे इसलिये सहमत नहीं हो सकता क्योंकि..."

"क्या आपको नहीं लगता" कहने की आदत एक बहुत छोटी सी आदत है परंतु मैंने यह पाया है कि इसकी मदद से मैं निश्चयात्मक वाक्य बोलने से बच जाता हूँ। उदाहरण के तौर पर अगर मैं आपसे यह कहूँ: "हमें इतने अधिक निश्चयात्मक वाक्य बोलने से बचना चाहिये। हमें अधिक सवाल पूछना चाहिये।" तो मैं केवल अपना विचार व्यक्त कर रहा हूँ। परंतु अगर मैं आपसे कहता हूँ: "*क्या आप ऐसा नहीं सोचते* कि हमें इतने अधिक निश्चयात्मक वाक्य बोलने से बचना चाहिये? *क्या आप यह महसूस नहीं करते* कि हमें अधिक सवाल पूछना चाहिये?" तो क्या मैं आपको अपने दिल की बात नहीं बता रहा हूँ? परंतु क्या मैं, साथ ही, आपके विचारों को पूछकर आपको ख़ुश नहीं कर रहा हूँ? अगर आपका श्रोता यह सोचे कि यह उसका विचार है तो क्या वह दस गुना अधिक उत्साही नहीं होगा?

आप सवाल पूछने के साथ *दो* चीज़ें कर सकते हैं:

1. सामने वाले को यह बता सकते हैं कि आप क्या सोच रहे हैं।

2. साथ ही आप उसके विचार पूछकर उसे सम्मान भी दे सकते हैं।

एक प्रसिद्ध शिक्षाशास्त्री ने एक बार मुझसे कहा था: "कॉलेज की शिक्षा से आप जो बहुत बड़ी चीज़ सीख सकते हैं वह है सवाल पूछने का नज़रिया, प्रमाण माँगने और तौलने की आदत... वैज्ञानिक दृष्टिकोण।"

बहरहाल, मुझे कभी कॉलेज जाने का सौभाग्य नहीं मिला, परंतु मैं जानता हूँ कि लोगों को सोचने के लिये बाध्य करने का बहुत अच्छा तरीका है उनसे सवाल पूछना। तर्कसंगत सवाल। दरअसल, मैंने कई मामलों में तो यह पाया है कि यह उन्हें सोचने के लिये बाध्य करने का इकलौता तरीक़ा है!

सवाल पूछने के तरीक़े से आप यह छह चीज़ें हासिल कर सकते हैं

1. इससे आप बहस या वाद-विवाद से बच सकते हैं।
2. इससे आप ज़्यादा बोलने से बच सकते हैं।
3. इससे आप यह जानने में सामने वाले की मदद कर सकते हैं कि वह क्या चाहता है। इसके बाद आप उसकी इस निर्णय में मदद कर सकते हैं कि वह इसे किस तरह से हासिल करे।
4. इससे सामने वाले का चिंतन अधिक स्पष्ट होता है। वह विचार उसका विचार बन जाता है।
5. आपको वह सबसे कमज़ोर बिंदु हासिल होता है जिससे आप अपनी सेल क्लोज़ कर सकते हैं- सबसे महत्वपूर्ण मुद्दा।
6. इससे सामने वाले को महत्त्व का अनुभव होता है। जब आप दर्शाते हैं कि आप उसके विचार का सम्मान करते हैं तो इस बात की अधिक संभावना है कि वह भी आपके विचारों का सम्मान करेगा।

"कॉलेज की शिक्षा से आप जो बहुत बड़ी चीज़ सीख सकते हैं वह है सवाल पूछने का नज़रिया, प्रमाण माँगने और तौलने की आदत... वैज्ञानिक दृष्टिकोण।"

10 मैंने किस तरह जाना कि लोगों के ख़रीदने का सबसे महत्वपूर्ण कारण क्या है

एक बार की बात है। न्यूयॉर्क के नाइट क्लब में एक भारी-भरकम और शक्तिशाली आदमी ने यह प्रस्ताव रखा कि कोई भी आदमी उसके पेट में कितनी भी कसकर मार दे, परंतु उसे कुछ नहीं होगा। कई लोगों ने यह कोशिश की और कहा जाता है कि जैक डेम्पसी ने भी ऐसा किया। परंतु उस मज़बूत आदमी को किसी भी प्रहार से कोई फ़र्क़ नहीं पड़ा। श्रोताओं में एक कद्दावर और शक्तिशाली स्वीडिश आदमी बैठा था जो अँग्रेजी का एक भी शब्द नहीं समझता था। किसी ने कहा कि उसका प्रहार इस आदमी को धराशायी कर सकता है। मास्टर ऑफ़ सेरेमनीज़ ने जाकर आख़िरकार इशारों से उस स्वीडिश आदमी को यह समझा दिया कि वे चाहते हैं कि वह जाये और उस भारी-भरकम और शक्तिशाली आदमी को मारे। स्वीडिश आदमी उठा, उसने अपना कोट उतारा और अपनी बाँहें चढ़ायीं। इधर उस भारी-भरकम आदमी ने भी गहरी साँस ली और अपने सीने को फुलाकर अपने आपको प्रहार के लिये तैयार कर लिया। स्वीडिश आदमी फ़र्श पर घूमा, परंतु पेट पर मारने के बजाय उसने सीधे भारी-भरकम आदमी के जबड़े पर मुक्का मारा और उसे फ़र्श पर चारों खाने चित्त कर दिया।

स्वीडिश आदमी यह नहीं समझ पाया था कि उससे क्या करने को कहा जा रहा था, परंतु अनजाने में ही वह कद्दावर स्वीडिश आदमी सेलिंग के एक बड़े महत्वपूर्ण नियम का प्रदर्शन कर रहा था। उसने सबसे कमज़ोर बिंदु को चुना और फिर अपनी सारी शक्ति और एकाग्रता उसी एक बिंदु पर लगा दी--सबसे महत्वपूर्ण बिंदु।

प्रॉस्पेक्ट को हमेशा यह पता नहीं होता कि उसकी सबसे मुख्य आवश्यकता क्या है। हम न्यूयॉर्क के सिल्क मैन्युफैक्चरर मिस्टर बूथ के उदाहरण को ही लें। उनका विचार था कि मुख्य मुद्दा था सबसे कम लागत पर बीमा हासिल करना। वे इसी बिंदु के हिसाब से मामले की तह तक जा रहे थे। बीमा करने वाले एजेंट उनके चारों तरफ़ रात-दिन मँडरा रहे थे। यह तो उसी तरह था जैसे हर कोई उस भारी-भरकम आदमी के पेट पर प्रहार कर

रहा हो।

मैंने यह पाया कि उनसे सवाल पूछकर मैंने उनका ध्यान उस बिंदु की तरफ़ से हटा दिया जिसे वे वास्तविक *मुद्दा* समझ रहे थे और उनका ध्यान उस तरफ़ खींचा जो सचमुच सबसे महत्वपूर्ण मुद्दा था।

मुझे याद है कि लिंकन की कही एक बात से मुझे सबसे महत्वपूर्ण मुद्दा खोजने का महत्व समझ में आया। मैं पढ़ते-पढ़ते रुक गया और सोचने लगा। लिंकन ने कहा थाः "ट्रायल लॉयर के रूप में मेरी ज़्यादातर सफलताओं के पीछे यही कारण था कि मैं अपने विरोधी वकील को हमेशा छह बिंदुओं पर जीतने देता था ताकि मुझे सातवें बिंदु पर जीत मिल सके, *अगर सातवाँ बिंदु सबसे महत्वपूर्ण हो।*"

रॉक आइलैन्ड रेलरोड ट्रायल, जिसका ज़िक्र हम बाद में करेंगे, इस बात का उत्कृष्ट उदाहरण है कि लिंकन ने इस नियम को कैसे अमल में लाया। ट्रायल के अंतिम दिन विरोधी वकील ने केस की समरी देने में दो घंटे का समय लिया। लिंकन अपने विरोधी के उठाये हुए सारे बिंदुओं पर बहस करने में समय लगा सकते थे। परंतु जूरी को दुविधा में डालने का जोखिम लिये बिना लिंकन ने सारे बिंदुओं को जाने दिया और एक ही मुद्दे पर बात की-- सबसे महत्वपूर्ण मुद्दा। इसमें उन्हें एक मिनट से भी कम समय लगा। परंतु इससे वे केस जीत गये।

मैंने हज़ारों सेल्समैनों से बात की है और मैंने यह पाया है कि उनमें से कई तो मुख्य मुद्दे की तरफ़ बिलकुल भी ध्यान नहीं देते। अरे हाँ, उन्होंने इसके बारे में पढ़ा है। परंतु सबसे महत्वपूर्ण मुद्दा क्या है ? आइये इसे थोड़ा आसान करके देखें। क्या यह सबसे महत्वपूर्ण मुद्दा नहीं हैः

मूलभूत आवश्यकता क्या है ?

या

रुचि का मुख्य बिंदु क्या है, सबसे कमज़ोर बिंदु क्या है ?

आप किस तरह से सबसे महत्वपूर्ण मुद्दे को पकड़ सकते हैं। अपने प्रॉस्पेक्ट को बोलने के लिये प्रोत्साहित कीजिये। जब प्रॉस्पेक्ट आपको सामान न ख़रीदने के चार या पाँच कारण गिनाता है और आप हर कारण पर उससे बहस करते हैं तो आप उसे सामान नहीं बेच पायेंगे।

अगर आप उसे सिर्फ़ बोलते रहने दें तो वह आपकी मदद करेगा ताकि

आप उसे सामान बेच सकें। क्यों ? क्योंकि वह इन चार या पाँच चीज़ों में से एक चीज़ को चुन लेगा, वह चीज़ जो सबसे महत्वपूर्ण है और फिर इसी पर बोलता रहेगा। कई बार तो आपको एक शब्द कहने की भी ज़रूरत नहीं होती। जब वह अपनी बात पूरी कर लेता है तो आप उसी एक बिंदु पर आ जायें। आम तौर पर वही सच्चा बिंदु या मुद्दा होता है।

कई साल पहले, मैंने पिट्सबर्ग में एक नेशनल सेल्स कन्वेन्शन में हिस्सा लिया। शेवरलेट मोटर कंपनी के पब्लिक रिलेशन्स एक्ज़ीक्यूटिव विलियम जी. पॉवर ने यह कहानी बतायीः "मैं डेट्रॉइट में एक घर ख़रीदने वाला था। मैंने एक रियल एस्टेट के आदमी को बुलाया। अब तक मैं जितने भी सेल्समैनों से मिला हूँ, वह उन सबसे अधिक स्मार्ट था। जब मैं बोला तो वह सुनता रहा। कुछ ही देर में उसे पता चल गया कि ज़िंदगी भर से मेरी यह ख्वाहिश रही है कि मैं अपने घर में कई पेड़ चाहता था। वह मुझे डेट्रॉइट से बारह मील दूर ले गया और वहाँ पर मुझे एक घर दिखाया जिसके पिछवाड़े में सुंदर पेड़ लगे हुए थे। उसने कहा, "इन सुंदर लहलहाते पेड़ों को देखिये, पूरे अठारह पेड़ हैं!"

"मैंने उन पेड़ों को देखा और मुझे वे बहुत पसंद आये। मैंने उससे घर की क़ीमत पूछी। उसने जवाब दिया, "अमुक डॉलर्स।" मैंने कहा, "आप अपनी पेंसिल निकालिये और उसकी धार को तेज़ कर लीजिये।" परंतु वह उस क़ीमत में से एक भी डॉलर कम करने को तैयार नहीं हुआ। "आप यह कह क्या रहे हैं?" मैंने कहा। "मैं इससे कम पैसों में इसी तरह का घर ख़रीद सकता हूँ।" उसने जवाब दियाः "अगर आप ऐसा कर सकते हैं तो बहुत अच्छी बात है, परंतु इन पेड़ों की तरफ़ देखिये-- एक... दो... तीन... चार..."

"हर बार जब मैं क़ीमत की बात करता था, वह पेड़ गिनना चालू कर देता था। उसने मुझे अठारह पेड़ बेच दिये... और साथ में वह घर भी!

"यही सेल्समैनशिप है। उसने सुना जब तक कि उसने यह नहीं जान लिया कि मैं क्या चाहता था और फिर उसने मेरी मनचाही चीज़ मुझे बेच दी।"

मैं कई सेल्स से सिर्फ़ इसलिये असफल होकर लौट आया क्योंकि मैंने अपने ग्राहक को यह अवसर दिया था कि वह मुझसे रॉबिनहुड के खलिहान का चक्कर लगवाये और मैंने उसके उठाये सारे सवालों के पूरे-पूरे जवाब देने की कोशिश की। तभी टेलीफोन बजता था और वह आदमी कहता था, "मैं इस बारे में कुछ समय तक कुछ नहीं करना चाहता।" धीरे-धीरे ग़लतियाँ कर-करके मैंने यह सीखा कि मुझे उसकी हर बात से तब तक सहमत होना

चाहिये जब तक कि मैं वह *असली* कारण न जान लूँ जिसकी वजह से वह सामान नहीं ख़रीद रहा है।

कई संभावित ग्राहक आपको गुमराह करने की कोशिश करते हैं। अगले दो अध्यायों में मैं आपको बताऊँगा कि किस तरह मैं दो आसान छोटे सवालों के प्रयोग के द्वारा यह तय करता हूँ कि क्या यह आपत्ति वास्तविक है। और मैंने वह तरीक़ा भी जान लिया है जो इस छुपे हुए कारण को बाहर निकालने में प्रभावी सिद्ध होता है।

संक्षेप में

सेल में प्रमुख समस्या यह है:

1. मूलभूत आवश्यकता, या
2. रुचि के मुख्य बिंदु का पता लगाना।
3. फिर इसी पर जुटे रहना!

11 मैंने जाना कि सेलिंग में सबसे महत्वपूर्ण शब्द होता है "क्यों"

मेरा विश्वास है कि अँग्रेजी भाषा में सबसे शक्तिशाली शब्द है "Why" यानी "क्यों"- परंतु यह जानने में मुझे बहुत समय लगा और मैं वर्षों तक मूर्खता करने के बाद ही यह जान पाया। इस एक शब्द के प्रश्न के महत्व को जानने से पहले जब भी कोई आदमी आपत्ति उठाता था तो मैं तत्काल उस मुद्दे पर उस आदमी से बहस करने लगता था।

एक दिन जब मेरे एक दोस्त ने मुझे टेलीफोन किया और मुझे लंच के लिये आमंत्रित किया, तब मुझे इस चमत्कारी शब्द की शक्ति का एहसास हुआ। मेरे दोस्त का नाम जेम्स सी. वाकर है ज़ो फिलाडेल्फिया की एफ. एंड लुज़र्न स्ट्रीट्स में स्थित गिब्सन-वाकर लंबन कंपनी के प्रेसिडेंट और मुख्य स्वामी हैं। जब हमने लंच का ऑर्डर दिया तो जिम ने कहा: "फ्रैंक, मैं तुम्हें बता दूँ कि मैं तुमसे क्यों मिलना चाहता था। हाल ही में मैं अपने कुछ दोस्तों के साथ एक स्टैग पार्टी मनाने के लिये स्काईलैंड, वर्जीनिया गया। हम सभी रात को एक बड़े कमरे के केबिन में खटिया पर सोये। पहली रात को आप जानते हैं क्या हुआ। एक के बाद एक सभी लोग सो गये और अंत में केवल मैं ही बचा था जो बोले जा रहा था। हर बार जब मैं चुप होता था तो मेरे पास वाला आदमी कहने लगता था: "क्यों, जिम ? क्यों ?"- और मैं मूर्खों की तरह अधिक विस्तार में चला जाता था और बोलता रहता था *जब तक कि वह खुर्राटे नहीं लेने लगा।* तब जाकर मुझे एहसास हुआ कि वह यह जानने की कोशिश कर रहा था कि मैं कितनी देर तक बोल सकता हूँ!"

हम दोनों ही बुरी तरह हँसने लगे।

"तभी," जिम ने कहा, "मुझे अचानक यह एहसास हुआ कि यही तो वह तरीक़ा है जिसके कारण मैंने अपना पहला जीवन बीमा ख़रीदा। मैं नहीं जानता कि आपको यह मालूम है या नहीं कि आपने क्या किया था। फ्रैंक, जब आप मुझसे पहली बार मिले, तो मैंने आपको वही बताया जो मैं अपने

से मिलने वाले हर बीमा सेल्समैन को बताता हूँ: 'मैं जीवन बीमा में विश्वास नहीं करता।'

"लंबी बहस में उलझने के बजाय, जैसा दूसरे सेल्समैन करते हैं, आपने केवल इतना ही पूछा 'क्यों ?' जब मैंने इस 'क्यों' का जवाब दिया, तो आपने मुझे बार-बार 'क्यों, मिस्टर वाकर ?' कहकर मुझे बोलने के लिये प्रोत्साहित किया। मैंने जितनी बातें कीं, उतना ही मुझे यह एहसास हुआ कि मैं ग़लती पर था। आख़िरकार मैंने ख़ुद को यह विश्वास दिला दिया कि मैं ही ग़लती पर था। आपने मुझे नहीं बेचा। मैंने ख़ुद को बेचा। परंतु मैं नहीं जानता था कि ऐसा किस तरह हुआ जब तक कि स्काईलैंड वाली उस घटना में मैंने इतना ज़्यादा नहीं बोला।

"अब, फ्रैंक, इस कहानी का प्रभाव यह पड़ा: जब मैं लौटकर आया, उसके बाद से मैंने अपने ऑफ़िस में बैठकर ज़्यादा लंबर बेचा है और वह भी टेलीफोन पर, सिर्फ़ यह सवाल पूछकर 'क्यों ?' इसलिये अगर आप यह बात न जानते हों तो मैं आपको बताना चाहता हूँ कि आपने मुझे मेरी पहली पॉलिसी किस तरह से बेची थी।"

जिम वॉकर फिलाडेल्फिया के सबसे सफल लंबरमेनों में से एक थे और व्यस्त आदमी थे। मैं उनके प्रति हमेशा कृतज्ञ रहूँगा कि उन्होंने मुझे अलग ले जाकर इस बात का एहसास करवाया कि इस छोटे से शब्द "क्यों" में कितनी शक्ति छुपी हुई है। इससे पहले मैं इसकी शक्ति को पहचान नहीं सका था।

मैं हैरान हूँ कि ज़्यादातर सेल्समैन इसका प्रयोग करने में डरते हैं।

मैंने यह कहानी कई साल पहले हमारे लेक्चर कोर्सेस में सुनाई। इसके बाद देश भर के कई सेल्समैनों और दूसरे व्यवसाय से जुड़े लोगों ने मुझे बताया कि किस तरह उन्होंने अगले ही दिन से "क्यों" का प्रयोग करना शुरू कर दिया था और उन्हें इससे किस तरह मदद मिली। आइये हम केवल एक उदाहरण लें। टैम्पा, फ्लोरिडा में एक मशीनरी सेल्स एजेंट एक रात हमारी क्लास में खड़ा हुआ और उसने कहा: "जब मैंने पिछली रात को मिस्टर बेटगर को 'क्यों' के बारे में कहते सुना तो मैंने सोचा कि मुझे इसका प्रयोग करने में डर लगेगा। परंतु आज सुबह एक आदमी हमारे ऑफ़िस में आया और उसने एक बड़ी मशीन की क़ीमत पूछी। मैंने उसे बताया कि यह

27,000 डॉलर की थी। उसने कहाः 'यह मेरे हिसाब से बहुत महँगी है।' मैंने कहाः 'क्यों ?' 'क्योंकि,' उसने कहा, 'इससे तो इसकी क़ीमत ही नहीं निकलेगी।' मैंने पूछा, 'क्यों ?' इस पर उसने मुझसे खुलकर पूछा, 'क्या आपको लगता है कि इसकी क़ीमत वसूल हो पायेगी ?' 'क्यों नहीं ? जिस भी आदमी ने इस मशीन को ख़रीदा है उसके लिये यह एक अद्भुत निवेश साबित हुई है,' मैंने जवाब दिया। 'मैं इतनी महँगी मशीन नहीं ख़रीद सकता,' उसने कहा। 'क्यों ?' मैंने पूछा। हर बार जब भी वह कोई आपत्ति उठाता था तब मैं उससे पूछता था, 'क्यों ?' फिर वह अपने कारणों को विस्तार से बताता था। मैं उसे बोलने देता था। काफ़ी देर बोलने के बाद उसे पता चला कि उसके द्वारा बताये गये कारण सही नहीं हैं, इसलिये उसने वह मशीन ख़रीद ली। यह मेरे द्वारा की गई सबसे कम समय में की गई सेल्स में से एक थी। परंतु मैं जानता हूँ कि अगर मैंने उसे अपनी आम लंबी सेल्स चर्चा में उलझाया होता तो मैं ऐसा नहीं कर सकता था।"

यह भी सुनेंः स्वर्गीय मिल्टन एस. हर्शे कभी सड़कों पर कैंडी की गाड़ी को धक्का मारा करते थे, परंतु बाद में उन्होंने चॉकलेट बार से लाखों डॉलर कमाये। उनके विचार में "क्यों" इतना महत्वपूर्ण था कि उन्होंने इसके लिये अपना जीवन समर्पित कर दिया! यह अजीब लगता है, नहीं क्या ? तो, यह इस तरह हुआ। मिल्टन एस. हर्शे चालीस साल की उम्र के पहले ही तीन बार असफल हो चुके थे। "क्यों ?" उन्होंने ख़ुद से पूछा। "बाक़ी लोग क्यों सफल होते हैं और मैं क्यों असफल होता हूँ ?" अपने आपसे बहुत से सवाल पूछने के बाद उनकी जवाब की खोज एक कारण पर आकर अटक गयीः "मैं बिना सारे तथ्यों को जाने आगे बढ़ने की कोशिश कर रहा था।" उस दिन के बाद से अट्ठासी साल की उम्र में उनकी मृत्यु तक उन्होंने पूरा जीवन "क्यों ?" पूछने की फिलॉसफ़ी के प्रति समर्पित कर दिया। अगर कोई उनसे कहता थाः "ऐसा नहीं किया जा सकता, मिस्टर हर्शे," तो वे कहते थे, "क्यों ? क्यों नहीं ?" और *वे तब तक "क्यों" पूछते रहते थे जब तक कि उन्हें सारे कारण पता न चल जायें*। फिर वे कहते थे, "अब हममें से किसी को जवाब ढूँढना होगा।"

तो! क्या यही न्यूयॉर्क के जे. एलियट हॉल ने नहीं खोजा था कि उनके साथ सेलिंग में क्या चीज़ गड़बड़ हो रही थी ? वे बिना सारे तथ्यों को जाने आगे बढ़ने की कोशिश कर रहे थे। मैंने उनसे जो बड़ा सबक़ सीखा, यह

उसका एक अंश था।

अगले अध्याय में मैंने दो वास्तविक इंटरव्यूज़ का प्रयोग किया है और यह दिखाया है कि *क्यों* ने किस तरह तथ्यों को जानने में मेरी मदद की है। साथ ही, यह भी बताया है कि एक और आसान से छोटे वाक्यांश के साथ मैं किस तरह *क्यों* का प्रयोग करता हूँ ताकि मुझे आश्चर्यजनक परिणाम मिल सकें।

12 मैं किस तरह छुपी हुई आपत्ति को खोजता हूँ

एक बार मैंने पाँच हज़ार से भी अधिक इंटरव्यूज़ का रिकॉर्ड रखा ताकि मैं यह पता लगा सकूँ कि लोग क्यों ख़रीदते हैं या क्यों नहीं ख़रीदते। 62 प्रतिशत मामलों में ख़रीदने के विरोध में बतायी गयी मौलिक आपत्ति असली कारण नहीं थी। मैंने पाया कि केवल 38 प्रतिशत बार संभावित ग्राहक ने मुझे न ख़रीदने का *असली* कारण बताया था।

ऐसा क्यों ? आख़िर क्यों, लोग - महत्वपूर्ण लोग- जो बाक़ी हर तरह से ईमानदार थे, सेल्समैनों को गुमराह करते थे और उनसे झूठ बोलते थे ? इस बात को समझने में मुझे काफ़ी वक़्त लगा।

स्वर्गीय जे. पियरपॉन्ट मॉर्गन, सीनियर, इतिहास के सबसे कुशल बिज़नेसमैनों में से एक थे। उन्होंने एक बार कहा थाः "आदमी के पास कोई भी काम करने के आम तौर पर दो कारण होते हैं- पहला कारण वह जो कहने-सुनने में अच्छा लगता है, और दूसरा असली कारण।" कई साल तक उन रिकॉर्डों को रखने से मैं यह जान गया कि यह बात पूरी तरह सच है। इसलिये मैंने कोई ऐसा तरीक़ा खोजने के लिये प्रयोग करना शुरू कर दिया ताकि मैं यह पता लगा सकूँ कि जो कारण बताया जा रहा था वही असली कारण था या फिर वह कारण सिर्फ़ कहने-सुनने में अच्छा लगता था। आख़िरकार मुझे एक छोटा सा आसान वाक्यांश मिल गया जिसने मुझे चमत्कारी परिणाम दिये और जिसने मुझे कई हज़ार डॉलर भी कमा कर दिये। यह रोज़मर्रा की बातचीत में बोला जाने वाला एक साधारण सा वाक्यांश है। इसीलिये यह इतना अच्छा है। वाक्यांश हैः "इसके अलावा..." आइये मैं बताऊँ कि मैंने इसका प्रयोग किस तरह किया।

कई सालों से मैं एक बड़ी कारपेट-निर्माता कंपनी को बिज़नेस बीमा बेचने की कोशिश कर रहा था जिसके तीन मालिक थे। उनमें से दो तो बीमा कराने के पक्ष में थे, परंतु तीसरा विरोध कर रहा था। वह बूढ़ा था और कुछ

हद तक बहरा भी था। हर बार जब मैं इस बारे में बात करता था, तो उसकी सुनने की शक्ति अचानक बहुत कम हो जाती थी और वह मेरे कहे हुए किसी शब्द को नहीं समझ पाता था।

एक सुबह ब्रेकफास्ट करते समय मैंने अख़बार में उसकी अचानक मृत्यु की ख़बर पढ़ी।

स्वाभाविक रूप से यह ख़बर पढ़ने के बाद मेरा पहला विचार यह था, "अब तो मेरा सौदा पक्का ही हुआ समझो!"

कुछ दिन बाद मैंने कंपनी के प्रेसिडेन्ट को फोन किया और अपॉइंटमेंट लिया। मैं पहले भी उसके साथ बहुत सा बिज़नेस कर चुका था। जब मैं मिल में आया और मुझे उसके ऑफ़िस में ले जाया गया तो मैंने देखा कि वह उतना ख़ुश नहीं दिख रहा है जितना वह पहले दिखता था।

मैं बैठ गया। उसने मेरी तरफ़ देखा। मैंने उसकी तरफ़ देखा। आख़िरकार उसने कहाः "मैं समझ सकता हूँ कि आप यहाँ पर उसी बिज़नेस बीमे के बारे में बात करने आये हैं, नहीं क्या?"

मैंने सिर्फ़ अपने दाँत दिखा दिये।

परंतु वह बदले में मुस्कराया तक नहीं। उसने कहा, "हम ऐसा कोई बीमा नहीं ख़रीदने वाले।"

"बॉब, क्या आप मुझे बतायेंगे कि क्यों?"

"क्योंकि," उसने स्पष्ट किया, "हमें पैसे का नुक़सान हो रहा है। हमारी कंपनी में लाल बत्ती जल चुकी है और यह पूरे साल से जल रही है। इस बीमे को लेने का मतलब है हर साल आठ से दस हज़ार डॉलर का ख़र्च, नहीं क्या?"

"हाँ," मैंने स्वीकार किया।

"तो, हमने फैसला कर लिया है," उसने आगे कहा, "कि हम अपनी अनिवार्य आवश्यकताओं को छोड़कर और किसी भी चीज़ पर पैसे ख़र्च नहीं करेंगे जब तक कि हमें यह विश्वास न हो जाये कि हमारी स्थिति सुधर चुकी है।"

कुछ मिनट के मौन के बाद मैंने कहाः "बॉब, इसके अलावा, क्या आपके मन में और कुछ भी है? क्या कोई और कारण भी है जिसकी वजह से आप इस प्लान को लेने में हिचकिचा रहे हैं?"

बॉब (*उसके मुँह पर हल्की सी मुस्कराहट थिरक गयी*)ः अरे हाँ, मेरे

मन में और कुछ भी है।

मैं: क्या आप मुझे बतायेंगे कि वह क्या बात है?

बॉब: मेरे दो बेटे। उन्होंने कॉलेज पूरा कर लिया है और अब वे यहाँ काम कर रहे हैं। वे हर दिन आठ से पाँच तक मिल में ऑवरऑल पहनकर काम करते हैं और उन्हें इसमें मज़ा आता है। आपको नहीं लगता कि मैं ऐसे प्लान को लेने की मूर्खता करूँगा जिससे मेरी मृत्यु की स्थिति में लोग मेरे हिस्से को बेच दें, नहीं क्या? इससे मेरे बच्चों का क्या होगा? उन्हें लात मारकर निकाला जा सकता है- क्या ऐसा नहीं हो सकता?"

तो मामला यह था। पहली आपत्ति कहने-सुनने में अच्छी लग रही थी। अब जब मैं असली कारण जान गया था तो मेरे पास अवसर था। मैं यह बता सकता था कि उसके लिये बीमा कराना पहले से अधिक ज़रूरी था। हमने एक प्लान बनाया जिसमें उसके पुत्रों को भी शामिल कर लिया। एक ऐसा प्लान, जिसमें उन पुत्रों की स्थिति पूरी तरह सुरक्षित थी चाहे पहले कोई भी मरे।

उस अकेली सेल से मुझे 3860 डॉलर मिले।

अब सवाल यह है कि मैंने उस व्यक्ति से यह प्रश्न क्यों पूछा? क्या इसलिये क्योंकि मुझे उसकी बात पर भरोसा नहीं था? नहीं, यह बात नहीं थी। उसकी पहली आपत्ति इतनी तार्किक और वास्तविक थी कि मुझे उसकी बात पर संदेह करने का कोई कारण नहीं था। दरअसल मैंने उस पर भरोसा कर लिया था। परंतु वर्षों के अनुभव ने मुझे यह सिखा दिया है कि दो में से एक बार ऐसा हो सकता है कि सामने वाले के मन में कोई और भी आपत्ति हो। मेरे रिकॉर्ड इस बात को सिद्ध करते हैं। इसलिये मैंने इस बात की आदत डाल ली कि मैं यह सवाल हमेशा पूछा करता था, सिर्फ़ एक रूटिन चेकअप की तरह। मुझे याद नहीं है कि कभी किसी ने मेरे इस सवाल का बुरा माना हो।

जब आपत्ति वास्तविक कारण निकलती है, तो मैं क्या करता हूँ? मुझे इसका एक उदाहरण देने की इजाज़त दीजिये। मैं एक बार फिलाडेल्फिया में यूनियन लीग में अपने दो दोस्तों नील मैक्नील जूनियर और फ्रैंक आर. डेविस के साथ लंच कर रहा था। नील फिलाडेल्फिया की सैंडोज़ केमिकल कंपनी में सेल्स मैनेजर था और फ्रैंक फिलाडेल्फिया में रियल एस्टेट ब्रोकर था। नील ने कहा: "फ्रैंक और मेरे पास आपके लिये एक संभावित ग्राहक है। डॉन लिंडसे कल ही हमसे बीमा ख़रीदने के बारे में बात कर रहा था। वह काफ़ी पैसे कमा रहा है और आप शायद उसे पचास हज़ार या एक लाख का बीमा बेच सकते

हैं। क्या यह सही नहीं है, फ्रैंक ?"

फ्रैंक डेविस भी ग्राहक को लेकर बहुत उत्साहित लगा। उसने मुझे सलाह दी कि मैं अगली सुबह ही चला जाऊँ और उसने कहा, "डॉन को यह बताना मत भूलना कि मैंने और नील ने तुम्हें उसके पास भेजा है।"

अगले दिन दस बजे मैं फिलाडेल्फिया में पैशाल एवेन्यू में 54वीं सड़क पर मिस्टर लिन्डसे के प्लांट में पहुँचा। वह बिजली के फिक्स्चर का निर्माता था। मैंने उसकी सेक्रेटरी को बताया कि मिस्टर मैक्नील और मिस्टर डेविस ने मुझे मिस्टर लिन्डसे से मिलने के लिये भेजा है।

जब मुझे उसके ऑफ़िस में दाख़िल करवाया गया तो वह एक कोने में खड़ा था और उसके चेहरे पर ऐसा भाव था जिससे मुझे जैक डेम्पसी का चेहरा याद आ गया जब वह शुरूआती घंटी के बजने का इंतज़ार कर रहा था।

मैंने इंतज़ार किया, परंतु उसने कुछ नहीं कहा। इसलिये मैंने ही कहाः "मिस्टर लिन्डसे, नील मैक्नील और फ्रैंक डेविस ने मुझे आपसे मिलने के लिये भेजा है। उन्होंने कहा था कि आप कुछ जीवन बीमा ख़रीदने वाले हैं।"

"क्या बकवास है ?" लिन्डसे इतनी तेज़ आवाज़ में चीख़ा कि उसकी आवाज़ पूरे पैशाल एवेन्यू में गूँज गयी होगी। "आप *पाँचवें* बीमा एजेंट होंगे जिन्हें उन दोनों ने दो दिन में भिजवाया है। क्या इसे ही घटिया मज़ाक़ कहते हैं ?"

तो! मैं बुरी तरह आश्चर्यचकित था। मैं बुरी तरह हँस दिया होता, परंतु इस आदमी की आँखों में आग भरी हुई थी। आख़िरकार मैंने कहाः "आपने नील और फ्रैंक से ऐसा क्या कहा था जिससे उन्हें यह लगा कि आप जीवन बीमा ख़रीदने वाले हैं ?"

अब भी चीख़ते हुए उसने जवाब दियाः "मैंने उन्हें बताया था कि मैंने अपने जीवन में कभी कोई बीमा नहीं ख़रीदा। मैं जीवन बीमे में विश्वास नहीं करता।"

"आप एक बेहद सफल बिज़नेसमैन हैं, मिस्टर लिन्डसे," मैंने कहा। "आपके पास जीवन बीमा न ख़रीदने का कोई अच्छा कारण होगा। क्या आप बतायेंगे कि आप जीवन बीमा *क्यों* नहीं ख़रीदते ?"

"बिलकुल, मैं आपको बताऊँगा कि मैं जीवन बीमा क्यों नहीं ख़रीदता।" (उसकी आवाज़ का वॉल्यूम अब थोड़ा कम हो गया था।) "मेरे पास अपनी

ज़रूरत के हिसाब से काफ़ी पैसा है और अगर मुझे कुछ हो जाता है तो मेरी पत्नी और पुत्रियों के पास भी उनकी ज़रूरत के हिसाब से पर्याप्त पैसा रहेगा।"

मैं उसकी बातों पर विचार करते हुए कुछ देर तक चुप रहा। फिर मैंने कहा: "मिस्टर लिन्डसे, क्या जीवन बीमा न ख़रीदने का *इसके अलावा* कोई और कारण नहीं है?"

वह: नहीं, यही एकमात्र कारण है। क्या यह पर्याप्त नहीं है?

मैं: क्या मैं आपसे एक व्यक्तिगत सवाल पूछ सकता हूँ?

वह: पूछिये।

मैं: क्या आपके ऊपर कोई क़र्ज़ है?

वह: नहीं, मेरे ऊपर किसी का एक डॉलर का क़र्ज़ भी नहीं है।

मैं: अगर आपके ऊपर काफ़ी क़र्ज़ होता तो क्या आप अपनी मृत्यु की स्थिति में क़र्ज़ उतारने के लिये जीवन बीमा ख़रीद लेते?

वह: मैं ख़रीद सकता था।

मैं: क्या आपको इस बात का एहसास है कि अगर आप आज रात को मर जायें, तो अंकल सैम आपकी जायदाद पर एक बड़ी मॉर्टगेज अपने आप लगा देंगे? और आपकी पत्नी और पुत्रियों को आपकी जायदाद का एक धेला भी तब मिलेगा जब वे उस मॉर्टगेज का भुगतान कर दें।"

मिस्टर लिन्डसे ने उस दिन अपनी ज़िंदगी में पहली बार बीमा ख़रीदा।

अगले दिन, मैं लंच पर मैक्नील और डेविस से मिला। जब मैंने उन्हें बताया कि लिन्डसे ने बीमा ख़रीद लिया है तो उनका चेहरा देखने लायक था। उन्हें विश्वास ही नहीं हो रहा था। कुछ समय तक तो उन्हें बिलकुल ही यक़ीन नहीं हुआ। परंतु जब वे समझ गये कि मैं मज़ाक़ नहीं कर रहा था तो उन्हें इस बात में बहुत मज़ा आया।

"इसके अलावा, क्या आपके मन में कुछ और तो नहीं है?" दरअसल एक अतिरिक्त आग्रह है जिससे सामने वाला खुल जाता है और बोलने लगता है। मैं एक असामान्य अनुभव बताकर इसका एक उदाहरण देना चाहता हूँ। फ्लोरिडा के ऑरलैन्डो में एक सुबह एक युवा सेल्समैन होटल में मेरे पास एक गंभीर समस्या लेकर आया। दो साल पहले उसकी न्यूयॉर्क स्थित केमिकल कंपनी ने फ्लोरिडा में अपने सबसे बड़े ग्राहक को रहस्यमयी कारण से खो दिया

था और वे यह जानने में कामयाब नहीं हुए थे कि किस वजह से ग्राहक उनसे दूर हुआ था। उन्होंने बिज़नेस को फिर से हासिल करने की हर तरह से कोशिश की। उनका एक वाइस-प्रेसिडेन्ट न्यूयॉर्क से ख़ास तौर पर इसीलिये आया, परंतु वह भी कारण जानने में सफल नहीं हुआ।

"जब मैं इस कंपनी में एक साल पहले आया," इस सफलता की संभावना लिये सेल्समैन ने स्पष्ट किया, "तो मुझे साफ़ बता दिया गया कि इस बिज़नेस को फिर से हासिल करना कंपनी के लिये बहुत महत्त्वपूर्ण है। मैं एक साल से नियमित रूप से इन लोगों से मिलने जा रहा हूँ और मेरी नज़र में यह निराशाजनक मामला है।"

मैंने उससे कई सवाल पूछे। मैंने जानना चाहा कि उसकी उन लोगों से क्या चर्चायें हुईं, ख़ास तौर पर हाल ही में।

"आज ही सुबह," उसने कहा, "मैं वहाँ पर गया था। मैंने कंपनी के प्रेसिडेन्ट मिस्टर जोन्स से बात की, परंतु नतीजा वही निकला। वह बोलने को तैयार नहीं था। वह ऐसे बैठा हुआ था जैसे मेरी बातों से बोर हो रहा हो। जब मैंने बोलना बंद कर दिया तो लंबी ख़ामोशी छा गयी और आख़िरकार मैं उकताकर बाहर आ गया।"

मैंने सुझाव दिया कि वह इसी दोपहर को वहाँ एक बार फिर जाये। वहाँ जाकर उसे मिस्टर जोन्स को यह बताना था कि हेड ऑफ़िस से मिले आदेश के कारण वह तत्काल एक बार फिर उनके पास आया है। सेल्समैन और मैंने इस बारे में चर्चा की कि वहाँ पर उसे क्या कहना है। फिर मैंने कहे जाने वाले वाक्यों को उससे एक बार दोहराने को कहा।

उस शाम को उसने मुझे टेलीफोन किया और वह इतना रोमांचित था कि उसके मुँह से शब्द नहीं निकल रहे थे। उसने कहाः "क्या मैं आपसे मिलने आ सकता हूँ? मुझे मिस्टर जोन्स से ऑर्डर मिल गया है! और मुझे विश्वास है कि सारी समस्या ही ख़त्म हो चुकी है। हमारा अटलांटा का मैनेजर आज रात की फ्लाइट से यहाँ पहुँच रहा है।"

मुझे विश्वास नहीं हो रहा था। मुझे लगता है कि मैं भी इस बारे में उतना ही रोमांचित था जितना कि वह था। मैंने कहाः "आप अभी हाल यहाँ आ जायें और मुझे इस बारे में विस्तार से बतायें।"

यह रहा उसके इंटरव्यू का वर्णनः

"यह इतना आसान लग रहा है, परंतु मुझे अब भी विश्वास नहीं हो

रहा है। जब मैं मिस्टर जोन्स के ऑफ़िस में गया तो उन्होंने मेरी तरफ़ आश्चर्य से देखा।"

सेल्समैनः मिस्टर जोन्स, आपसे आज सुबह मिलने के बाद मेरे पास न्यूयॉर्क के हेड ऑफ़िस से फोन आया। उन्होंने कहा कि मैं आपसे तत्काल मिलूँ और सारे तथ्य जान लूँ-- उस कारण का पता लगा लूँ कि हमने आपका बिज़नेस *क्यों* खोया है। हमारी कंपनी को विश्वास है कि आपके पास निश्चित रूप से इसका कोई ठोस कारण होगा। हमारी कंपनी के किसी आदमी से किसी न किसी तरह की कोई ग़लती हुई होगी। क्या आप कृपया मुझे बतायेंगे कि हमसे क्या ग़लती हुई है, मिस्टर जोन्स?

जोन्सः मैंने आपको पहले ही बता दिया है। मैंने दूसरी कंपनी को आज़माने का फैसला किया। दूसरी कंपनी पूरी तरह संतोषजनक निकली और इसलिये अब मैं उस कंपनी को नहीं बदल सकता।

सेल्समैन (*कुछ पल चुप रहने के बाद*) : मिस्टर जोन्स, इसके अलावा, क्या कोई और कारण नहीं है? क्या आपके मन में कोई और बात नहीं है?

(*कोई जवाब नहीं*।)

सेल्समैनः अगर कोई और बात है और आप हमें वह कारण बता देते हैं और अगर हम उस कारण का उचित स्पष्टीकरण नहीं दे पाते तो आपको यह जानकर अच्छा लगेगा कि आपने हमें स्पष्टीकरण देने का अवसर दिया था। अगर हम आपको यह बता पाये जिससे आपके सामने यह सिद्ध हो जाये कि यह अनजाने में हुई ग़लती या भूल है तो आपको यह जानकर अच्छा लगेगा कि आपने हमें अपनी ग़लती सुधारने का मौक़ा दिया। क्या यह सही नहीं है, मिस्टर जोन्स?

(*वही पुरानी चीज़। मिस्टर जोन्स खिड़की में से बाहर देखते रहे। परंतु इस बार, मैं चुपचाप बैठा रहा और उनके बोलने का इंतज़ार करता रहा। उन्होंने काफ़ी समय लिया, परंतु आख़िरकार वे बोलने लगे।*)

"अच्छा, अगर आप जानना ही चाहते हैं, तो मैं आपको बता दूँ कि आपकी कंपनी ने हमें बिना सूचना दिये एक विशेष डिस्काउन्ट बंद कर दिया। जैसे ही मुझे इस बात का पता चला, मैंने आपकी कंपनी से नाता तोड़ लिया!"

तो यह था *असली* कारण।

इसके बाद यह हुआः सतर्क युवा सेल्समैन ने ज़रा भी समय नहीं गँवाया। उसने कृतज्ञतापूर्वक मिस्टर जोन्स को इस जानकारी के लिये धन्यवाद

दिया। इसके बाद वह तेज़ी से नज़दीकी पब्लिक टेलीफोन बूथ तक गया और उसने अटलांटा ऑफ़िस में फोन लगाया। उन्होंने अपने रिकॉर्ड निकाले और फिर न्यूयॉर्क ऑफ़िस फोन किया। रिकॉर्डों के तुलनात्मक अध्ययन से पता चला कि मिस्टर जोन्स को यह लगना स्वाभाविक था कि उनका डिस्काउन्ट कम कर दिया गया है, हालाँकि वास्तव में ऐसा नहीं हुआ था। सेल्समैन को यह निर्देश दिये गये कि वह तत्काल जोन्स के ऑफ़िस में पहुँचे। जब तक वह वहाँ पहुँचा, जोन्स को फोन पर यह विश्वास दिला दिया गया था कि असली तथ्य क्या थे। अटलांटा मैनेजर ने इस बात का दोष अपने सिर पर ले लिया कि वह नेट आधार पर बिलिंग के नये तरीक़े से मिस्टर जोन्स को अवगत करवाने में असफल रहा था।

मैं इस छोटे से फॉर्मूले को सार्वजनिक करने से पहले काफ़ी देर तक झिझकता रहा। मुझे डर था कि कहीं इसे कोई चाल न समझ लिया जाये। और मैं चालों में विश्वास नहीं करता। मैं उनका प्रयोग नहीं करता। वे काम नहीं आतीं। मैंने उन्हें आज़माया है। और मैं ख़ुश हूँ कि वे असफल हुईं क्योंकि मैं जानता हूँ कि लंबे समय में चालों से किसी भी बिज़नेस में असफलता ही आपके हाथ लगती है। सम्पूर्ण ईमानदारी की जगह कोई भी नहीं ले सकता, पहले भी, अंत में भी और हर समय!

संक्षेप में

जे. पियरपॉन्ट मॉर्गन के बुद्धिमत्तापूर्ण शब्दों को याद रखियेः **"आदमी के पास कोई भी काम करने के आम तौर पर दो कारण होते हैं- पहला कारण वह जो कहने-सुनने में अच्छा लगता है, और दूसरा *असली* कारण।"**

असली कारण को बाहर निकालने के लिये मुझे जो सर्वश्रेष्ठ फॉर्मूला मिला वह इन दो छोटे प्रश्नों के इर्द-गिर्द बुना हुआ हैः

"क्यों ?" और **"इसके अलावा... ?"**

13 जादुई सेलिंग की भुला दी गयी कला

कुछ साल पहले मैंने डेल कारनेगी के साथ इस किनारे से उस किनारे तक छह महीने का लेक्चर टूर किया। हमने हर सप्ताह पाँच रात सैकड़ों श्रोताओं को संबोधित किया-- उन लोगों को जो अपने आपको सुधारने के लिये व्यग्र थे और जो लोगों के साथ अपने व्यवहार की योग्यता को बढ़ाना चाहते थे। यह लोग विभिन्न व्यवसायों से आये थेः स्टेनोग्राफर्स, टीचर्स, एक्ज़ीक्यूटिव्ज़, गृहिणियाँ, वकील, सेल्समैन।

मैंने इससे पहले कभी लेक्चर टूर नहीं किया और यह मेरे जीवन का सबसे रोमांचक एडवेन्चर साबित हुआ। जब मैं घर लौटा तो मैं दो काम करने के लिये बहुत उत्सुक था, एक बार फिर से सेलिंग करने के लिये, और, ज़ाहिर है, सबको अपने रोमांचक अनुभव सुनाने के लिये।

मैं जिस पहले आदमी से मिला वह था फिलाडेल्फिया की होलसेल और रिटेल मिल्क एंड डेरी प्रॉडक्ट्स कंपनी का प्रेसिडेन्ट। मैंने पहले भी उसके साथ काफ़ी बिज़नेस किया था। वह मुझसे मिलकर सचमुच ख़ुश हुआ। जब मैं उसके ऑफ़िस में बैठा तो उसने मुझे सिगरेट ऑफर की और कहा, "फ्रैंक, मुझे अपनी ट्रिप के बारे में बतायें।"

"क्यों नहीं, जिम," मैंने जवाब दिया, "परंतु पहले, मैं आपके बारे में जानने के लिये उत्सुक हूँ। आपने इन दिनों क्या किया? आपकी पत्नी कैसी हैं? और आपका बिज़नेस कैसा चल रहा है?"

जब वह अपने बिज़नेस और परिवार के बारे में बोल रहा था, तो मैंने उत्साह से सुना। बाद में उसने मुझे एक पोकर पार्टी के बारे में बताया जिसमें वह और उसकी पत्नी पिछली रात को गये थे। उन्होंने "रेड डॉग" खेला था। मैंने "रेड डॉग" के बारे में पहले कभी नहीं सुना था और वैसे भी तब तक मुझे उसे अपने लेक्चर टूर के बारे में बता देना चाहिये था और ख़ुद की डींगें हाँकना चाहिये थीं। परंतु जब उसने मुझे बताया कि यह गेम कैसे खेला जाता है और आपको इसमें कितना आनंद आता है, तो मैं उसके साथ हँस रहा था।

उसे यह सब सुनाने में बहुत मज़ा आया और जब मैं चलने लगा तो उसने कहाः "फ्रैंक, हम अपने प्लांट के सुपरिंटेंडेंट का बीमा कराने का विचार कर रहे हैं। उसके जीवन पर 25,000 डॉलर के बीमे में कितना ख़र्च आयेगा ?"

मुझे अपने बारे में बात करने का ज़रा भी मौक़ा नहीं मिला परंतु वहाँ से चलते समय मेरे पास एक अच्छा सा ऑर्डर था। कई और सेल्समैनों ने शायद अपना बीमा बेचने में शुरूआती सफलता पायी होगी, परंतु ज़्यादा बोलने की वजह से शायद उन्हें यह ऑर्डर नहीं मिल पाया होगा।

इसने मुझे एक ऐसा सबक़ सिखाया जिसे सीखने की मुझे बहुत ज़रूरत थीः *अच्छा श्रोता होने का महत्वः* सामने वाले को यह बताना कि आप उसकी बातों में सच्ची दिलचस्पी ले रहे हैं, उसकी तरफ़ पूरा ध्यान देना और उसकी सराहना करना। उसके मन में इन बातों की गहरी लालसा होती है, वह इनका भूखा होता है परंतु यह चीज़ें उसे कभी-कभार ही मिल पाती हैं।

जब सामने वाला बोल रहा हो, तो उत्सुकता से, पूरी रुचि लेते हुये सामने वाले व्यक्ति के चेहरे की तरफ़ सीधे देखें (चाहे बोलने वाला आपकी पत्नी ही क्यों न हो) और यह देखें कि इस बात का आप पर और बोलने वाले पर कितना जादुई प्रभाव पड़ता है।

यह कोई नई खोज नहीं है। सिसरो ने 2,000 साल पहले कहा थाः "चुप रहना भी एक कला है, और मौन भी बहुत कुछ बोल सकता है।" परंतु सुनना एक ऐसी कला है जिसे अब भुला दिया गया है। अच्छे श्रोता दुर्लभ हो गये हैं।

एक बड़े राष्ट्रीय संगठन ने हाल ही में अपने सेल्समैनों के लिये यह विशेष संदेश लिखाः

> अगली बार जब आप फिल्म देखने जायें तो यह देखें कि अभिनेता किस तरह दूसरे लोगों की बातें सुनते हैं। महान अभिनेता बनने के लिये प्रभावी वक्ता होने के साथ-साथ प्रभावी श्रोता होना भी आवश्यक है। बोलने वाले के शब्द सुनने वाले के चेहरे पर इस तरह झलकते हैं जैसे शीशे में झलक रहे हों। अपनी सुनने की कला की वजह से किसी दृश्य में श्रोता वक्ता से अधिक प्रभावी दिख सकता है। एक प्रसिद्ध फिल्म निर्देशक ने कहा था कि कई अभिनेता सिर्फ़ इसलिये स्टार नहीं बन पाते क्योंकि वे रचनात्मक रूप से सुनने की कला कभी नहीं सीख पाये।

क्या सुनने की कला सिर्फ़ सेल्समैनों और अभिनेताओं के लिये ही ज़रूरी है? क्या यह हम सबके लिये, चाहे हम कुछ भी करते हों, महत्वपूर्ण नहीं है? क्या किसी से बातें करते समय आपने कभी यह अनुभव किया कि आपकी बातों का सामने वाले पर कोई प्रभाव नहीं पड़ रहा है। मैंने कई बार यह पाया कि कई लोगों ने मेरी बातें सुनी तो थीं, परंतु वे उन पर ध्यान नहीं दे रहे थे। जहाँ तक उनका संबंध था, मेरी बातों का प्रभाव शून्य था, पूरी तरह शून्य था। इसलिये मैंने ख़ुद से कहाः "अगली बार जब आप किसी व्यक्ति से बात कर रहे हों और आपको ऐसा लगे, तो रुक जायें! वाक्य को अधूरा छोड़कर बीच में ही रुक जायें!" कई बार मैं शब्द को अधूरा छोड़कर ही चुप हो जाता हूँ।

मैंने पाया है कि लोग इसे शिष्टाचार समझते हैं। वे इस बात का कभी बुरा नहीं मानते। दस में से नौ बार तो उनके मन में कुछ होता है जिसे वे जल्दी से कहना चाहते हैं। और अगर ऐसा है तो वे आपकी कही हुई बातों की तरफ़ वैसे भी ध्यान नहीं दे रहे होते ताकि वे अपनी दो टके की बात कहकर महत्व हासिल कर सकें।

उदाहरण के तौर पर हमारा एक सेल्समैन (जिसे मैं अल नाम से पुकारूँगा) मुझे एक बड़े पेपर कन्वर्टर और निर्माता स्वर्गीय फ्रांसिस ओ नील से मिलाने ले गया। मिस्टर ओ नील ने अपना कैरियर एक पेपर सेल्समैन के रूप में शुरू किया था। इसके बाद वे अपना ख़ुद का बिज़नेस करने लगे। कड़ी और निरंतर मेहनत से उन्होंने देश में बहुत बड़ा पेपर कन्वर्टिंग बिज़नेस पेपर मैन्युफैक्चरर्स कंपनी ऑफ फिलाडेल्फिया स्थापित कर लिया। उनके बारे में यह आम धारणा थी कि वे बहुत कम बोलते थे।

सामान्य परिचय के बाद मिस्टर ओ नील ने हमें बैठने के लिये कहा। मैंने बात करना शुरू कर दिया। मैंने उनसे उनके एस्टेट और बिज़नेस के संबंध में टैक्सों पर बातें कीं, परंतु उन्होंने मेरी तरफ़ सिर उठाकर नहीं देखा। मुझे उनका चेहरा नहीं दिख पा रहा था। चूँकि उन्होंने अपनी मेज़ पर अपना सिर झुका रखा था इसलिये मुझे केवल उनके सिर का ऊपरी हिस्सा ही नज़र आ रहा था। यह जानने का कोई उपाय नहीं था कि वे मेरी बात सुन रहे थे। शायद तीन मिनट के बाद मैं एक वाक्य के बीच में ही रुक गया! इसके बाद एक अटपटी चुप्पी छा गयी। मैं अपनी कुर्सी में आराम से पीछे टिककर बैठ गया और इंतज़ार करता रहा।

एक मिनट के बाद यह ख़ामोशी अल से सहन नहीं हुई। वह अपनी

कुर्सी में बेचैनी से इधर-उधर होने लगा। उसे लग रहा था कि इस महत्वपूर्ण आदमी के सामने मेरी हिम्मत जवाब दे चुकी थी। उसे स्थिति को सुधारने के लिये बागडोर अपने हाथ में थामना होगी। इसलिये उसने बोलना शुरू कर दिया। अगर मैं टेबल के नीचे उसके पैर तक पहुँच पाता तो मैंने उसे कसकर एक लात मारी होती! मैं इस बात का इंतज़ार करता रहा कि वह मेरी तरफ़ देखे, और जब उसने मेरी तरफ़ देखा तो मैंने अपना सिर हिलाकर उसे रुकने का इंतज़ार किया। सौभाग्य से अल ने इस संकेत को समझ लिया और वह तत्काल चुप हो गया।

एक बार फिर अटपटी ख़ामोशी छा गयी, पूरा एक मिनट गुज़र गया। (यह इससे अधिक लंबा लग रहा था।) आख़िरकार अपने सिर को थोड़ा उठाते हुए पेपर प्रॉडक्ट्स मैन्युफैक्चरर ने ऊपर की तरफ़ देखा। वह देख सकता था कि मैं पूरी तरह आराम से बैठा था और स्पष्ट रूप से उसके कुछ कहने का इंतज़ार कर रहा था।

हमने एक दूसरे की तरफ़ आशा भरी नज़रों से देखा। (अल ने मुझे बाद में बताया कि उसने कभी इस तरह का दृश्य नहीं देखा था। वह समझ नहीं पा रहा था कि क्या हो रहा था।) आख़िरकार मिस्टर ओ नील ने ख़ामोशी तोड़ी। मेरा यह अनुभव रहा है कि अगर आप पर्याप्त समय तक इंतज़ार करते हैं तो सामने वाला व्यक्ति हमेशा ख़ामोशी तोड़ता है। आम तौर पर वे बहुत कम बातें करते थे, परंतु इस बार वे गंभीरता से आधा घंटे तक बोले। जब तक वे इच्छा से बोलते रहे, तब तक मैंने उन्हें बोलने के लिये प्रोत्साहित किया।

जब उनकी बात ख़त्म हो गयी तो मैंने कहा, "मिस्टर ओ नील, आपने मुझे महत्वपूर्ण जानकारी दी है। मैं देख सकता हूँ कि आपने इस विषय में दूसरे बिज़नेसमैनों से अधिक विचार किया है। आप बहुत सफल व्यक्ति हैं और मैं इतना अहंकारी नहीं हूँ कि यह सोचूँ कि मैं यहाँ आकर दो मिनट में आपकी उस समस्या को सुलझाने का दावा कर सकता हूँ जिसे आप दो साल से सुलझाने की कोशिश कर रहे हैं। बहरहाल, मुझे इसके अध्ययन के लिये कुछ समय चाहिये। मैं कुछ ऐसे विचार लेकर आ सकता हूँ जो आपके लिये सहायक सिद्ध होंगे।"

शुरूआत में जो इंटरव्यू निराशाजनक लग रहा था, उसका अंत बहुत सफलतापूर्वक हुआ। क्यों ? सिर्फ़ इसलिये क्योंकि मैंने इस व्यक्ति को अपनी समस्याओं के बारे में बोलने का अवसर दिया। जब मैंने ध्यान देकर सुना तो उसने मुझे अपनी आवश्यकताओं के बारे में बहुमूल्य संकेत दिये। कुछ

कूटनीतिक प्रश्नों से मुझे उसकी पूरी स्थिति की कुंजी हासिल करने में मदद मिली और मैं यह जान पाया कि वह क्या हासिल करना चाहता था। यह प्रकरण बाद में हमारे लिये बहुत सा बिज़नेस लेकर आया।

हम सभी अगर हर सुबह यह प्रार्थना करें तो हमें बहुत लाभ हो सकता है: "हे भगवान, मेरी मदद करो ताकि मैं अपने इस बड़े से मुँह को बंद रख सकूँ, जब तक कि मुझे यह पता न हो कि मैं क्या बोल रहा हूँ... आमीन।"

ऐसे कई मौक़े आये हैं जब मेरी प्रबल इच्छा हुई है कि लगातार बोलते रहने के लिये मैं ख़ुद के ही मुँह पर कसकर एक लात जमाऊँ, जबकि उस समय मुझे यह देख लेना चाहिये था कि सामने वाला आदमी सुन ही नहीं रहा है। परंतु मेरा दिमाग़ तो बोलने की तरफ़ ही लगा हुआ था और इसी वजह से मेरे मोटे भेजे में यह बात घुसने में बहुत समय लग गया कि सामने वाला मेरी बातों की तरफ़ ध्यान नहीं दे रहा है।

कई बार किसी इन्सान के मस्तिष्क में विचारों की परेड होती है और जब तक हम उसे कुछ बोलने का मौक़ा नहीं देते, तब तक हमारे पास यह जानने का कोई उपाय नहीं होता कि वह क्या सोच रहा है।

अनुभव ने मुझे यह अच्छा नियम सिखाया है कि हम यह सुनिश्चित कर लें कि सामने वाले को चर्चा के प्रारंभ में बोलने का अधिक अवसर मिले। फिर जब मैं बोलूँगा तो मैं पूरे विश्वास के साथ तथ्यों पर बोल सकता हूँ और इस बात की अधिक संभावना है कि श्रोता अधिक ध्यान से मेरी बात सुनेगा।

हम सभी इस बात से चिढ़ जाते हैं कि कोई बड़बोला आदमी चर्चा में हमसे ज़्यादा स्मार्टनेस दिखाये, हमसे ज़्यादा बुद्धिमानी का परिचय दे, हमें बीच में ही रोक दे, हमारी बात पूरी होने से पहले ही काट दे। हमें उस व्यक्ति से नफ़रत होती है जो हमारे बोलने से पहले ही यह जान लेता है कि हम क्या कहने जा रहे हैं। आप इस टाइप के व्यक्ति को जानते होंगे। वह अपने दिमाग़ के इंजन को चालू किये बिना ही अपने मुँह को टॉप गियर में ले आता है और आपके सामने यह स्पष्ट कर देता है कि आप कहाँ और क्यों ग़लत हैं और इसके पहले कि आप अपनी पूरी बात स्पष्टता से रखें वह आपको सही कर देता है। तब तक, आपकी यह प्रबल इच्छा होने लगती है कि आप उसे सही कर दें- उसके मुँह पर एक मुक्का जमाकर, चाहे वह मुक्का आप दाँये हाथ से जमायें या बाँये हाथ से।

चाहे वह सही हो, परंतु आप यह स्वीकार नहीं करेंगे। और अगर वह

सेल्समैन हो तो आप कई बार झूठ का इस्तेमाल करके इस स्मार्ट सेल्समैन से अपना पीछा छुड़ा लेंगे और फिर दो मील दूर जाकर वही सामान ख़रीदेंगे, चाहे आपको इसके लिये अधिक क़ीमत ही क्यों न देना पड़े।

अपनी युवावस्था में फ्रैंकलिन अति विश्वासी थे और ज़्यादा से ज़्यादा बोलना चाहते थे। वे लोगों को यह बताते थे कि वे कहाँ ग़लत हैं और इसका परिणाम यह हुआ कि लोग उनसे बचने के लिये उन्हें देखकर सड़क की दूसरी तरफ़ चले जाते थे। एक क्वेकर मित्र ने दयालुतापूर्वक उन्हें इस अक्षम्य अपराध के बारे में बताया और बेन को कई उदाहरण देकर अपनी बात का विश्वास दिलाया। इसके आधी सदी बाद जब फ्रैंकलिन 79 वर्ष के थे, तो उन्होंने अपनी प्रसिद्ध आत्मकथा में यह शब्द लिखेः

> यह जानने के बाद कि चर्चा में ज्ञान कानों के प्रयोग से हासिल होता है, *मुँह* के उपयोग से नहीं, मैंने *ख़ामोशी* को उन सबसे महत्वपूर्ण गुणों की सूची में *दूसरे नंबर* पर रखा जिन्हें विकसित करने का मैंने संकल्प किया था।

आपका हाल क्या है ? क्या आप कभी ऐसी स्थिति में रहे हैं जब आप ध्यान से सुनने के बजाय यह सोचने लगे हों कि अब आप आगे क्या कहने वाले हैं ? मैंने पाया है कि जब मैं किसी आदमी की बात ध्यान से नहीं सुनता तो मैं तथ्यों को ठीक से नहीं समझ पाता, मुख्य मुद्दे से भटक जाता हूँ और अक्सर ग़लत निष्कर्षों पर पहुँच जाता हूँ!

हाँ, यह बिलकुल सच है कि ऐसे भी अवसर आये हैं जब लोग हमारे एकनिष्ठ ध्यान और हमारे उत्साहपूर्वक सुनने से इतने ख़ुश हो जाते हैं कि वे कई बार अति कर देते हैं और हमें बहुत ही लंबा *व्याख्यान* दे देते हैं। उदाहरण के तौर पर हमारा एक सेल्समैन मुझे जॉर्ज जे. डेआर्मन्ड से मिलाने ले गया। जॉर्ज 925 फिल्बर्ट स्ट्रीट, फिलाडेल्फिया में प्रसिद्ध होलसेल अपहोल्स्ट्री गुड्स और कैबिनेट हार्डवेअर मर्चेन्ट हैं। अपॉइंटमेंट 11 बजे का था। छह घंटे बाद जॉन और मैं इस बिज़नेसमैन के ऑफ़िस से लड़खड़ाते हुए बाहर निकले और सिरदर्द से राहत पाने के लिये भागते हुए पास के ही एक कॉफी हाउस में घुस गये। साफ़ दिख रहा था कि जॉन मेरी सेल्स चर्चा से निराश था। यह कहना अतिशयोक्ति ही होगी कि मैं पाँच मिनट भी बोला था।

हमने यह सुनिश्चित कर लिया कि दूसरा अपॉइंटमेंट लंच के *बाद* तय हो। यह "मीटिंग" दो बजे शुरू हुई और अगर हमारे प्रॉस्पेक्ट का शोफर हमें

बचाने के लिये शाम को 6 बजे नहीं आया होता, तो हम अब भी वहीं बैठे होते!

बाद में, हमने यह आँकड़ा निकाला कि इन दो मीटिंगों में कुल मिलाकर आधा घंटे की वास्तविक सेलिंग चर्चा हुई थी और नौ घंटे से भी ज़्यादा समय तक हम इस बूढ़े आदमी की रोमांचक कहानी सुनते रहे थे कि उसने किस तरह अपने बिज़नेस को इस मुक़ाम पर पहुँचाया। और उसकी बातें सचमुच रोमांचक और प्रेरणादायक थीं। उसने हमें बताया कि उसने कुछ नहीं से शुरू किया था, फिर उसने अपना बिज़नेस कैसे जमाया, वह कई मंदी के दौरों में किस तरह बचा रहा, किस तरह पचास साल में उसे नर्वस ब्रेकडाउन हुआ, किस तरह उसने पार्टनरशिप की और उसका पार्टनर बुरा साबित हुआ, और अंत में उसने किस तरह पूर्वी क्षेत्र में बेहतरीन होलसेल मर्केन्डाइज़िंग बिज़नेस की नींव डाली। शायद ऐसा मौक़ा कई साल बाद आया होगा जब कोई इस आदमी की पूरी कहानी सुनने के लिये तैयार हुआ होगा। वह इस तरह के मौक़े के लिये छटपटा रहा था। वह रोमांचक हो गया और कई बार तो उसकी आँखें भावुकता के कारण छलक उठीं।

ज़ाहिर था कि ज़्यादातर लोग इस आदमी की बातें सुनने के बजाय उसे सुनाना चाहते होंगे। हमने इस प्रक्रिया को उलट दिया और हमें इसका सुखद पुरस्कार भी मिला। हमने इस पचास साल के आदमी जे. केसर डेआर्मन्ड का एक लाख डॉलर का बिज़नेस बीमा कर लिया ताकि उसका बिज़नेस सुरक्षित रहे।

भूतपूर्व उपदेशक, लेखक और अख़बार के कॉलमिस्ट डॉ. जोसेफ फोर्ट न्यूटन ने मुझे एक बार बताया थाः "सेल्समैनों के लिये सुनना ज़रूरी है और उपदेशकों के लिये भी। मेरे सबसे प्रमुख कर्त्तव्यों में से एक है इन्सानों की ज़िंदगी के बारे में सुनना।"

"कुछ समय पहले की बात है," डॉ. न्यूटन ने कहा, "एक महिला मेरे सामने वाली कुर्सी पर बैठकर तेज़ी से बोल रही थी। वह लगभग पूरी तरह बहरी थी और मेरे कहे शब्दों को नहीं सुन सकती थी। उसकी कहानी सचमुच दर्दनाक थी, निराश करने वाली थी और उसने मुझे यह पूरे विस्तार से सुनाई। जब वह अपने लंबे समय से इकट्ठे किये दुखदर्द को बाहर निकाल रही थी तो मुझे यह अनुभव हुआ कि मैंने इससे दुखद प्रसंग कभी नहीं सुना।"

"आपने मेरी बहुत मदद की," उसने अंत में कहा। "मुझे किसी को पूरी बात सुनाना थी, और आप इतने दयालु थे कि आपने मेरी बात सुनी और मुझे सहानुभूति दी।"

"जबकि मैंने एक शब्द भी नहीं कहा था," डॉ. न्यूटन ने बताया, "और मुझे संदेह है कि उसने मेरे एक शब्द को भी सुना होगा। ख़ैर, मैंने उसके अकेलेपन और दुख को बाँटा था और इससे उसे अपना बोझ उठाने में मदद मिली होगी। जब वह गयी तो उसने मुझे बहुत ही मधुर मुस्कराहट दी।"

डोरोथी डिक्स दुनिया में बहुत ज़्यादा पढ़ी जाने वाली अख़बार कॉलमिस्ट हैं और उनके यह शब्द सच हैं: "लोकप्रियता का शॉर्टकट यह है कि आप हर आदमी को अपने कान उधार दें, बजाय इसके कि आप अपनी जीभ उधार दें। सामने वाला जिन बातों को कहने के लिये मरा जा रहा है, उन्हें सुनने के बजाय अगर आप उससे कुछ कहेंगे तो वह उसे शायद पचास प्रतिशत से भी कम रोचक लगेंगी। और आकर्षक साथी की छवि बनाने के लिये आपको सिर्फ़ यह कहने की ज़रूरत है: 'कितना अद्‌भुत! मुझे इस बारे में और बतायें।'"

मैं अब यह चिंता नहीं करता कि मुझे बेहतरीन बोलने वाला समझा जाये। मैं सिर्फ़ अच्छा श्रोता बनने की कोशिश करता हूँ। मैंने पाया है कि जो लोग ऐसा करते हैं उनका हर जगह पर स्वागत होता है।

संक्षेप में

खंड दो

पॉकेट रिमाइन्डर्स

1. सेल्समैनशिप का सबसे महत्वपूर्ण रहस्य है यह पता लगाना कि सामने वाला क्या चाहता है और फिर उसे हासिल करने का सर्वश्रेष्ठ तरीक़ा खोजने में उसकी मदद करना।

2. अगर आप बुल्स आई पर निशाना लगाना चाहते हैं तो डेल कारनेगी की इस बुद्धिमत्तापूर्ण सलाह को याद रखें: "इस दुनिया में किसी से भी कोई काम करवाने का एक ही तरीक़ा है। केवल एक ही तरीक़ा। और वह तरीक़ा यह है कि आप सामने वाले में ऐसी इच्छा जगायें ताकि वह उस काम को करना चाहे। याद रखें, इसके अलावा कोई दूसरा तरीक़ा नहीं है।"

   जब आप किसी आदमी के सामने स्पष्ट कर देते हैं कि वह क्या चाहता है तो वह इसे पाने के लिये ज़मीन-आसमान एक कर देगा।

3. सवाल पूछने की कला को विकसित करें। निश्चयात्मक वाक्यों के बजाय सवालों के माध्यम से आप अधिक प्रभावी ढंग से सामान बेच सकते हैं और लोगों से अपनी बात मनवा सकते हैं। आक्रमण करने के बजाय पूछें।

4. मुख्य मुद्दे का, सबसे कमज़ोर बिंदु का पता लगायें और फिर इसी पर डटे रहें।

5. यह सीखें कि सेलिंग से सबसे महत्वपूर्ण शब्द का प्रयोग किस तरह किया जाये, जो एक शक्तिशाली प्रश्न है "क्यों ?" याद रखें कि मिल्टन एस. हर्शे, जो चालीस साल से पहले तीन बार असफल हुये थे, इस शब्द को बिज़नेस में इतना महत्वपूर्ण मानते थे कि उन्होंने इसके लिये अपना जीवन समर्पित कर दिया था।

6. छुपी हुई आपत्ति या असली कारण का पता लगायें। याद रखें जे पियरपॉन्ट मॉर्गन ने क्या कहा था: "आदमी के पास कोई भी काम करने के आम तौर पर दो कारण होते हैं- पहला कारण वह जो

कहने-सुनने में अच्छा लगता है, और दूसरा *असली* कारण।" दो में से एक मामले में इस बात की संभावना है कि कोई और आपत्ति भी हो सकती है। दो छोटे सवाल पूछिये। "क्यों?" और "इसके अलावा... ?" एक सप्ताह तक इनका प्रयोग करके देखें। आपत्तियों से निबटने में इसके परिणामों को देखकर आप ख़ुद हैरान हो जायेंगे।

7. जादुई सेलिंग की भूली हुई कला को याद रखें। अच्छा श्रोता बनें। सामने वाले को यह जतायें कि आप उसकी बातों में सचमुच रुचि ले रहे हैं, उसकी तरफ़ उत्साहपूर्वक पूरा ध्यान दें, उसे सराहना दें क्योंकि उसे प्रायः ये चीज़ें नहीं मिलती हैं जबकि वह इनके लिये भूखा होता है और उसके मन में इन्हें पाने की लालसा होती है। सेलिंग में सफलता के फॉर्मूले का यह एक अत्यंत महत्वपूर्ण सिद्धांत है। हाँ, यही जादुई सेलिंग का मंत्र है!

खंड तीन

दूसरों का विश्वास जीतने के छह तरीक़े

---

14 विश्वास जमाने का वह सबसे बड़ा सबक़ जो मैंने सीखा

जब मैंने बेचना शुरू किया तो यह मेरा सौभाग्य था कि मैंने यह काम कार्ल कॉलिंग्स के मार्गदर्शन में किया जो चालीस साल तक अपनी कंपनी के सबसे सफल सेल्समैनों में से एक थे।

मिस्टर कॉलिंग्स की सबसे बड़ी योग्यता यह थी कि दूसरे लोग उन पर पूरी तरह विश्वास कर लेते थे। जैसे ही वे बोलना शुरू करते थे, सामने वाले को यह लगता था, "इस आदमी पर मैं भरोसा कर सकता हूँ, इसे अपने बिज़नेस की पूरी समझ है और यह भरोसे के क़ाबिल है।" मुझे यह उनसे पहली मुलाक़ात में ही पता चल गया था। एक दिन मैंने यह भी जान लिया कि ऐसा क्यों होता था।

एक संभावित ग्राहक ने मुझसे कहा था कि "मैं महीने की पहली तारीख़ के बाद आऊँ। तब मैं आपके लिये कुछ कर सकता हूँ।" परंतु मुझे वापस लौटने में डर लग रहा था। दरअसल इस दौरान मैं इतना हताश था कि मैं हर दिन यह काम छोड़ने के बारे में विचार कर रहा था। इसलिये मैंने मिस्टर कॉलिंग्स से पूछा कि क्या वे मेरे साथ इस आदमी

से मिलने चलेंगे। उन्होंने मेरी इस "समस्या" पर अपनी दुधारी दृष्टि डालते हुए कहा: "क्यों नहीं, मैं चलूँगा।"

और, उन्होंने वह सेल आश्चर्यजनक रूप से आसानी से कर ली। मैं बता नहीं सकता, मैं कितना रोमांचित था! मैंने अपने कमीशन का हिसाब लगाया। यह 259 डॉलर होगा- और मैं बिल कलेक्टर्स से कन्नी काट रहा था! परंतु कुछ दिनों बाद ही मुझे एक बुरी ख़बर मिली। शारीरिक कमी के कारण कॉन्ट्रैक्ट को "संशोधित करके" जारी किया गया था।

"क्या हमें उस आदमी को यह बताना चाहिये कि यह सामान्य कॉन्ट्रैक्ट नहीं है?" मैंने आग्रह किया। "जब तक आप उसे नहीं बतायेंगे, तब तक उसे यह पता भी नहीं चलेगा।"

"नहीं, परंतु मैं तो जानता हूँ। और आप भी जानते हैं," मिस्टर कॉलिंग्स ने शांति से जवाब दिया।

मिस्टर कॉलिंग्स ने ग्राहक से कहा: "मैं आपसे कह सकता हूँ कि यह पॉलिसी स्टैंडर्ड है और शायद आपको कभी यह अंतर समझ में नहीं आयेगा, परंतु यह स्टैंडर्ड पॉलिसी नहीं है।" फिर उसने उस आदमी को अंतर समझाया। "बहरहाल," मिस्टर कॉलिंग्स ने उस आदमी की आँखों में सीधे झाँकते हुए कहा, "मुझे विश्वास है कि इस कॉन्ट्रैक्ट से आपको वह सुरक्षा मिल रही है जिसकी आपको आवश्यकता है और इसलिये मैं चाहूँगा कि आप इस पर गंभीरतापूर्वक विचार करें।"

बिना किसी हिचकिचाहट के उस आदमी ने कहा, "मैं इसे ले रहा हूँ।" और उसने तत्काल पूरे साल के भुगतान का चेक लिख दिया।

उस इंटरव्यू में कार्ल कॉलिंग्स के व्यवहार को देखकर मुझे समझ में आ गया कि लोग उन पर विश्वास क्यों करते थे और कॉलिंग्स उनका पूर्ण विश्वास कैसे हासिल कर लेते थे। इस इंटरव्यू ने मुझे वह सिखा दिया था जो मैं उनके शब्दों से कभी नहीं समझ पाता। वे उस विश्वास के क़ाबिल थे! यह उनकी आँखों में नज़र आता था।

"नहीं-- परंतु मैं तो जानता हूँ।" यह कार्ल के सच्चे चरित्र की

कुंजी साबित हुई। उनके इन आसान शब्दों के पीछे छुपे गहरे अर्थ को मैं कभी नहीं भूल पाऊँगा। चाहे परिस्थितियाँ कितनी भी निराशाजनक दिख रही हों, परंतु इस फिलॉसफ़ी की बुद्धिमत्ता में विश्वास ही मेरे लिये साहस का सबसे बड़ा स्त्रोत थाः यह नहीं कि क्या *सामने वाला व्यक्ति* इसमें विश्वास करेगा। असली टेस्ट तो यह था कि क्या *आप ख़ुद* इसमें विश्वास करते हैं ?

एक बार मैंने नीचे दी हुई क्लिपिंग को अपनी जेब में रखा और इसे तब तक पढ़ा जब तक यह मेरा हिस्सा नहीं बन गयीः

> सबसे समझदार और सर्वश्रेष्ठ सेल्समैन हमेशा वह होता है जो अपने सामान के बारे में पूरी ईमानदारी से सच्चाई बता देता है। वह अपने संभावित ग्राहक की आँखों में देखता है और अपनी बात कहता है। इससे हमेशा प्रभाव पड़ता है। और अगर वह पहली बार में सामान न भी बेच पाये, तो भी वह अपने पीछे विश्वास जमाकर जाता है। चाहे आपकी बातें कितनी ही चतुराई भरी हों या कूटनीतिक हों, परंतु अगर वे सच्ची न हों, तो आप ग्राहक को दुबारा मूर्ख नहीं बना सकते। सबसे अच्छा बोलने वाला सेल करने में सफल नहीं होता-- बल्कि सबसे ईमानदारी से बोलने वाला सफल होता है... उसकी आँखों, उसके शब्दों के संयोजन, उसके हावभाव में ऐसा कुछ होता है जिससे सामने वाले को तत्काल उस पर विश्वास या अविश्वास हो जाता है... पूरी तरह से ईमानदार होना हमेशा सुरक्षित और सर्वश्रेष्ठ नीति है।
>
> –जॉर्ज मैथ्यू एडम्स

मैं सी. एल. यू. (चार्टर्ड लाइफ अंडरराइटर) नहीं हूँ, परंतु मैंने उनके सिद्धांत का पालन करने की कोशिश की है। कोई भी सेल्समैन इसे अपनाकर लाभान्वित हो सकता हैः “अपने ग्राहकों के साथ अपने सभी संबंधों में मैं व्यावसायिक व्यवहार के इस नियम का पालन करूँगाः अपने ग्राहक की परिस्थितियों को ध्यान में रखते हुए, जिसे समझने और

सुनिश्चित करने का मैं पूरा प्रयास करूँगा, मैं उसे वह सेवा दूँगा जिस पर मैं ख़ुद अमल करता, अगर मैं उसकी जगह होता।"

दूसरों में विश्वास जगाने और उसे हासिल करने का पहला नियम है: *विश्वास के क़ाबिल बनो।*

15 एक महान डॉक्टर से मैंने विश्वास पैदा करने का बहुमूल्य सबक़ सीखा

कई साल पहले एक बार शनिवार की शाम को जब मैं डल्लास, टैक्सॉस आया तो मेरे गले में स्ट्रैप्टोकोकस का इन्फेक्शन था। मैं बोल नहीं सकता था। और मुझे सोमवार की रात से लगातार पाँच रातों तक लेक्चर्स की एक श्रृंखला देनी थी। डॉक्टर को बुलाया गया। उसने दवायें दीं, परंतु अगले दिन सुबह मेरी हालत पहले से भी ख़राब थी। लेक्चर देना मुझे असंभव लग रहा था।

फिर मुझे डल्लास में 814 मेडिकल आर्ट्स बिल्डिंग में डॉ. ओ. एम. मार्चमैन के पास रेफर किया गया। वे आये और उन्होंने वह कर दिखाया जिसे मेरे पहले डॉक्टर ने असंभव कहा था। मैं सोमवार की रात को मंच पर गया और मैंने लगातार पाँच रातों तक लेक्चर दिये।

एक सुबह इलाज के दौरान डॉ. मार्चमैन ने मुझसे पूछा कि मैंने अपना घर कहाँ बनाया है। जब मैंने कहा फिलाडेल्फिया, तो उनकी आँखों में चमक आ गई। "क्या सचमुच ? तब तो आप दुनिया के मेडिकल साइंस के केंद्र में रहते हैं," उन्होंने कहा। "हर गर्मियों में मैं आपके गृहनगर में छह हफ़्ते तक रहकर लेक्चर्स सुनता हूँ और क्लीनिकों में जाता हूँ।"

यह सुनकर मुझे आश्चर्य हुआ। यहाँ एक ऐसा डॉक्टर था जिसकी साउथवेस्ट में बहुत अच्छी प्रैक्टिस चल रही थी, परंतु 66 साल की उम्र में भी वह अपने व्यवसाय में हो रहे नवीनतम अनुसंधानों से परिचित होने में इतनी दिलचस्पी रखता था कि वह हर साल छह हफ़्तों की छुट्टी

में लेक्चर सुना करता था और क्लीनिकों में जाया करता था। इसमें हैरानी की क्या बात है कि इस आदमी को डल्लास, टैक्सॉस में नाक-कान-गले का बहुत अच्छा विशेषज्ञ माना जाता था ?

जनरल मोटर्स के परचेज़िंग एजेंट फ्रैंक टेलर ने कई साल पहले कहा थाः "मैं उस आदमी के साथ बिज़नेस करना पसंद करता हूँ जिसे अपने बिज़नेस की समझ हो, जो ठीक-ठीक जानता हो कि उसके पास ऐसा क्या है जो मेरे काम आ सकता है, और वह बिना अपना या मेरा समय बर्बाद किये मुद्दे की बात करे। मैं उस आदमी को पसंद करता हूँ जिसके पास उपयोगी विचार हों, जो मुझे बता सके कि उतने ही पैसे में मैं ज़्यादा या बेहतर सामान कैसे ख़रीद सकता हूँ। ऐसा आदमी मेरे काम को मेरे नियोक्ताओं की संतुष्टि के हिसाब से करने में मेरी मदद करता है। मैं ऐसे हर सेल्समैन को लाभ पहुँचाने की कोशिश करता हूँ जो अपने सामान के बारे में पूरी तरह ईमानदार हो और जो अपने सामान के गुणों के साथ-साथ उनकी कमियों या सीमाओं को भी देख सकता हो। मुझे ऐसे आदमी के साथ ग़लतफ़हमी कभी नहीं हो सकती।"

पुराने समय में जब मैं आगे बढ़ने के लिये संघर्ष कर रहा था तो फिलाडेल्फिया में हमारे ऑफ़िस में सोलह सेल्समैन काम कर रहे थे। मैंने देखा कि उनमें से दो लोगों से बाक़ी सेल्समैन सलाह लेते थे। मैंने शायद किसी भी दूसरे सेल्समैन की तुलना में उनकी उदारता का अधिक लाभ लिया। आख़िरकार, मुझे यह महत्वपूर्ण बात समझ में आयी कि यह लीडर्स अपने बिज़नेस की पूरी जानकारी रखते थे। एक बार मैंने उनमें से एक से पूछा कि उन्हें इतनी जानकारी मिलती कहाँ से है। उसने कहाः "मैं उन सेवाओं का ग्राहक हूँ जो कानूनी जवाब, सेल्स के विचार इत्यादि प्रदान करती हैं। मैं अच्छे जर्नल और मैग्ज़ीन भी पढ़ता हूँ।"

"आपको इन सब चीज़ों को पढ़ने और इनका अध्ययन करने का समय कहाँ से मिलता है ?"

"मुझे समय निकालना पड़ता है!" उसने जवाब दिया।

इससे मुझमें अपराधबोध जाग्रत हो गया। मैंने सोचाः "अगर यह आदमी समय निकाल सकता है, तो मैं क्यों नहीं निकाल सकता। इसका

समय मेरे समय से दस गुना ज़्यादा क़ीमती है।" इसलिये मैं उसकी सुझायी एक सेवा का ग्राहक बन गया और हर महीने क़िस्तों में भुगतान करने लगा। कुछ ही समय बाद मैंने एक अच्छी सेल करने में सफलता पाई जो मैं कभी नहीं कर पाता अगर मैंने इस कोर्स की सदस्यता न ली होती। स्वाभाविक रूप से मैं इसके बारे में उत्साहित था और मैंने ऑफ़िस के बाक़ी लोगों को इसके बारे में बताया। मैंने एक आदमी से कोर्स की सदस्यता लेने का अनुरोध किया। परंतु उसने जवाब दिया, "मैं अभी इसका ख़र्च नहीं उठा सकता।"

अगले दिन जब मैं एक चौराहे पर सड़क पार करने की कोशिश कर रहा था तो एक सुंदर, शक्तिशाली मोटर ने मुझे लगभग टक्कर मारकर गिरा दिया। जब मैंने ऊपर देखा तो मैंने मालिक को पहचान लिया। यह वही आदमी था जिसने पिछले दिन मुझसे कहा था कि वह 48 डॉलर की सेवा का ख़र्च नहीं उठा सकता। बाद में ऐसी नौबत आ गई कि वह आदमी अपनी कार का ख़र्च भी नहीं उठा पाया।

मैं सेल्स मीटिंगों और सेमिनारों में भाग लेते हुए पूरे देश का भ्रमण कर चुका हूँ। इन मीटिंगों में मैंने हमेशा यह देखा है कि वही लोग लीडर्स होते हैं जिन्हें अपने बिज़नेस का पूरा ज्ञान होता है।

अपने कॉलम "पिचिंग हॉर्सशूज़" में बिली रोज़ ने कुछ समय पहले लिखा थाः "यह विशेषज्ञ का युग है। आकर्षण और अच्छे मैनर्स की क़ीमत प्रति सप्ताह 30 डॉलर है। इसके बाद आपकी आमदनी का अनुपात उतना ही होगा जितनी कि आपके मस्तिष्क में विशेषज्ञता की मात्रा है।"

हम कब तक पढ़ते और सीखते रहें? डल्लास, टैक्सॉस के डॉ. मार्चमैन 66 साल की उम्र में भी यह काम कर रहे थे और उन्होंने यह नहीं सोचा कि उन्हें कभी ऐसा करना छोड़ना चाहिये। हेनरी फोर्ड ने कहा थाः "जो भी आदमी सीखना बंद कर देता है वह बूढ़ा हो चुका है-- चाहे वह बीस साल का हो या अस्सी साल का। जो भी आदमी सीखता रहता है वह युवा बना रहता है। जीवन में सबसे बड़ी बात यह है कि आप

अपने मस्तिष्क को युवा रखें।"

अगर आप चाहते हैं कि आपमें आत्मविश्वास हो, आप दूसरों में विश्वास जगा सकें और उनका विश्वास जीत सकें तो मैं इस नियम को अनिवार्य मानता हूँ कि आपः

अपने बिज़नेस को जानें
और अपने बिज़नेस के बारे में ज्ञान हासिल करते रहें।

16 विश्वास जीतने का वह सबसे तेज़ तरीक़ा जो मैंने सीखा

मैंने दूसरों का विश्वास जीतने का सबसे तेज़ तरीक़ा यह सीखा है कि-- पर, क्यों न मैं आपको वह तरीक़ा एक वास्तविक इंटरव्यू के माध्यम से बता दूँ। यह इंटरव्यू स्वर्गीय ए. कॉनरेड जोन्स के साथ हुआ था जो आई. पी. थॉमस कंपनी, कैमडेन, न्यू जर्सी में बड़ी फर्टिलाइज़र निर्माता कंपनी में ख़ज़ांची थे। मिस्टर जोन्स मुझे नहीं जानते थे और मुझे जल्दी ही पता चल गया कि उन्हें मेरी कंपनी के बारे में कुछ नहीं मालूम था।

अब हम यह सुनें कि यह इंटरव्यू किस तरह चलाः

मैंः मिस्टर जोन्स, आपने किन कंपनियों से बीमा करवाया है?

जोन्सः न्यूयॉर्क लाइफ, मेट्रोपॉलिटन और प्रॉविडेन्ट।

मैंः आपने सबसे अच्छी कंपनियों को चुना है!

जोन्सः (*स्पष्ट रूप से प्रसन्न*) क्या आपको ऐसा लगता है?

मैंः दुनिया में इनसे अच्छी कंपनियाँ नहीं हैं!

(*फिर मैंने उन्हें उन कंपनियों के बारे में कुछ तथ्य बताये, ऐसी बातें जिनकी वजह से वे कंपनियाँ प्रतिष्ठित और महान बनीं। उदाहरण के तौर पर मैंने उसे बताया कि मेट्रोपॉलिटन संसार में सबसे बड़ा कॉरपोरेशन है; एक अद्‌भुत संगठन है जिसने कुछ समुदायों में तो हर आदमी, औरत और बच्चे का बीमा किया है।*)

क्या वह बोर हुआ? नहीं, श्रीमान! वह उत्सुकता से सुनता रहा जब मैंने उसे उसकी कंपनियों के बारे में कुछ ऐसी बातें बतायीं जो उसने आज से पहले कभी नहीं सुनी थीं। मैं देख सकता था कि उसे इस बात पर गर्व हो रहा था कि उसने समझदारी का परिचय देते हुये इतनी अच्छी कंपनियाँ चुनी थीं और इतनी बड़ी कंपनियों में अपने पैसे का निवेश किया था।

क्या अपने प्रतियोगियों की इस सच्ची तारीफ़ से मुझे घाटा हुआ? तो

आइये, देखते हैं कि क्या हुआः

जब मैंने यह संक्षिप्त परंतु प्रशंसात्मक बातें कहीं, तो मैंने अंत में यह कहाः "आप जानते हैं, मिस्टर जोन्स, फिलाडेल्फिया में तीन बड़ी कंपनियाँ हैंः प्रॉविडेन्ट, फाइडेलिटी और पेन मीच्युअल। वे देश की सबसे बड़ी कंपनियों में शामिल हैं।"

अपने प्रतिद्वंद्वियों के बारे में मेरे ज्ञान को देखकर वह प्रभावित हुआ और उसे यह भी अच्छा लगा कि मैंने ज़रूरत न होते हुए भी उनकी तारीफ़ की थी। जब मैंने अपनी कंपनी को उसी श्रेणी में रखा जिन कंपनियों के बारे में वह जानता था तो वह मेरे बताये इस तथ्य को स्वीकार करने की बेहतर मानसिक स्थिति में था।

यहाँ पर मैं बता रहा हूँ कि क्या हुआः मैंने व्यक्तिगत रूप से ए. कॉनरैड जोन्स का बीमा किया और कुछ ही महीनों में उसकी फ़र्म ने अपने चार टॉप एक्ज़ीक्यूटिव्ज़ के लिये जीवन बीमा भी लिया। जब प्रेसिडेंट हेनरी आर. लिपिनकॉट ने मुझसे फाइडेलिटी के बारे में पूछा जिस कंपनी द्वारा यह पूरा बीमा किया जाना था तो मिस्टर जोन्स अंदर आये और उन्होंने लगभग शब्दशः वही सारी बातें दोहरा दीं जो मैंने उन्हें महीनों पहले "फिलाडेल्फिया की तीन बड़ी कंपनियों" के बारे में बताई थीं।

नहीं- अपने प्रतिद्वंद्वियों की प्रशंसा करने के कारण मैं यह सेल करने में सफल नहीं हुआ, परंतु इससे मुझे उस सेल का आधार बनाने में मदद मिली। ऐसा करने के बाद ही मैं इस स्थिति में आ पाया कि मैं उस पर सफलता का महल बना सकूँ। इसके अलावा क़िस्मत मेरे साथ थी और मैं कामयाब हो गया।

मेरे लिये अपने प्रतिद्वंद्वियों की तारीफ़ करने का चौथाई सदी का अनुभव बिज़नेस करने का बहुत ही सुखद और लाभकारी तरीक़ा रहा है। हमारे सामाजिक और व्यावसायिक जीवन में हम जितने लोगों से मिलते हैं क्या हम एक-दूसरे का विश्वास जीतने का प्रयास नहीं करते? मैंने पाया है कि दूसरों का विश्वास जीतने और विश्वास जमाने के सबसे तेज़ तरीक़ों में से एक वह नियम है जिसे विश्व के महान कूटनीतिज्ञ बेंजामिन फ्रैंकलिन ने बताया थाः "मैं कभी किसी के बारे में बुरा नहीं बोलूँगा-- और मैं हर आदमी के बारे में, जितना भी अच्छा बोल सकता हूँ, अच्छा बोलूँगा।"

तो तीसरा नियम हैः

अपने प्रतिद्वंद्वियों की तारीफ़ करो।

17 गेट आउट होने का आसान तरीक़ा

5220, ग्रीन स्ट्रीट, जर्मनटाउन, फिलाडेल्फिया की प्रसिद्ध लैंडस्केप आर्किटेक्ट और इंजीनियरिंग कंपनी हैरिसन, मर्टज़ एंड एम्लेन के प्रेसिडेन्ट आर्थर सी. एम्लेन मुझे शिष्टाचारवश अंतिम इंटरव्यू दे रहे थे। इसमें बहुत बड़ा बिज़नेस शामिल था और इसमें प्रतियोगिता बहुत थी। मिस्टर एम्लेन ने अपने ऑफ़िस के चार सदस्यों को भी बुलवा लिया। जब हम सब बैठ गये तो मुझे न जाने क्यों यह एहसास हो गया कि मुझे गेट आउट किया जाने वाला है। और मैं सही था।

यह रहा इंटरव्यूः

एम्लेनः मिस्टर बेटगर, मेरे पास आपके लिये अच्छी ख़बर नहीं है। हमने बहुत सावधानीपूर्वक अध्ययन किया है और हमने यह फैसला किया है कि हम यह बिज़नेस किसी दूसरे ब्रोकर को दे दें।

मैंः क्या आप मुझे बतायेंगे कि क्यों ?

एम्लेनः उसका प्रस्ताव आप ही की तरह है, परंतु उसकी लागत आपसे कम है।

मैंः क्या मैं उसके आँकड़े देख सकता हूँ ?

एम्लेनः यह उस ब्रोकर के साथ न्याय नहीं होगा, नहीं क्या ?

मैंः क्या उसने मेरा प्रस्ताव देखा था ?

एम्लेनः अह... हाँ, परंतु सिर्फ़ इसलिये क्योंकि हम उससे इसी योजना के लिये आँकड़े चाहते थे ?

मैंः परंतु क्या आप मुझे वही मौक़ा नहीं देंगे जो आपने उस ब्रोकर को दिया था। आपको इससे क्या नुक़सान हो सकता है ?

एम्लेन (*अपने सहयोगियों की तरफ़ देखते हुये*) : आपको क्या लगता है, साथियों ?

मर्ट्ज़ः ओ के। इसमें हमें क्या नुक़सान हो सकता है ?

(*एम्लेन ने वह प्रस्ताव मुझे दिया। जैसे ही मैंने उसे देखा, मैं समझ गया कि कहीं न कहीं गड़बड़ थी। इसमें अतिशयोक्ति ही नहीं थी, बल्कि इसमें तथ्यों की ग़लत जानकारी भी दी गई थी।*)

मैंः क्या मैं आपके टेलीफोन का इस्तेमाल कर सकता हूँ ?

एम्लेन (*थोड़ा आश्चर्यचकित होकर*) : हाँ, हाँ, क्यों नहीं ?

मैंः क्या आप एक्स्टेंशन पर मेरी बात सुनेंगे, मिस्टर एम्लेन ?

एम्लेनः बिलकुल।

(*मैंने उस कंपनी के लोकल मैनेजर को फोन लगाया जिसके ब्रोकर ने यह आँकड़े प्रस्तुत किये थे।*)

मैंः हलो, गिल! मैं फ्रैंक बेटगर बोल रहा हूँ। मैं आपसे कुछ रेट्स जानना चाहता हूँ। क्या आपके पास रेट बुक है ?

गिलः हाँ, फ्रैंक। बोलो।

मैंः नये "संशोधित जीवन योजना" पर 46 साल की उम्र में देखिये। क्या रेट है ?

(*गिल ने मुझे रेट बताया और वह रेट बिलकुल वही था जो उस ब्रोकर ने अपने प्रस्ताव में दिया था। मिस्टर एम्लेन की उम्र 46 साल थी।*)

मैंः पहला डिविडेन्ड कितना है ?

(*गिल ने आँकड़ा बताया और यह भी सही निकला।*)

मैंः अब, गिल, मुझे बताओ कि पहले बीस सालों में डिविडेन्ड का क्या पैमाना है ?

गिलः मैं आपको नहीं बता सकता, फ्रैंक, हमारे पास केवल दो ही डिविडेन्ड हैं जिनके बारे में हम आपको निश्चित तौर पर कुछ बता सकते हैं।

मैंः क्यों ?

गिलः यह एक नया कॉन्ट्रैक्ट है, और कंपनी नहीं जानती कि इसका

अनुभव कैसा रहेगा।

मैंः क्या आप इसका अनुमान लगा सकते हैं ?

गिलः नहीं, फ्रैंक, हम भविष्य की स्थितियों का सटीक अनुमान नहीं लगा सकते। इसी कारण कानून भविष्य के डिविडेन्ड का अनुमान लगाने की अनुमति नहीं देता।

(मेरे हाथ में जो प्रस्ताव रखा था उसमें बीस साल के डिविडेन्ड का बहुत ही उदार आँकड़ा दिया गया था।)

मैंः धन्यवाद, गिल। मुझे आशा है कि मैं भविष्य में आपके लिये कुछ बिज़नेस लेकर आऊँगा।

मिस्टर एम्लेन ने एक्स्टेंशन पर पूरी चर्चा सुनी थी। जब हमने फोन रखे तो कुछ देर तक ख़ामोशी छाई रही। मैं चुपचाप उनकी तरफ़ देखता हुआ बैठा रहा। अपनी आँखें उठाकर उन्होंने मेरी तरफ़ देखा, फिर अपने पार्टनर्स की तरफ़ देखा और कहा, "तो मामला यह है!"

इसमें कोई संदेह नहीं कि यह बिज़नेस मुझे ही मिला। मुझे विश्वास है कि यह बिज़नेस मेरे प्रतिद्वंद्वी को ही मिलता, अगर उसने सच्चाई बताई होती। उसने न सिर्फ़ वह सेल गँवा दी, बल्कि उसने इन लोगों के साथ भविष्य में बिज़नेस करने का अवसर भी गँवा दिया। इसके अलावा, उसने अपना आत्मसम्मान भी खो दिया।

यह मैं किस तरह जानता हूँ ? क्योंकि कई साल पहले मैंने भी इन्हीं परिस्थितियों में ऐसा ही अवसर गँवाया था। तब ग़लती मेरी थी। मेरी प्रतिद्वंद्विता मेरे एक दोस्त से थी। अगर मैंने केवल तथ्यों को ही प्रस्तुत किया होता तो शायद मुझे ऑर्डर मिल गया होता, या कम से कम आधा ऑर्डर तो मिल ही गया होता, क्योंकि उस फ़र्म का प्रेसिडेन्ट मुझे बिज़नेस देना चाहता था। उस समय इस बिज़नेस का मिलना मेरे लिये बहुत महत्व रखता था। मेरे सामने बहुत बड़ा लालच था और मैंने अपने द्वारा बेची गयी संभावनाओं को बढ़ा-चढ़ाकर बताया। यह पूरी तरह से ग़लत जानकारी थी। किसी को शक हो गया और उसने मेरी कंपनी से जाँच-पड़ताल की। मुझे बिज़नेस नहीं मिला। इसके अलावा मैंने अपने अच्छे दोस्त का विश्वास और सम्मान भी खो दिया। मैंने अपने प्रतिद्वंद्वी का सम्मान भी खो दिया और सबसे बुरी बात यह थी कि मैंने अपना आत्मसम्मान भी खो दिया।

यह एक कटु अनुभव था। मैं अपनी ग़लती पर इतनी बुरी तरह सदमे में था कि मैं पूरी रात इसके बारे में सोचता रहा। मुझे इस अपमान से उबरने में कई साल लग गये। परंतु मुझे ख़ुशी है कि मैं असफल हुआ क्योंकि इसकी वजह से मैं कार्ल कॉलिंग्स की फिलॉसफ़ी सीख गया थाः "हाँ, परंतु मैं तो जानता हूँ" सबसे अच्छी नीति है। मैंने अपना मन बना लियाः मैं अब कभी उस चीज़ की चाह नहीं रखूँगा जो मुझे वैधानिक रूप से या सही रास्ते से न मिल सके; इसकी बहुत ज़्यादा क़ीमत चुकानी पड़ती है।

18 मैंने पाया कि यह विश्वास हासिल करने का अचूक तरीक़ा है

मुझे बताया गया था कि कोर्ट के सामने किसी केस को लड़ते समय एक ट्रायल लॉयर जो सबसे महत्त्वपूर्ण चीज़ करता है शायद वह है गवाह पेश करना। स्वाभाविक रूप से जज और जूरी यह मानकर चलते हैं कि वकील के विचार पूर्वाग्रह से ग्रस्त होंगे और इस कारण वे उसकी कही कुछ बातों को पूरी तरह सच नहीं मानते। परंतु किसी भरोसेमंद गवाह की अच्छी गवाही का कोर्ट पर बहुत सशक्त प्रभाव पड़ता है। इससे केस लड़ने वाले वकील की विश्वसनीयता भी जम जाती है।

आइये देखें कि गवाह किस तरह सेलिंग में मदद कर सकते हैं।

कई सालों तक मेरे द्वारा बेचे गये हर कॉन्ट्रैक्ट की डिलिवरी पर ख़रीदार हमारी कंपनी की "प्राप्ति रसीद" पर हस्ताक्षर करते थे। मैंने इन रसीदों की फोटोकॉपी करवायी और उन्हें खुले पन्नों की कॉपी में चिपका लिया। मैंने पाया कि इन रसीदों से अजनबियों पर विश्वास जमाने में मुझे बहुत मदद मिलती थी। इनका बहुत सशक्त प्रभाव पड़ता था। "अंत" या क्लोज़ के क़रीब आते हुए मैं आम तौर पर कुछ इस तरह की बातें कहता थाः "मिस्टर एलन, ज़ाहिर है कि मैं पूर्वाग्रह से ग्रस्त हूँ। मैं इस प्लान के बारे में जो भी कहूँगा, अच्छा ही कहूँगा; इसलिये मैं चाहता हूँ कि आप किसी ऐसे आदमी के विचार जानें जिसकी सेलिंग में कोई रुचि नहीं है। क्या मैं एक मिनट के लिये आपका फोन इस्तेमाल कर सकता हूँ?" फिर मैं फोन पर अपने किसी "गवाह" को बुलाता था-- ख़ास तौर पर उसे जिसके नाम को संभावित ग्राहक ने "प्राप्ति रसीदों" को पलटते समय पहचाना हो। अक्सर, यह कोई पड़ोसी या दोस्त होता था। कई बार तो यह शहर से बाहर का आदमी होता था। मैंने पाया है कि लंबी दूरी की फोन कॉल का असर ज़्यादा होता है। (अब ध्यान दें! मैं यह काल अपने संभावित ग्राहक के फोन पर करता हूँ। परंतु मैं तत्काल ऑपरेटर से उसकी क़ीमत पूछ लेता हूँ और *मैं हमेशा इसका तत्काल भुगतान*

कर देता हूँ।)

जब मैंने यह पहली बार किया तो मुझे डर था कि ग्राहक मुझे रोक देगा, परंतु मुझे कभी किसी ने ऐसा करने से नहीं रोका। दरअसल, उन्हें मेरे "गवाह" से बातें करने में मज़ा आया। कई बार तो यह कोई पुराना दोस्त होता है और चर्चा जल्दी ही अपने मौलिक उद्देश्य से दूर चली जाती है और दोस्ताना चर्चा में बदल जाती है।

मुझे यह विचार संयोगवश ही मिला था, परंतु मैंने यह पाया है कि अपने गवाहों को पेश करना दरअसल एक उत्कृष्ट तकनीक है। आपत्तियों को दूर करने की कुशल और चतुराई भरी तरकीबों में मुझे ज़्यादा सफलता नहीं मिली। यह तरकीबें किताबों में अच्छी लगती हैं, परंतु मैंने जब भी उनका प्रयोग करने की कोशिश की है मैंने हमेशा अपने आपको बहस करते ही पाया है। मैंने पाया है कि इससे सौ गुना अधिक प्रभावी तरीक़ा यह होता है कि मैं सीधे अपने गवाह से गवाही दिलवा दूँ और वे उतने ही दूर होते हैं जितना कि फोन।

मेरे गवाहों को यह कैसा लगता है ? वे हमेशा सलाह देने में ख़ुशी का अनुभव करते हैं। जब मैं उनके पास उनकी प्रशंसा करने के लिये जाता हूँ तो मुझे यह पता चलता है कि मुझे दोहरा फ़ायदा हुआ है क्योंकि मेरे नये ग्राहक को मेरा सामान बिकवाने के प्रयास में वे उस सामान के बारे में अधिक उत्साही हो जाते हैं जो मैंने उन्हें बेचा था।

सालों पहले मेरा एक क़रीबी दोस्त अपने घर के लिये ऑइल बर्नर ख़रीद रहा था। उसे कई कंपनियों के पत्र और कैटेलॉग मिले। इनमें से एक पत्र में कुछ इस तरह की बातें थीं: "यह रही आपके उन पड़ोसियों की सूची जिनके घर हमारे बर्नर से गर्म हो रहे हैं। आप फोन उठाकर अपने पड़ोसी मिस्टर जोन्स से ख़ुद ही क्यों नहीं पूछ लेते कि उन्हें हमारा हीटर कैसा लगा ?"

मेरे मित्र ने फोन उठाया और उस नाम वाली सूची में सुझाये गये कई पड़ोसियों से चर्चा की। और उसने वही हीटर ख़रीदा। हालाँकि इस बात को अठारह साल हो चुके हैं, परंतु मेरा दोस्त आज भी कहता है: "मैं उस पत्र के शब्दों को कभी नहीं भूल सकता।"

टुल्सा, ओक्लाहामा में एक स्कूल में व्याख्यान देने के कई सप्ताह बाद मुझे एक सेल्समैन ने पत्र लिखा और बताया कि उसने किस तरह इस विचार का प्रयोग शुरू किया और इससे उसकी तकनीक पर कितना ज़बर्दस्त प्रभाव

पड़ा है। यह रही कहानीः

"मिस्टर हैरिस, ओक्लाहामा सिटी में आपके जितना ही बड़ा एक और स्टोर है। इस स्टोर ने पिछले महीने चालीस नये सदस्य बनाये हैं और इसका कारण यह था कि उन्होंने अपने यहाँ एक ऐसा सामान बेचना शुरू किया जिसका पूरे देश में विज्ञापन हो रहा है। अगर आपको उस स्टोर के मालिक से बात करने का मौक़ा मिले तो क्या आप उससे इस बारे में सवाल नहीं पूछना चाहेंगे ?"

"हाँ!"

"क्या मैं एक मिनट के लिये आपका फोन इस्तेमाल कर सकता हूँ ?"

"हाँ, हाँ, क्यों नहीं ?"

"मैंने तत्काल उस स्टोर के मालिक को फोन लगाया और फिर दोनों व्यापारियों को बात करने दी," इस सेल्समैन ने लिखा। "मैंने पाया है कि यह न सिर्फ़ आदर्श नीति है, बल्कि मैंने अब तक जितनी नीतियाँ इस्तेमाल की हैं उनमें यह सबसे अच्छा सेलिंग विचार है।"

मैं आपको एक और अनुभव बताना चाहूँगा जिसके बारे में डेल कारनेगी ने मुझे बताया था। मैं डेल को ख़ुद ही यह बात बताने देता हूँः

"मैं यह जानना चाहता था कि कनाडा में मुझे कौन से नये कैंप में जाना चाहिये, जहाँ अच्छा भोजन, अच्छे बिस्तर, अच्छी फिशिंग और शिकार की अच्छी सुविधायें उपलब्ध हों। इसलिये मैंने न्यू ब्रन्सविक के रिक्रियेशन डिपार्टमेंट को लिखा। कुछ ही समय बाद मुझे तीस या चालीस कैंपों की तरफ़ से जवाब आये। उन्होंने इतनी सारी जानकारी भेजी कि मैं पहले से अधिक दुविधा में पड़ गया। परंतु एक आदमी ने मुझे एक पत्र भेजा और कहा, 'क्यों न आप न्यूयॉर्क सिटी में रह रहे इन लोगों से पूछ लें, जो हाल ही में हमारे कैंप में रहकर गये हैं ?'

"मैं इस सूची में से एक आदमी को जानता था और मैंने उसे फोन लगाया। उसने तारीफ़ों के पुल बाँध दिये और कहा कि वह कैंप सचमुच लाजवाब था... उस सूची में एक आदमी ऐसा था जिसे मैं जानता था, जिस पर मैं भरोसा कर सकता था और जो मुझे वह बता सकता था जो मैं जानना चाहता था। *एक सीधी गवाही*। मैं गोपनीय जानकारी हासिल कर सकता था। किसी भी दूसरे कैंप वाले ने गवाह पेश नहीं किये। निश्चित रूप से सभी कैंपों के पास *गवाह* होंगे, परंतु उन्होंने वही एक चीज़ भेजने का कष्ट नहीं उठाया जिसके

कारण वे मेरा विश्वास किसी भी और उपाय की तुलना में अधिक तेज़ी से जीत सकते थे!"

तो किसी भी आदमी का विश्वास तेज़ी से जीतने का अचूक तरीक़ा हैः

अपने गवाह पेश करें।

19 सर्वश्रेष्ठ कैसे दिखें

यह एक विचार है जो मुझे तीस साल पहले दिया गया था और जिस पर मैं तब से अमल कर रहा हूँ। हमारे संगठन के सबसे सफल व्यक्तियों में से एक ने मुझसे कहा थाः "आप कुछ जानना चाहते हैं? जब भी मैं आपकी तरफ़ देखता हूँ तो मेरी हँसने की इच्छा होती है। आम तौर पर आप किसी जोकर की तरह कपड़े पहनते हैं!" इसे पचा पाना बहुत मुश्किल था, परंतु वह आदमी "चालीस मिनट का अंडा था"। मैं जानता था कि वह गंभीर था, इसलिये मैं सुनता रहा।

फिर उसने मुझे पूरी बात बताई- और अच्छे से बतायी। "आप अपने बालों को बहुत लंबे बढ़ने देते हैं, आप किसी पुराने फुटबॉल खिलाड़ी की तरह दिखते हैं। आप बिज़नेसमैन की तरह कटिंग क्यों नहीं करवाते? हर सप्ताह कटिंग करवायें, ताकि आपके बाल हमेशा एक से दिखें। आप यह नहीं जानते कि टाई किस तरह बाँधी जाती है। किसी अच्छे हैबरडैशर से यह सीखकर आयें। आपका कलर कॉम्बिनेशन किसी कार्टून की तरह का दिखता है। आप इस बारे में किसी विशेषज्ञ की सलाह पर अमल क्यों नहीं करते? वह आपको सिखायेगा कि किस तरह के कपड़े पहनने चाहिये।"

"मैं इन सबका ख़र्च नहीं उठा सकता," मैंने विरोध किया।

"आपका क्या मतलब है कि आप ख़र्च नहीं उठा सकते?" उसने पलटकर जवाब दिया। "इसमें आपका एक धेला भी ख़र्च नहीं होगा। दरअसल इससे आपका पैसा बचेगा। मेरी बात मानिये। किसी अच्छे हैबरडैशर का पता लगाइये। अगर आप किसी को न जानते हों तो जाकर स्कॉट और हन्सिकर के जो स्कॉट से मिलिये। उसे बता देना कि मैंने तुम्हें भेजा है। उसे साफ़-साफ़ बता देना कि तुम्हारे पास कपड़ों पर ख़र्च करने के लिये पैसे नहीं हैं, परंतु तुम यह जानना चाहते हो कि अच्छी तरह कपड़े कैसे पहने जाते हैं। उसे बता देना

कि अगर वह तुम्हें यह सिखा देगा और तुम्हें सलाह देगा तो जब भी तुम कपड़े ख़रीदोगे, उसी की दुकान से ख़रीदोगे। उसे यह सुनकर अच्छा लगेगा। वह तुममें व्यक्तिगत रुचि लेगा। वह तुम्हें बतायेगा कि तुम्हें क्या पहनना चाहिये। वह तुम्हारा समय और पैसा बचवा देगा। और तुम अधिक पैसे कमा सकोगे क्योंकि लोग तुम पर अधिक विश्वास करने लगेंगे।"

इस तरह का विचार मेरे दिमाग़ में कभी नहीं आया था। अच्छी तरह से तैयार होने पर मेरे द्वारा सुनी गयी यह सबसे अच्छी सलाह थी। मुझे हमेशा इस बात की ख़ुशी रहेगी कि मैंने उसकी बात सुनी।

मैंने अपने आपको रूबी डे नाम के एक अच्छे नाई के हवाले कर दिया। मैंने उसे बता दिया कि मैं हर सप्ताह उसके पास आऊँगा; कि मैं चाहता हूँ कि मेरे बाल किसी बिज़नेसमैन की तरह दिखें और वह मेरे बाल इस तरह तराशे कि यह हर बार एक से नज़र आयें। इससे मेरा बाल कटवाने का ख़र्च पहले की तुलना में बढ़ गया, परंतु मैंने अगले क़दम पर पैसे बचा लिये।

मैं जो स्कॉट के पास गया और वह ख़ुशी-ख़ुशी मेरी मदद करने के लिये तैयार हो गया। उसने मुझे सिखाया कि टाई कैसे बाँधी जाती है। जब मैं टाई बाँधने की प्रैक्टिस करता था तो वह मेरे पास खड़ा रहता था और इस तरह मैं भी टाई बाँधने में उतना ही निपुण हो गया जितना कि वह था। जब भी मैं कपड़ों के सूट ख़रीदता था तो वह मेरी मदद करने में पूरी रुचि लेता था और उस सूट के साथ मैच करने वाले शर्ट, टाई, और मोज़े चुनने में भी मेरी मदद करता था। उसने मुझे बताया कि किस सूट के साथ किस तरह का हैट पहनना चाहिये, उसने मुझे सही टॉपकोट चुनने में भी मदद की। समय-समय पर वह मुझे अच्छी तरह से तैयार होने पर सलाह दिया करता था। उसने मुझे एक बुकलेट भी पढ़ने को दी जिससे मुझे काफ़ी मदद मिली। उसने मुझे सूट पहनने के बारे में एक और महत्वपूर्ण सलाह दी जिसकी वजह से सालों तक मैंने पैसे बचाये हैं। मेरी आदत थी कि मैं एक ही सूट को तब तक पहनता रहता था जब तक कि वह मैला न हो जाये और ऐसा न लगने लगे कि मैं इसे पहनकर रात में सो गया था। फिर मैं इस सूट को टेलर के यहाँ भेज देता था ताकि वह इसे साफ़ कर दे और प्रेस कर दे। जो स्कॉट ने मुझे बताया, "अधिक प्रेस करने से कपड़े की जान कम हो जाती है और सूट जल्दी फटता है। किसी को भी एक ही सूट लगातार दो दिन नहीं पहनना चाहिये। अगर आपके पास केवल दो ही सूट हैं तो आप उन्हें एक-एक दिन छोड़कर पहनें। हर बार उतारने के बाद अपने कोट को हैंगर पर लटका दें, अपने पैंट को सीधे लटकायें, हैंगर की

क्रॉसबार पर नहीं। अगर आप ऐसा करेंगे तो इसकी सिलवटें ग़ायब हो जायेंगी और आपके कपड़ों को कभी प्रेस की ज़रूरत नहीं पड़ेगी, जब तक कि आप इन्हें ड्राईक्लीनिंग के लिये न भेजें।"

बाद में, जब मेरी आर्थिक स्थिति थोड़ी बेहतर हुई तो जो ने मेरे सामने यह साबित किया कि कई सूट ख़रीदने में दरअसल आपकी बचत होती है। इससे मैं हर सूट को पहनने के बाद कई दिनों तक टाँगे रख सकता था।

मेरे मित्र जॉर्ज ग्यूटिंग ने मुझे जूते पहनने के बारे में भी इसी नियम पर अमल करने की सलाह दी। "अगर आप हर दिन बदल-बदलकर जूते पहनते हैं," जॉर्ज ने कहा, "तो जूते अच्छे रहेंगे, उनका शेप सही रहेगा, और उनका जीवन लंबा होगा।"

किसी ने कहा है: "कपड़ों से आदमी की पहचान नहीं बनती, परंतु नब्बे प्रतिशत आदमी इन कपड़ों से ही ढँका रहता है।" जब तक आदमी इस लायक नहीं दिखेगा, तब तक लोगों को यह विश्वास नहीं होगा कि उसकी बातें महत्वपूर्ण हैं। और इस बारे में कोई संदेह नहीं है; जब आप अच्छी तरह से तैयार होते हैं तो आपका अपने बारे में मानसिक नज़रिया सुधर जाता है और इससे आपमें अधिक आत्मविश्वास आ जाता है।

तो अपने हुलिये को सुधारने पर जो सबसे प्रैक्टिकल विचार मैंने सुना है वह यह है: "अपने आपको किसी विशेषज्ञ के हवाले कर दें।"

सर्वश्रेष्ठ दिखें।

संक्षेप में

खंड तीन

पॉकेट रिमाइन्डर्स

1. विश्वास के क़ाबिल बनें। असली टेस्ट यह नहीं है कि क्या सामने वाला इस पर विश्वास करेगा, बल्कि असली टेस्ट यह है कि क्या आपको इस पर विश्वास है ?

2. अपने आपमें विश्वास जगाने के लिये और दूसरों का विश्वास हासिल करने के लिये यह एक अनिवार्य नियम है:

   अपने बिज़नेस का ज्ञान रखिये... और अपने बिज़नेस का ज्ञान बढ़ाते चले जाइये।

3. दूसरों के विश्वास को जीतने और बनाये रखने का एक तेज़ तरीक़ा विश्व के महान कूटनीतिज्ञ बेंजामिन फ्रैंकलिन के नियम का पालन करना है: "मैं कभी किसी के बारे में बुरा नहीं बोलूँगा-- और मैं हर आदमी के बारे में, जितना भी अच्छा बोल सकता हूँ, अच्छा बोलूँगा।" अपने प्रतिद्वंद्वियों की तारीफ़ करें।

4. अतिशयोक्ति के बजाय अंडरस्टेटमेंट या न्यूनोक्ति की आदत डालें। कार्ल कॉलिंग्स की फिलॉसफ़ी याद रखें: **"हाँ, परंतु मैं तो जानता हूँ।"**

5. किसी का तेज़ी से विश्वास हासिल करने का अचूक तरीक़ा है:

   अपने गवाह पेश करो। और वे उतने ही दूर होते हैं जितना कि टेलीफोन।

6. सर्वश्रेष्ठ दिखें। **"अपने आपको विशेषज्ञ के हवाले कर दें।"**

खंड चार

क्या करें जिससे लोग आपके साथ बिज़नेस करना चाहें

20 लिंकन से सीखे एक विचार ने दोस्त बनाने में मेरी मदद की

एक दिन जब मैं एक युवा वकील के ऑफ़िस से बाहर निकल रहा था तो मैंने उससे एक ऐसा वाक्य कहा जिसके कारण उसने मेरी तरफ़ हैरानी से देखा। उसके साथ मेरी यह पहली कॉल थी और मैं जो बेचने की कोशिश कर रहा था उसमें उसने ज़रा भी दिलचस्पी नहीं दिखाई थी। परंतु जब मैं चलने लगा तो मेरे आख़िरी वाक्य से उसकी दिलचस्पी तत्काल जाग गई।

मैंने यह कहा थाः "मिस्टर बार्न्स, मुझे विश्वास है कि आपका भविष्य बहुत उज्जवल है। मैं आपको कभी परेशान नहीं करूँगा, परंतु अगर आप अन्यथा न लें तो मैं समय-समय पर आपसे मिलते रहना चाहूँगा।"

"मेरा भविष्य बहुत उज्जवल है, इस बात से आपका क्या मतलब है ?" युवा वकील ने पूछा। उसके कहने के तरीक़े से मैं जान गया कि उसे लग रहा था जैसे मैं उसे सस्ती चापलूसी की एक ख़ुराक दे रहा था।

मैंने कहाः "मैंने आपको सीगल होमटाउन एसोसियेशन की मीटिंग में दो सप्ताह पहले बोलते सुना था और मैं सोचता हूँ कि आपने बहुत ही अच्छा भाषण दिया था। यह केवल मेरा ही विचार नहीं था। काश आप सुन पाते कि आपके जाने के बाद हमारे सदस्यों ने आपके भाषण की कितनी तारीफ़ की थी!"

क्या वह ख़ुश हुआ ? वह तो रोमांचित हो गया। मैंने उससे पूछा कि उसने सार्वजनिक रूप से बोलना किस तरह शुरू किया। उसने कुछ समय तक इस बारे में बताया और जब मैं चलने लगा तो उसने कहाः "आप कभी भी

मुझसे मिलने आ सकते हैं, मिस्टर बैटगर।"

कई साल बाद इस आदमी ने एक बड़ी लॉ प्रैक्टिस बना ली। दरअसल, वह शहर के सबसे सफल वकीलों में से एक बन गया। मैं उसके निकट संपर्क में रहा और जैसे-जैसे वह अमीर हुआ उसके साथ मेरा बिज़नेस उतना ही बढ़ता गया। हम अच्छे दोस्त बन गये और वह मेरे लिये प्रभाव का अच्छा केंद्र भी बन गया।

बाद में वह कई कंपनियों का सलाहकार भी बना जैसे पेनसिल्वेनिया शुगर रिफाइनिंग कंपनी, मिडवेल (स्टील) कंपनी और हॉर्न एंड हरडार्ट (बेकिंग) कंपनी। उसे इन कंपनियों में से कुछ के बोर्ड ऑफ डायरेक्टर्स के रूप में भी चुना गया। बाद में वह सक्रिय प्रैक्टिस से रिटायर हो गया और उसे वह बहुत ऊँचा सम्मान दिया गया जो किसी भी व्यक्ति को राज्य में मिल सकता है। वह पेनसिल्वेनिया राज्य की सुप्रीम कोर्ट का जस्टिस बन गया। उसका नाम एच. एडगर बार्न्स था।

मैं हमेशा एडगर बार्न्स से बोलता रहता था कि मैं उनमें कितना विश्वास करता हूँ। अक्सर वे भी मुझे गोपनीय रूप से अपनी प्रगति के बारे में बताया करते थे। मैंने उनकी ख़ुशी बाँटी और एक से अधिक बार कहाः "मैं हमेशा से जानता हूँ कि आप फिलाडेल्फिया के चोटी के वकील बनने जा रहे हैं।" जस्टिस बार्न्स ने यह मुझसे सीधे तो नहीं कहा, परंतु कुछ साझे दोस्तों के वाक्यों से मुझे यह पता चला कि मैंने उनका जो उत्साह बढ़ाया था उनकी उल्लेखनीय सफलता में उसका भी कुछ योगदान था।

क्या लोगों को यह पसंद होता है कि आप उनमें विश्वास करें और उनसे बड़े काम करने की उम्मीद करें ? अगर आपकी रुचि सच्ची है तो मैं नहीं जानता कि उन्हें इससे अच्छी चीज़ क्या लग सकती है। मैं अक्सर यूरोप और चीन में भूख से मर रहे लोगों के बारे में बहुत कुछ सुनता रहता हूँ, परंतु अमेरिका में भी लाखों-करोड़ों लोग भूख से मर रहे हैं। आपके और मेरे शहर में हज़ारों लोग भूखे हैं-- प्रशंसा और तारीफ़ के भूखे।

अब्राहम लिंकन ने कई साल पहले दोस्त बनाने के बारे में कुछ लिखा था। यह पुराना है, परंतु इससे मुझे इतनी मदद मिली है कि मैं इसे यहाँ पर दोहराना चाहूँगाः

> अगर आप किसी आदमी से कोई बात मनवाना चाहते हैं, तो पहले तो उसे यह विश्वास दिलायें कि आप उसके सच्चे मित्र हैं। यही वह शहद की बूँद है जो उसके दिल को जकड़ लेगी, जो उसके तर्क तक

जाने वाला सीधा मार्ग है और अगर आप एक बार ऐसा कर लेते हैं तो आप पायेंगे कि आपको उससे अपनी बात मनवाने में कोई ख़ास कष्ट नहीं होगा, बशर्ते कि आपकी बात जायज हो।

वर्षों पहले मुझे फिलाडेल्फिया में ब्रॉड एंड चेस्टनट स्ट्रीट्स में जेरार्ड ट्रस्ट कंपनी में काम कर रहे एक युवा क्लर्क के पास भेजा गया। तब वह इक्कीस वर्ष का था। मैं उसे एक छोटी सेल करने में सफल हुआ। जब मैं उसे बेहतर जानने लगा तो एक दिन मैंने कहा, "क्लिन्ट, आप किसी दिन जेरार्ड ट्रस्ट कंपनी के प्रेसिडेन्ट बनेंगे, या कम से कम इसके बड़े अधिकारी तो ज़रूर बनेंगे।" वह हँसा, परंतु मैंने इस बात पर ज़ोर दियाः "नहीं, मैं गंभीर हूँ। आप क्यों नहीं बनेंगे? आपको कौन रोक सकता है? आपमें सारी आवश्यक योग्यतायें हैं। आप युवा हैं, आप महत्वाकांक्षी हैं और आपका हुलिया अच्छा है। आपकी पर्सनैलिटी शानदार है। याद रखें इस बैंक के सभी ऑफ़िसर्स कभी न कभी क्लर्क ही थे। किसी दिन वे या तो गुज़र जायेंगे या फिर रिटायर हो जायेंगे। किसी न किसी को उनकी जगह लेना होगी। आप उनकी जगह क्यों नहीं ले सकते? अगर आप चाहें तो आप ऐसा कर सकते हैं!"

मैंने उससे आग्रह किया कि वह बैंकिंग का एक एडवांस्ड कोर्स कर ले और पब्लिक स्पीकिंग के एक कोर्स में भी भाग ले। उसने यह कोर्स कर लिये। एक दिन कर्मचारियों की मीटिंग बुलायी गयी और एक अफ़सर ने उन्हें बैंक के सामने आयी एक समस्या के बारे में बताया। बैंक के ऑफ़िसर्स चाहते थे कि कर्मचारियों की तरफ़ से इस समस्या को सुलझाने के बारे में कोई सुझाव आये ताकि बैंक को लाभ हो सके।

मेरा युवा मित्र क्लिंटन स्टैफल उस मीटिंग में खड़ा हुआ और उसने समस्या के बारे में कुछ विचार रखे। उसने अपनी बात इतने विश्वास और उत्साह से कही कि इससे सभी को आश्चर्य हुआ। मीटिंग ख़त्म होने के बाद उसके दोस्त उसके चारों तरफ़ इकट्ठे हो गये और उसे बधाइयाँ दीं। सबने कहा कि उसने इतनी अच्छी तरह से बोला कि वे सभी हैरान रह गये थे।

अगले दिन जिस अफ़सर ने मीटिंग ली थी उसने क्लिंट को अपने ऑफ़िस में बुलाया और उसकी तारीफ़ करते हुए कहा कि बैंक उसके सुझाव को अमल में ला रही है।

इसके कुछ ही समय बाद क्लिंट स्टैफल को एक डिपार्टमेंट का हेड बना दिया गया। आज वह कहाँ है? क्लिंटन एस. स्टैफल प्रॉविडेन्ट ट्रस्ट कंपनी में वाइस-प्रेसिडेन्ट है, जो पेनसिल्वेनिया की सबसे पुरानी और अच्छी बैंकिंग

संस्थाओं में से एक है।

मिस्टर स्टैफल अक्सर अपनी तरफ़ से दूसरों को मेरे साथ बिज़नेस करने की सलाह देते रहते हैं, और जब भी वे समय-समय पर अपने लिये बीमा ख़रीदते हैं तो मुझे प्रतियोगिता के बारे में चिंता नहीं करना पड़ती।

कई साल पहले मैं अपने दो दोस्तों से मिलने गया जो काफ़ी संभावनापूर्ण युवा बिज़नेसमैन थे, परंतु वे ज़रा निराश लग रहे थे। इसलिये मैंने उन्हें एक पेप टॉक या उत्साहवर्द्धक चर्चा का डोज़ दिया। मैंने उन्हें बताया कि मैं मार्केट में अक्सर उनके बारे में कितनी अच्छी बातें सुनता रहता हूँ। बड़ी कंपनियाँ और लंबे समय से स्थापित बिज़नेस वाले लोग भी उनकी तारीफ़ करते हैं-- जो उनके प्रतियोगी हैं! मैंने उन्हें याद दिलाया कि उन्होंने केवल पाँच साल पहले एक कमरे से अपना बिज़नेस शुरू किया था। मैंने उनसे यह प्रश्न पूछाः "आपने यह बिज़नेस किस तरह शुरू किया था ?" इस पर दोनों ही हँस पड़े और उन्होंने अपनी शुरूआती मुश्किलों के बारे में बताया। उनकी कुछ मुश्किलों के बारे में मैंने पहले नहीं सुना था। मैंने उन्हें बताया कि उनके बिज़नेस में मैं ऐसे किसी भी व्यक्ति को नहीं जानता था जिसके लिये भविष्य में इतनी अधिक संभावनायें छुपी हों जितनी कि उनके लिये थीं। इससे उनका उत्साह एक बार फिर से बढ़ गया क्योंकि मैंने उन्हें यह बताया था कि उनके प्रतियोगी उन्हें इस उद्योग के लीडर्स में से एक मानते हैं। वे शायद यह जानते थे, परंतु ज़ाहिर था कि किसी ने भी इस बात के लिये उनकी तारीफ़ नहीं की थी और एक तरह से मेरी बातें उनके लिये डॉक्टर द्वारा लिखी गयी दवाओं की तरह असरदार साबित हुईं।

जब मैं चलने लगा तो उन दोनों में से छोटा वाला मेरे साथ लिफ़्ट तक आया और उसने मेरे कंधे पर हाथ रखा। जब मैंने लिफ़्ट में क़दम रखा तो वह हँसा और उसने कहाः "फ्रैंक, आप हर सोमवार को आ जाया करें और हमें पेप टॉक या उत्साह बढ़ाने वाली चर्चा दे दिया करें। इससे सचमुच बहुत फ़ायदा होगा।"

मैं कई सालों में कई बार वहाँ गया ओर उन्हें पेप टॉक दी, जिसमें वे चर्चायें भी शामिल थीं कि मैं क्या सेल कर रहा हूँ। यह लोग तरक्की करने लगे और उनके साथ मेरा बिज़नेस भी बढ़ता गया।

इतिहास में कुछ महान लोगों के बारे में पढ़कर मुझे प्रेरणा मिली है, परंतु मेरी सबसे बड़ी प्रेरणा और मेरे द्वारा सीखे गये सबसे अच्छे विचार उन लोगों से आये हैं जिनके साथ मैंने बिज़नेस किया है और जिन्हें मैंने अपना दोस्त बनाया है। जब मुझे उनके विचारों से लाभ हुआ तो मैंने यह निश्चय किया कि

मैं उन्हें इसके बारे में ज़रूर बताऊँगा। मैंने पाया है कि लोगों को यह सुनना अच्छा लगता है कि उन्होंने आपकी मदद की है। मैं आपको सिर्फ़ एक उदाहरण बताना चाहता हूँः

मैं एक दिन मॉर्गन एच. थॉमस के साथ बात कर रहा था, जो उस समय गैरेट बुकानन पेपर कंपनी, 116 साउथ सिक्स्थ स्ट्रीट, फिलाडेल्फिया के सेल्स मैनेजर थे। मैंने कहाः "मॉर्गन, आप मेरे लिये बहुत बड़े प्रेरणास्त्रोत रहे हैं। आपने अधिक धन कमाने में और स्वस्थ रहने में मेरी मदद की है।"

क्या उसे मुझ पर विश्वास हुआ? उसने कहाः "आप क्या कहने की कोशिश कर रहे हैं, क्या आप मेरा मज़ाक़ उड़ा रहे हैं?" "नहीं," मैंने कहा, "मैं पूरी गंभीरता से यही कहना चाहता हूँ। कुछ साल पहले आपके प्रेसिडेन्ट मिस्टर साइनेक्स ने मुझे बताया था कि आप यहाँ पर तब से काम कर रहे हैं जब आप बच्चे थे और आप हर सुबह सात बजे आकर यहाँ किसी और के आने से पहले सफ़ाई किया करते थे। 'अब,' उन्होंने कहा था, 'मॉर्गन सेल्स मैनेजर है, परंतु आज भी वह सुबह सात बजे आता है। वह हर सुबह इस ऑफ़िस में आने वाला पहला आदमी होता है।'

"तो, मैंने सोचा, कि सात बजे सुबह यहाँ आने का मतलब यह हुआ कि मॉर्गन थॉमस छह बजे तक उठ जाता होगा। और अगर वह सुबह छह बजे उठ सकता है और इतनी अच्छी तरह दिख सकता है तो मैं भी यह कोशिश करके देखूँगा। और मैंने कोशिश की। मॉर्गन, मैं छह बजे सुबह वाले क्लब में शामिल हो गया हूँ और मैं आज जितना अच्छा महसूस करता हूँ मैंने पहले कभी उतना अच्छा महसूस नहीं किया। यही नहीं, मैं पहले से ज़्यादा काम भी कर पाता हूँ। आपने अधिक धन कमाने में मेरी मदद की है।" मैं जानता हूँ कि मिस्टर थॉमस को यह सुनकर अच्छा लगा कि उन्होंने मेरी मदद की है।

आज मॉर्गन थॉमस गैरेट-बुकानन पेपर कंपनी के प्रेसिडेन्ट हैं, जो अमेरिका में पेपर प्रॉडक्ट्स की दूसरी सबसे बड़ी डिस्ट्रिब्यूटर है। मॉर्गन मेरे सबसे बड़े ग्राहकों में से एक हैं और मैंने उस कंपनी के ज़्यादातर प्रमुख लोगों को बीमा बेचा है।

यह रहा एक सवाल जिसे मैं अनगिनत बार प्रयोग में ला चुका हूँः "आपने यह बिज़नेस किस तरह शुरू किया, मिस्टर रॉथ?"

आदमी इसका आम तौर पर यह जवाब देता हैः "यह एक लंबी कहानी है।" जब वह आदमी खुलने लगता है और अपने बिज़नेस के बारे में बातें करता है, तो मैं हमेशा मंत्रमुग्ध होकर सुनता हूँ कि उसने किस तरह शुरू किया

था, उसकी शुरूआत कितनी छोटी थी, उसकी राह में कठिनाइयाँ कितनी अधिक थीं और किस तरह उसने उन मुश्किलों का सामना करते हुए जीत हासिल की। यह मेरे लिये बहुत बड़ा रोमांस है। यह उसके लिये तो उससे भी बड़ा रोमांस होता है। उसे कभी-कभार ही ऐसा आदमी मिलता है जो उसकी कहानी को पूरा सुनने में इतनी रुचि रखता है। अगर आप उसे प्रोत्साहित करें तो वह अपनी कहानी सुनाना बहुत पसंद करता है। अगर आप सचमुच रुचि लेते हैं और उसे ऐसा लगता है कि उसके अनुभवों से आपको लाभ हो रहा है तो वह कई बार तो बहुत अधिक विस्तार से पूरी बात बताता है।

जब मैं उसके पास से गया तो मैंने कई बातें नोट कर लीं: वह कहाँ पैदा हुआ था, उसकी पत्नी और बच्चों के नाम, उसकी महत्वाकांक्षायें और उसके शौक। मेरे पास आज भी फाइलों में यह सारे रिकॉर्ड हैं जो पच्चीस साल पुराने हैं।

कई बार लोगों को यह आश्चर्य होता है कि मुझे उनके बारे में इतनी सारी बातें कैसे याद रहती हैं। लोगों में सच्ची रुचि लेना मेरे लिये बहुत मददग़ार साबित हुआ है जिस वजह से कई लंबी और भावनात्मक मित्रतायें विकसित हुई हैं।

इस सवाल में कुछ जादुई बात है: "आपने यह बिज़नेस किस तरह शुरू किया ?" इसने मेरी हमेशा बहुत मदद की है और इसके कारण मैं उन सख़्त ग्राहकों से भी सफल इंटरव्यू हासिल कर पाया हूँ, जो व्यस्तता के कारण मुझसे मिलने के लिये तैयार नहीं हो रहे थे। हम एक आम उदाहरण लें। मैंने एक व्यस्त वुड टैंक निर्माता का इंटरव्यू लिया जिसका सेल्समैनों के बारे में एक ही विचार था: उनसे पीछा छुड़ाओ। यह रहा वह इंटरव्यू:

मैं: मिस्टर रॉथ। गुड मॉर्निंग! मेरा नाम बेटगर है और मैं फाइडेलिटी मीच्युअल लाइफ इन्श्योरेंस कंपनी से आया हूँ। क्या आप मिस्टर वॉकर को जानते हैं, जिम वॉकर ? (*मैंने उन्हें जिम वॉकर के द्वारा लिखा गया परिचय का व्यक्तिगत पत्र दिया*)।

रॉथ (*बुरा सा मुँह बनाते हुए... कार्ड को देखते हुए... और फिर इसे मेज़ पर पटकते हुए गुस्से से कहा*) : क्या आप एक और सेल्समैन हैं ?

मैं: हाँ, परंतु...

रॉथ (*मुझे एक भी शब्द बोलने का मौक़ा दिये बिना मेरी बात बीच में काटते हुये*) : आज मेरे ऑफ़िस में आने वाले आप दसवें सेल्समैन हैं। मेरे पास करने के लिये बहुत से महत्वपूर्ण काम हैं। मैं पूरे दिन सेल्समैनों की बकवास

नहीं सुन सकता। देखिये, मुझे तंग मत कीजिये। मेरे पास समय नहीं है!

मैं: मैं यहाँ पर एक मिनट के लिये आया हूँ ताकि आपसे परिचय कर सकूँ, मिस्टर रॉथ। मेरी कॉल का उद्देश्य सिर्फ़ इतना सा है कि मैं आपसे कल के लिये या सप्ताह में बाद में किसी दिन के लिये अपॉइंटमेंट ले लूँ। आपके लिये कौन सा बीस मिनट का समय बेहतर रहेगा, सुबह या दोपहर ?

रॉथः मैं आपको बता चुका हूँ कि मेरे पास सेल्समैनों के लिये कभी समय नहीं है!!!

मैं (*एक मिनट गुज़र चुका है, जबकि मैं फ़र्श पर रखे उसके एक प्रॉडक्ट की जाँच करने में रुचि ले रहा था*) : क्या आप यह बनाते हैं, मिस्टर रॉथ ?

रॉथः हाँ।

मैं (*एक और मिनट मैं उस प्रॉडक्ट को अच्छे से देखता हूँ*) : आप इस बिज़नेस में कब से हैं, मिस्टर रॉथ ?

रॉथः यही कोई... बाईस साल।

मैं: आपने यह बिज़नेस किस तरह शुरू किया ?

रॉथ (*मेज़ के अपने काम को छोड़कर पीछे की तरफ़ टिकते हुए और उत्साहित होते हुये*) : यह एक लंबी कहानी है। जब मैं सत्रह साल का था तो मैं जॉन डो कंपनी के लिये काम करने लगा और दस साल तक उनके लिये माथापच्ची करता रहा, परंतु मुझे वहाँ कोई ख़ास फ़ायदा नहीं हो रहा था, इसलिये मैंने ख़ुद का बिज़नेस शुरू किया।

मैं: क्या आप यहाँ चेल्टेनहैम में पैदा हुये हैं, मिस्टर रॉथ ?

रॉथ (*और अधिक उत्साहित होकर*) : नहीं। मैं स्विट्ज़रलैंड में पैदा हुआ था।

मैं (*सुखद आश्चर्य के साथ*) : क्या सच ? तब तो आप यहाँ पर बहुत छोटी उम्र में ही आ गये होंगे।

रॉथ (*बहुत दोस्ताना ... मुस्कराते हुए*) : मैंने चौदह साल की उम्र में घर छोड़ दिया था। कुछ समय तक मैं जर्मनी में रहा। फिर मैंने अमेरिका आने का फैसला किया।

मैं: इस तरह के बड़े प्लांट को शुरू करने में तो आपको काफ़ी पूँजी लगानी पड़ी होगी ?

रॉथ (*मुस्कराते हुये*) : मैंने 300 डॉलर से यह बिज़नेस शुरू किया था, परंतु मैं इसे बढ़ाकर 3,00,000 डॉलर तक ले गया!

मैं: यह देखना सचमुच रोचक होगा कि यह टैंक किस तरह बनते हैं।

रॉथ (*उठकर उस टैंक के पास आते हुये, जहाँ मैं खड़ा था*) : हाँ, हमें अपने टैंकों पर गर्व है। हमें विश्वास है कि हमारे टैंक बाज़ार में सबसे अच्छे टैंक हैं। क्या आप प्लांट में घूमकर यह देखना चाहेंगे कि यह टैंक किस तरह बनते हैं ?

मैं: मुझे बहुत अच्छा लगेगा!

(रॉथ मेरे कंधे पर हाथ रखते हैं और मुझे प्लांट में ले जाते हैं।)

इस आदमी का नाम है अर्नेस्ट रॉथ जो अर्नेस्ट रॉथ एंड सन्स, चेल्टेनहैम, पेनसिल्वेनिया के मुख्य स्वामी हैं। मैंने उन्हें अपनी पहली कॉल में कुछ नहीं बेचा। परंतु सोलह साल की अवधि में मैंने उनके साथ उन्नीस सेल की हैं और उनके सात पुत्रों में से छह को भी जीवन बीमा बेचा है। मुझे इससे बहुत लाभ हुआ है और मेरा उनके साथ बहुत ही लंबा सुखद संबंध रहा है।

पॉकेट रिमाइन्डर्स

1. "अगर आप किसी आदमी से अपनी बात मनवाना चाहते हैं, तो पहले उसे विश्वास दिलायें कि आप उसके सच्चे मित्र हैं..." -लिंकन।
2. युवकों को प्रोत्साहित करें। यह देखने में उनकी मदद करें कि वे अपने जीवन में किस तरह सफल हो सकते हैं।
3. यह कोशिश करें कि लोग आपको यह बता दें कि जीवन में उनकी सबसे बड़ी महत्वाकांक्षा क्या है। उनकी मदद करें ताकि वे अपने लक्ष्यों को ऊँचा उठायें और उनकी दृष्टि व्यापक हो।
4. अगर किसी ने आपको प्रेरित किया है या आपकी किसी तरह की मदद की है तो इसे गोपनीय न रखें। इसके बारे में उसे बता दें।
5. सामने वाले से पूछें: "आपने यह बिज़नेस किस तरह शुरू किया ?" इसके बाद *अच्छे श्रोता* बन जायें।

21 जब मैंने यह किया तो मेरा हर जगह ज़्यादा स्वागत हुआ

युवावस्था में मेरे साथ एक बहुत बड़ी समस्या थी। अगर मैंने इसे तत्काल दूर करने का तरीक़ा नहीं खोजा होता तो मैं निश्चित रूप से असफल हो जाता। मैं शायद दुनिया का सबसे दुखी आदमी था, आपको मुझसे ज़्यादा दुखी आदमी नहीं मिल सकता था और मेरे पास कारण भी था।

मेरे पिताजी मेरे बचपन में ही गुज़र गये थे और मेरी माँ और पाँच छोटे बच्चों को बिना बीमे के छोड़ गये थे। माँ को हमारे भोजन, कपड़ों और स्कूल की पढ़ाई के लिये दूसरों के कपड़े धोने पड़े और सिलाई करना पड़ी। यह "सुखद नब्बे के दशक" की बात है, हालाँकि हमारे लिये वह दशक उतना सुखद साबित नहीं हुआ। हमारा छोटा सा घर हमेशा ठंडा रहता था। किचन को छोड़कर और कहीं गर्मी नहीं होती थी और हमारे यहाँ फ़र्श पर गलीचा तक नहीं था। उन दिनों बच्चों की संक्रामक बीमारियाँ तेज़ी से फैल रही थीं-- स्मॉल पॉक्स, स्कार्लेट फीवर, टॉइफॉइड फीवर, डिप्थीरिया-- ऐसा लग रहा था मानो हममें से एक या ज़्यादा बच्चे हमेशा ही बीमार रहते थे। बीमारी, भूख, ग़रीबी, और मौत का साया हमारे सिर पर हमेशा मँडराता रहता था और मेरी माँ ने इन बीमारियों में अपने तीन बच्चे खो दिये। तो अब आप समझ गये होंगे कि हमारे पास मुस्कराने के कोई कारण नहीं थे। दरअसल हम लोग मुस्कराने से या ख़ुश दिखने से डरते थे।

जब मैंने बेचना शुरू किया तो मुझे जल्दी ही पता चल गया कि चिंतित, बुरा सा मुँह हमेशा ऐसे परिणाम देता है जो हमेशा एक से होते हैं- आपका कहीं स्वागत नहीं होता और आपको असफलता हाथ लगती है।

मुझे यह समझने में ज़्यादा वक़्त नहीं लगा कि मेरे साथ यह गंभीर समस्या थी और मुझे इसे दूर करना था। मैं जानता था कि मेरे लिये अपने चेहरे के चिंतित भाव को बदलना आसान नहीं होगा, क्योंकि दुख भरे कई सालों की वजह से मेरा चेहरा इस तरह का हो गया था। इसका अर्थ था अपनी ज़िंदगी के नज़रिये को पूरी तरह बदलना। यह रहा वह तरीक़ा जिसे मैंने आज़माया।

इसने *तत्काल* मेरे घर, सामाजिक जीवन और बिज़नेस में परिणाम देना शुरू कर दिया।

हर सुबह पंद्रह मिनट के स्नान के दौरान मैंने एक बड़ी और सुखद मुस्कराहट लाने का संकल्प किया, केवल पंद्रह मिनट के लिये। मुझे जल्दी ही यह पता चला कि यह कोई झूठी, विज्ञापन की मुस्कराहट नहीं हो सकती जिसे मैं अपनी जेब में कुछ डॉलर डालने के लिये विकसित करूँ। यह मुस्कराहट अंदर से आना चाहिये और ईमानदारी भरी मुस्कराहट होना चाहिये, और कुल मिलाकर यह अंदर की ख़ुशी की बाहरी अभिव्यक्ति होना चाहिये।

नहीं, यह पहले तो आसान नहीं था। बार-बार मैंने पाया कि इन पंद्रह मिनटों के दौरान मेरे दिमाग़ में शंका, डर और चिंता के भाव आ रहे थे। परिणाम ? एक बार फिर वही पुराना चिंता से भरा चेहरा! मुस्कराहट और चिंता एक साथ नहीं चल सकते, इसलिये मैंने एक बार फिर अपने आपको मुस्कराने पर विवश किया। तत्काल ख़ुशनुमा, आशावादी विचार वापस लौट आये।

हालाँकि मैं उस समय यह नहीं जानता था, परंतु यह अनुभव हार्वर्ड के महान फिलॉसफर और शिक्षक प्रोफेसर विलियम जेम्स के सिद्धांत को सही साबित करता है: "हमें लगता है कि हमारे कार्य हमारी भावना का अनुसरण करते हैं, परंतु वास्तव में कार्य और भावना साथ-साथ ही चलते हैं और कार्य पर नियंत्रण करने से हम अपनी भावना को नियंत्रित कर सकते हैं क्योंकि अपने कार्यों पर नियंत्रण करना ज़्यादा आसान है, जबकि अपनी भावनाओं को नियंत्रित करना अपेक्षाकृत कठिन है।"

आइये देखें कि अच्छी तरह पंद्रह मिनट मुस्कराने की प्रैक्टिस से मुझे दिन भर कितना फ़ायदा हुआ। किसी आदमी के ऑफ़िस में दाख़िल होते समय मैं एक पल के लिये ठहरता था और उन चीज़ों को याद करता था जिनके लिये मैं कृतज्ञ था और फिर अपने चेहरे पर एक बड़ी सी सच्ची मुस्कराहट लाता था और जब मैं कमरे में दाख़िल होता था तो वह मुस्कराहट मेरे चेहरे से जा ही रही होती थी। इसके बाद बड़ी, ख़ुश मुस्कराहट को लाना आसान था। ऐसा कभी नहीं हुआ कि मेरी इस तरह की मुस्कराहट का जवाब किसी ने बिना मुस्कराये दिया हो। जब मिस सेक्रेटरी अंदर जाकर बॉस को बताती थीं कि मैं उनसे मिलने आया हूँ तो मुझे विश्वास है कि वह उन मुस्कराहटों का कुछ अंश वहाँ छोड़ आती होगी जिनका आदान-प्रदान हमारे बीच बाहर के ऑफ़िस में हुआ था, क्योंकि आम तौर पर वह मुस्कराते हुए ही बॉस के कमरे से बाहर

आती थी।

एक पल के लिये मान लें कि मैं चिंतित होकर गया होता या मेरे चेहरे पर रबर बैंड जैसी मुस्कराहट होती-- उस तरह की मुस्कराहट जो तत्काल ग़ायब हो जाती है-- क्या आपको नहीं लगता कि सेक्रेटरी के चेहरे के भाव देखकर उसका बॉस यह भाँप लेता कि उसे मुझसे नहीं मिलना चाहिये ? फिर बॉस के ऑफ़िस में जाते समय यह मेरे लिये स्वाभाविक था कि मैं उसे एक ख़ुशनुमा मुसकराहट देते हुये कहूँः "मिस्टर लिविंगस्टोन, गुड मॉर्निंग!"

मैंने यह पाया है कि जब मैं सड़क पर जाता हूँ तब भी मेरी बड़ी और ख़ुशनुमा मुस्कराहट से लोग ख़ुश होते हैं, जब मैं उनसे कहता हूँ, "मिस्टर थॉमस!" आम तौर पर कहे जाने वाले वाक्यों की तुलना में जैसे, "गुड मॉर्निंग. .. हाऊ आर यू ?... हलो।" यह अधिक अर्थपूर्ण होता है। अगर आप उसे अच्छी तरह से जानते हैं तो उसका पहला नाम "बिल" लेकर उसे बड़ी मुस्कराहट के साथ पुकारने की कोशिश करें।

क्या आपने कभी यह महसूस किया कि सफलता के अवसर ज़्यादातर उसी के पास होते हैं जिसकी मुस्कराहट सच्ची और उत्साही हो; सफलता के अवसर उसके पास कम होते हैं जो असंतुष्ट, उदास और निराश दिखता है ?

टेलीफोन कंपनियों ने वास्तविक परीक्षणों से यह सिद्ध कर दिया है कि मुस्कराहट के साथ बोली गयी आवाज़ जीतती है। इसी क्षण अपना फोन उठाइये, चर्चा को बड़ी मुस्कराहट के साथ शुरू कीजिये और फ़र्क़ देखिये। यह एक अच्छा विचार होगा कि कोई आदमी फोन के साथ लगने वाले शीशे का आविष्कार करे ताकि हम उस फ़र्क़ को देख सकें।

मैंने पूरे देश में हज़ारों लोगों से केवल तीस दिन के लिये मुस्कराने की शपथ लेने को कहा है कि वे हर आदमी को देखकर ख़ुशनुमा मुस्कराहट दें। आसानी से 75 प्रतिशत लोग इच्छा से अपने हाथ खड़े कर देते थे। इसका परिणाम क्या रहा ? मैं नॉक्सविले, टेनेसी से आये एक पत्र में लिखी बातों को प्रस्तुत करना चाहूँगाः

> मेरी पत्नी और मैं सहमत हो गये थे कि हम अलग हो जायेंगे। ज़ाहिर है कि मैं सोच रहा था कि ग़लती पूरी तरह मेरी पत्नी की ही थी। कुछ दिनों बाद मैंने इस मुस्कराहट के विचार को अमल में लाना शुरू किया और हमारे घर में एक बार फिर ख़ुशहाली लौट आयी। तब जाकर मुझे यह एहसास हुआ कि अपने निराश, हारने वाले

> नज़रिये के कारण मुझे बिज़नेस में घाटा हो रहा था। शाम को मैं घर जाता था और अपनी भड़ास अपनी पत्नी और बच्चों पर निकाल देता था। सारी ग़लती मेरी ही थी, मेरी पत्नी की बिलकुल नहीं थी। एक साल पहले मेरी जो हालत थी, अब वह पूरी तरह बदल चुकी है। मैं ज़्यादा सुखी हो गया हूँ क्योंकि मैं दूसरों को भी सुखी बनाता हूँ। अब हर आदमी मुस्कराहट से मेरा स्वागत करता है। इसके अलावा मेरे बिज़नेस में भी आश्चर्यजनक ढंग से सुधार हुआ है।

यह आदमी मुस्कराहट के परिणामों के बारे में इतना रोमांचित था कि वह मुझे वर्षों तक इसके बारे में लिखता रहा!

डोरोथी डिक्स ने कहा हैः "महिलाओं के शस्त्रागार में मुस्कराहट से शक्तिशाली कोई दूसरा हथियार नहीं है जिससे पुरुष पराजित हो जाते हैं... यह बड़े दुख की बात है कि महिलायें अब ख़ुशनुमा दिखने को न तो गुण मानती हैं, न ही कर्त्तव्य, क्योंकि कोई दूसरा गुण विवाह को इतना सफल नहीं बना सकता और पति को घर में रहने के लिये विवश नहीं कर सकता। ऐसा कोई आदमी नहीं है जो रात को अपने घर की तरफ़ तेज़ी से लौटने के लिये व्याकुल न हो, अगर उसे यह पता हो कि घर के अंदर उसे एक ऐसी महिला मिलेगी जिसकी मुस्कराहट सूरज की रोशनी की तरह गर्माहट और रोशनी प्रदान करेगी।"

मैं जानता हूँ कि आपको मेरी इस बात पर विश्वास नहीं होगा कि आप मुस्कराकर अपने आपको सुखी बना सकते हैं, परंतु फिर भी इसे तीस दिन के लिये आज़माकर देखें। आप जिन लोगों से मिलें, उनमें से हर एक को अपने जीवन की *सर्वश्रेष्ठ* मुस्कराहट दें, जिनमें आपकी पत्नी और बच्चे भी शामिल हैं और यह देखें कि आपको कितना अच्छा अनुभव होता है और आप कितने अच्छे दिखते हैं। चिंता को दूर करने और अपने जीवन को जीने का यह बहुत ही अच्छा उपाय है। जब मैंने यह करना शुरू किया तो मैंने पाया कि मेरा हर जगह पर पहले से ज़्यादा स्वागत होने लगा।

22 नाम और चेहरे याद रखना मैंने कैसे सीखा

एक साल मैंने सेन्ट्रल वाय. एम. सी. ए., 1421 आर्क स्ट्रीट, फिलाडेल्फिया में एक सेल्स कोर्स का प्रशिक्षण दिया। कोर्स के दौरान हमने एक स्मरण शक्ति विशेषज्ञ को बुलाया और उससे तीन रातों तक स्मरण शक्ति का प्रशिक्षण लिया। इस प्रशिक्षण से मुझे यह एहसास हुआ कि किसी आदमी का नाम याद रखना कितना महत्वपूर्ण होता है।

तब से मैं इस विषय पर कई पुस्तकें पढ़ चुका हूँ और कई लेक्चर सुन चुका हूँ। बिज़नेस और सामाजिक संबंधों में मैंने इन सीखे हुए विचारों को अमल में लाने की कोशिश की है। मैंने पाया कि जब मैं इन विशेषज्ञों द्वारा सिखायी गयी तीन चीज़ों को याद रखता हूँ तो मेरे लिये नाम और चेहरे याद रखना ज़्यादा मुश्किल नहीं होताः

1. इम्प्रेशन *2. रिपीटीशन* *3. एसोसियेशन*

अगर आपको इन तीन नियमों को याद रखने में किसी तरह की मुश्किल आये, जैसी कि मुझे आयी थी तो इस छोटे से आसान विचार को जान लें ताकि आपके लिये इन्हें भूलना असंभव हो जाये। मैंने इरा (Ira) नाम के बारे में सोचा। I-R-A इन तीन शब्दों के पहले अक्षर हैं। आइये हम हर एक का विश्लेषण करने में कुछ समय दें।

1. *इम्प्रेशन*

मनोवैज्ञानिक हमें बताते हैं कि हमारी अधिकांश स्मरण शक्ति की समस्यायें तो दरअसल स्मरण शक्ति की समस्यायें हैं ही नहीं; वे तो सिर्फ़ अवलोकन की समस्यायें हैं। मुझे लगता है कि मेरे साथ काफ़ी हद तक यही समस्या थी। मैं किसी आदमी के चेहरे को तो अच्छी तरह से देख लेता था, परंतु आम तौर पर मैं उसके नाम को पूरी तरह से नहीं जान पाता था। या तो परिचय के वक़्त मैं उसके नाम को सुनता ही नहीं था या फिर मैं उसके नाम को ठीक से नहीं सुन पाता था। अनुमान लगाइये कि तब मैं क्या करता था?

आप सही हैं। कुछ नहीं! मैं इस नाम को छोड़ देता था जैसे इस नाम का मेरे लिये कोई अर्थ ही न हो। परंतु अगर सामने वाला व्यक्ति मेरे नाम की तरफ़ ध्यान नहीं देता था, तो मुझे बुरा लग जाता था। अगर वह मेरे नाम में सच्ची रुचि लेता था, यह सुनिश्चित कर लेता था कि उसने इसे सही सुना है तो मैं हमेशा बहुत ख़ुश होता था। मैं इस पहले नियम के महत्व से इतना प्रभावित हुआ कि मैं यह सोचने लगा कि अगर मैं किसी का नाम ध्यान से और सही तरह से न सुनूँ तो यह एक अक्षम्य अशिष्टता होगी।

आप किसी नाम को सही तरह से कैसे सुन सकते हैं ? अगर आप किसी के नाम को स्पष्ट नहीं सुन सकते तो यह कहना पूरी तरह से उचित होगाः "क्या आप अपने नाम को फिर से बतायेंगे ?" फिर भी अगर आप पूरी तरह से आश्वस्त न हों, तो यह पूछना भी उचित होगाः "आई एम सॉरी, परंतु क्या आप इसकी स्पेलिंग बतायेंगे ?" क्या सामने वाले व्यक्ति को इस बात का बुरा लग सकता है कि आप उसके नाम में सच्ची रुचि ले रहे हैं ? मैंने तो ऐसा कभी नहीं सुना।

तो नाम और चेहरे याद रखने में मुझे जिस पहली चीज़ ने मदद की वह यह थी कि मैं अपने आपको भूल जाता था और सामने वाले आदमी पर, उसके चेहरे पर और उसके नाम पर पूरा ध्यान केंद्रित करता था। इससे मुझे अजनबियों के साथ मिलने पर ख़ुद के बारे में ज़रूरत से अधिक सचेत होने की आदत से भी छुटकारा मिला।

लोग कहते हैं कि आँखें दरअसल हमारे द्वारा देखी गयी हर चीज़ का मानसिक चित्र ले लेती हैं। इसे सिद्ध करना आसान है क्योंकि आप अपनी आँख बंद करके भी किसी अजनबी के चेहरे को उतनी ही स्पष्टता से देख सकते हैं जैसे आप उसकी तस्वीर को देख रहे हों। आप *नाम* के साथ भी यही कर सकते हैं।

मुझे आश्चर्य हुआ कि जब मैंने किसी के चेहरे पर सचमुच ध्यान दिया और उसके नाम की *स्पष्ट छवि* अपने दिमाग़ में बिठा ली तो फिर मुझे उस नाम और चेहरे को याद रखने में कितनी कम मुश्किल आयी।

2. *रिपीटीशन*

क्या आप किसी से परिचय होने के दस सेकंड के भीतर किसी अजनबी का नाम भूल जाते हैं ? मैं तो भूल जाता हूँ अगर मैं इसे तत्काल कई बार उस

समय न दोहराऊँ जब यह मेरे दिमाग़ मे ताज़ा हो। हम उसके नाम को तत्काल दोहरा सकते हैं: "आप कैसे हैं, मिस्टर मसग्रेव।"

फिर चर्चा के दौरान, अगर मैं उसके नाम को किसी तरह से इस्तेमाल कर सकता हूँ तो इससे भी मुझे मदद मिलती है: "क्या आप डेस मॉइन्स में पैदा हुये थे, मिस्टर मसग्रेव?" अगर इस नाम का उच्चारण कठिन है तो इससे बचना उचित उपाय नहीं है। ज़्यादातर लोग ऐसे समय में इसके प्रयोग से बचते हैं। अगर मुझे नहीं मालूम कि किसी नाम का उच्चारण कैसे किया जाता है तो मैं सीधे-सीधे पूछ लेता हूँ: "क्या मैं आपके नाम का सही उच्चारण कर रहा हूँ?" मैंने देखा है कि लोग अपने नाम के सही उच्चारण में आपकी मदद करने के लिये ख़ुशी-ख़ुशी तैयार रहते हैं। अगर दूसरे लोग वहाँ पर उपस्थित होते हैं तो वे भी ख़ुश होते हैं। इससे नाम को समझना और उसे याद रखना उनके लिये भी आसान हो जाता है।

अब ऐसा करने के बाद अगर आप किसी के नाम को भूल जाते हैं तो आप संकट में पड़ सकते हैं और मेरे भूलने की संभावना काफ़ी रहती है जब तक कि मैं इस नाम को चर्चा में बोलकर प्रयोग करने के साथ-साथ चर्चा के दौरान चुपचाप कई बार न दोहरा लूँ।

इसी तरह, अगर आप यह सुनिश्चित कर लेना चाहते हैं कि वह आपका नाम न भूले, तो आप अपने ख़ुद के नाम को दोहराने का मौक़ा आम तौर पर ढूँढ सकते हैं-- शायद इस तरह: "... और उसने मुझसे कहा, 'मिस्टर बेटगर, यह साल हमारे लिये बहुत ही अच्छा रहा'।"

अक्सर जब मैं किसी आदमी से विदा लेता हूँ तो मैं मौक़ा पाते ही उसका नाम लिख लेता हूँ। नाम को सिर्फ़ लिखा हुआ देखना ही एक बड़ा लाभ होता है।

कई लोगों से एक साथ पहली बार मिलना किसी को भी कष्ट में डाल सकता है। फिलाडेल्फिया के प्रसिद्ध बिल्डर्स सप्लाई एंड कोल मर्चेन्ट हेनरी ई. स्ट्रैथमैन मेरे मित्र हैं। उन्होंने मुझे एक विचार दिया जिसने मेरी मदद की है।

हेनरी की स्मरण शक्ति कभी ख़राब थी, परंतु उन्होंने नाम, चेहरे और तथ्य याद रखने की इतनी उल्लेखनीय योग्यता विकसित कर ली कि अब वे अपने तरीक़ों का प्रदर्शन बड़ी बैठकों में शौक से करते हैं। मैं मिस्टर स्ट्रैथमैन को कोट (quote) करंना चाहूँगा:

ग्रुप मीटिंग में एक बार में तीन या चार नाम ले लें और कुछ क्षणों

तक इन नामों पर ही अपना ध्यान केंद्रित करें। इसके बाद अगले समूह के नाम पर ध्यान केंद्रित करें। उनके नामों से किसी तरह का वाक्य बनाने की कोशिश करें ताकि वे आपके दिमाग़ में बैठ जायें। उदाहरणः पिछले सप्ताह एक डिनर में मैं पचास लोगों से मिला, जिनमें पुरुष और महिलायें दोनों शामिल थे। टोस्टमास्टर ने एक टेबल पर बैठे अतिथियों का परिचय करवाया। यह नाम पुकारे गयेः "कैसल"... "कैमरर"... "ओवेन्स"... "गुडविन"... "कैसर"। वाक्य बनाने के लिये यह डक सूप की तरह था और मैंने उन्हें एसोसियेशन की शक्ति बताते हुए यह कहाः "यह प्रथम विश्वयुद्ध की तस्वीर तक ले जाता है। *कैसर* एक *कैसल* का मालिक था। *कैमरा* बता रहा था कि यह *गुडविन* था।"... यह बहुत प्रभावी है और आपके साथ लंबे समय तक रहेगा। यह वाक्य हमेशा इसी क्रम में नहीं जमते, परंतु अगर आप इस तरह के वाक्यों के प्रति जागरूक हो जायें तो आपको आश्चर्य होगा कि आप अक्सर इस तरह के वाक्य बना सकते हैं। एक या दो के समूह में कई द्विअर्थी वाक्य आसानी से दिमाग़ में आ जाते हैं जो आपके लिये इम्प्रेशन या छवि को बिठा लेते हैं।

मैंने हाल ही में इस विचार का लाभ उठाया। मैं चार दंतचिकित्सकों की समिति से मिला। चेयरमैन डॉ. हॉर्वर्ड के. मैथ्यूज़ ने मेरा परिचय कराया। उन्होंने कहाः "मिस्टर बेटगर, डॉ. डोलक, डॉ. ग्रीन, और डॉ. हैंड से हाथ मिलाइये।" जब मैंने हाथ मिलाये तो मैंने यह कल्पना की कि प्रख्यात शिष्य सेंट मैथ्यू फिर से जीवित हो गये हैं और एक प्रसिद्ध दंतचिकित्सक बन गये हैं और वे इस समिति के चेयरमैन बन गये हैं। डॉ. मैथ्यूज़ के पास अनाज नहीं था, परंतु डोलक के पास उसके हैंड (हाथ) में बहुत सी *ग्रीन* (हरी) सब्ज़ियाँ थीं।"

यह मूर्खतापूर्ण कथा-वाक्य बनाने के कारण मेरे लिये यह *आसान* हो गया कि मीटिंग के दौरान मैं हर डॉक्टर का नाम बोल सकूँ। जिस तरह हेनरी स्ट्रैथमैन ने मुझे बताया है मैंने अक्सर यह पाया है कि यह चित्र मेरे साथ लंबे समय तक बने रहते हैं।

क्या आप कभी इस बात से शर्मिंदा हुये हैं कि आप लोगों का परिचय करवाने में असमर्थ रहे हैं, क्योंकि किसी का नाम आपको उस समय याद नहीं आ रहा था ? मैं ऐसे किसी फॉर्मूले को नहीं जानता जो इस असफलता से पीछा छुड़ा दे। परंतु कई चीज़ें हैं जिनसे नाम याद रखने की अपनी योग्यता सुधारने

में मुझे बहुत मदद मिली है।

पहलीः *ज़्यादा तनाव में न रहें*। यह एक ऐसी स्थिति है जो किसी के साथ भी हो सकती है और अक्सर होती भी है। मैंने पाया है कि सर्वश्रेष्ठ चीज़ इसे हँसी में उड़ा देना है और यह स्वीकार कर लेना है कि मैं इस समय नर्वस हूँ। ग्रूशो मार्क्स ने यह कहकर इसे हँसी में उड़ा दिया थाः "मैं कभी कोई चेहरा नहीं भूलता, परंतु आपका प्रकरण एक अपवाद है!"

दूसरा- *जब भी आप किसी के पास से गुज़रें आप उसे उसके नाम से पुकारें*। केवल "हलो" या "आप कैसे हैं ?" कहने के बजाय यह कहें "मिस्टर फौलन्सबी! या चार्ल्स!" फिर जब वह चला जाये तो उसके पूरे नाम को कई बार दोहरा लेंः "चार्ल्स एल. फौलन्सबी. .. चार्ल्स एल. फौलन्सबी।"

चूँकि लोगों को अपना नाम सुनना पसंद होता है इसलिये क्यों न हम हर अवसर पर हर एक का नाम बोलने की आदत डाल लें चाहे वह आपकी कंपनी का प्रेसिडेन्ट हो, आपका पड़ोसी हो, बूटब्लैक हो, वेटर हो, कैडी हो या पुलमैन पोर्टर हो। मैं हमेशा आश्चर्य के साथ देखता हूँ कि इससे लोगों को बहुत फ़र्क़ पड़ता है। और मैंने पाया है कि जब मैं ज़्यादा लोगों को नाम से बुलाने लगा तो नाम याद रखने की मेरी स्मरणशक्ति बेहतर हो गयी।

तीसरी- *यदि संभव हो तो किसी नाम से परिचित होने का पहले से समय निकालें*। स्मरण शक्ति के विशेषज्ञ यही करते हैं। लंच या डिनर पर बोलने से पहले वे उस संगठन की सदस्यता सूची हासिल करते हैं और नामों तथा बिज़नेसों का अध्ययन करते हैं। फिर मीटिंग के दौरान विशेषज्ञ किसी सदस्य से श्रोताओं में जमा लोगों की तरफ़ इशारा करने को कहता है। जब वह बोलने के लिये खड़ा होता है तो वह लोगों को पहचानने की अपनी योग्यता से सबको चमत्कृत कर देता है क्योंकि वह हर आदमी को उसके पूरे नाम और बिज़नेस के साथ बुलाता है।

छोटे रूप में हम भी इस विचार का प्रयोग कर सकते हैं। मेरा क्या अभिप्राय है, यहाँ पर बताया जा रहा है। सालों पहले मैं बेन फ्रैंकलिन क्लब और ऑप्टिमिस्ट क्लब का नियमित सदस्य था और मुझे शर्म आती थी कि मैं

जिन लोगों को जानता था, उन क्लब के सदस्यों को मैं उनके नाम से नहीं बुला पाता था। फिर मैंने मीटिंग में भाग लेने से पहले सदस्यता सूची का अवलोकन करने की आदत डाली। जल्दी ही मुझे तत्काल नाम लेने की अपनी नयी योग्यता पर इतना विश्वास हो गया कि मैं सदस्यों से बचने के बजाय चारों तरफ़ हाथ मिलाने लगा। मैं इन लोगों की तरफ़ सिर्फ़ परिचय से आगे बढ़ गया था और मैंने उन्हें अपना दोस्त बना लिया था।

रिपीटीशन या दोहराने का असली रहस्य हैः कुछ समय बाद दोहराना। उन लोगों के नामों की सूची बनायें जिनके नाम आप याद रखना चाहते हैं या और भी कुछ जो आप याद रखना चाहते हों और सोने जाने से ठीक पहले उस पर नज़र डाल लें, यही काम आप अगले दिन सुबह उठते ही करें और फिर अगले सप्ताह यही करें। मुझे विश्वास है कि अगर आप किसी चीज़ को बार-बार और समय-समय पर दोहरायेंगे तो आप कुछ भी याद रख सकते हैं।

3. एसोसियेशन

अब जो आप याद रखना चाहते हैं उसे आप अपनी याददाश्त में कैसे बनाये रख सकते हैं? एसोसियेशन (साहचर्य या संबंध) बिना किसी संदेह के इकलौता सबसे महत्वपूर्ण तत्व है।

हम अक्सर अपनी इस क्षमता पर आश्चर्यचकित हो जाते हैं कि हमें अपने बचपन की घटनायें याद रहती हैं, ऐसी चीज़ें जिनके बारे में हमने कभी विचार नहीं किया था और जिन्हें हम स्पष्ट रूप से भूल चुके थे। उदाहरण के तौर पर मैं न्यू जर्सी के ओशीन सिटी में एक बड़े सर्विस स्टेशन में पेट्रोल लेने गया। स्टेशन के मालिक ने मुझे पहचान लिया हालाँकि हमें मिले चालीस साल से अधिक हो चुके थे। मैं शर्मिंदा था क्योंकि मुझे यह याद नहीं आ रहा था कि मैं इस आदमी से पहले कभी मिला था।

अब यह देखें कि एसोसियेशन की शक्ति किस तरह कार्य करती है।

"मैं चार्ल्स लॉसन हूँ," उसने उत्साह से कहा। "हम जेम्स जी. ब्लेन ग्रामर स्कूल में इकट्ठे पढ़े थे।"

उसका नाम मुझे जाना-पहचाना नहीं लगा और अगर उसने मुझे नाम से नहीं बुलाया होता और जेम्स जी. ब्लेन ग्रामर स्कूल का ज़िक्र नहीं किया होता तो मुझे विश्वास हो गया होता कि वह ग़लती पर था। परंतु मेरे चेहरे पर कोई भाव नहीं आया, इसलिये उसने आगे कहाः "क्या तुम्हें बिल ग्रीन याद

है ?... क्या तुम्हें हैरी शिमट याद है ?"

"हैरी शिमट! बिलकुल!" मैंने जवाब दिया। "हैरी मेरा सबसे अच्छा दोस्त है।"

"क्या तुम्हें वह सुबह याद नहीं है जब स्मॉल पॉक्स की महामारी के कारण ब्लेन स्कूल बंद हो गया था और हम सब लोग फेयरमाउन्ट पार्क गये थे और बॉल गेम में टीम बँटकर खेले थे। आप और मैं एक ही टीम में थे। आप शॉर्ट खेले थे और मैं सेकंड बेस में खेला था।"

"चक लॉसन!" मैं चीख़ा और अपनी कार से कूदकर मैंने उसके हाथ को कसकर हिलाया। चक लॉसन ने एसोसियेशन की शक्ति का प्रयोग किया था और इसने जादू की तरह काम किया!

दूसरे लोगों को अपना नाम याद रखने में मदद करना

क्या लोगों को आपका नाम याद रखने में मुश्किल आती है ? एक बार मैंने ख़ुद से कहाः "देखो बेटगर, आपका ख़ुद का नाम अजीब है। क्यों न इसे याद रखने में सामने वाले आदमी की मदद की जाये ?" थोड़ा सोचने के बाद मेरे दिमाग़ में यह विचार आयाः परिचय देते समय मैं ख़ुद का नाम दोहराता था और फिर थोड़ा मुस्कराकर कहता थाः "इसका उच्चारण है 'बेट-चर लाइफ!' बेटगर।" आम तौर पर सामने वाला भी यह सुनकर मुस्कराता था और फिर दोहराता थाः "आप बेट-चर लाइफ!" अगर यह बिज़नेस का परिचय होता था तो मैं कहता थाः "बेट-चर लाइफ इन्श्योरेंस... बेटगर।" जब मैं अपना नाम फोन पर बताता था जहाँ मैंने महीनों से बात नहीं की थी तो फोन ऑपरेटर या सेक्रेटरी अक्सर यह कहती थीः "अरे, हाँ, मिस्टर बेट-चर लाइफ!"

मुझे विश्वास है कि ज़्यादातर लोग सचमुच आपका नाम याद रखना चाहते हैं और उसे याद न रख पाने की वजह से शर्मिंदा होते हैं। अगर आप इसे याद रखने का कोई आसान तरीक़ा सुझाते हैं तो उन्हें अच्छा लगता है।

जब आप किसी ऐसे आदमी से मिलें जिससे आप लंबे समय से नहीं मिले हों, तो मैं सोचता हूँ कि हमें अपना नाम तत्काल बता देना चाहिये। उदाहरण के लियेः "आप कैसे हैं, मिस्टर जोन्स, मेरा नाम टॉम ब्राउन है। मैं

आपसे अक्सर पेन ए. सी. में मिला करता था।" यह शर्मिंदगी का कोई भी मौक़ा नहीं छोड़ता। मैंने पाया है कि लोग इसे पसंद करते हैं।

सामने वाला अक्सर आपकी मदद करेगा कि आप उसका नाम याद रख पायें, बशर्ते कि आप उससे इस बारे में मदद माँगें। मैं आपको एक उदाहरण दे दूँः हाल ही में मैं टुलसा, ओक्लाहामा में कई नये लोगों से मिला। एक आदमी के नाम एस. आर. क्लिंकस्केल्स ने मुझे कष्ट दिया। हमारे परिचय के रिव्यू से आपको पता चल जायेगा कि उसने मेरे लिये यह कितना आसान बना दियाः

बेटगरः क्या आप अपना नाम दोहरायेंगे ?

(*अजनबी ने अपना नाम दोहराया, परंतु यह मुझे "क्लिक्ज़टज़" जैसा सुनाई दिया।*)

बेटगरः आई एम सॉरी, क्या आप इसकी स्पेलिंग बतायेंगे ?

अजनबीः C-l-i-n-k-s-c-a-l-e-s

बेटगर। क्लिंकस्केल्स। यह एक असामान्य नाम है। मुझे याद नहीं कि मैंने यह नाम पहले कभी सुना हो। क्या ऐसा कोई तरीक़ा है जिससे मैं इसे आसानी से याद रख सकता हूँ ?

क्या उसे बुरा लगा ? ज़रा भी नहीं। मुस्कराते हुए उसने कहाः "ज़रा कल्पना कीजिये कि आप मुझे क्लिंक में फेंकते हुए देख रहे हैं और आपके हाथ में *स्केल्स* यानी तराजू है... *क्लिंक-स्केल्स!*"

मूर्खतापूर्ण ? बिलकुल! यही इसके अच्छे होने का कारण है। उसने मुझे एक एक्शन पिक्चर दी थी। मेरे लिये उसे या उसके नाम *क्लिंकस्केल्स* को भूल पाना असंभव होगा।

बाद में मैं "क्लिंक" से अप्रत्याशित रूप से एनिड, ओक्लाहामा में मिला और मैंने उसे तत्काल नाम से बुलाया। "क्लिंक" सचमुच ख़ुश हुआ और ज़ाहिर है कि मैं भी।

अगर किसी नाम को याद रखना बहुत ही कठिन हो तो मैं इसके इतिहास के बारे में पूछता हूँ। कई विदेशी नामों के पीछे एक रोमांटिक इतिहास होता है। कोई भी आदमी मौसम के बजाय अपने नाम के बारे में बात करना चाहेगा और यह हज़ार गुना अधिक रोचक होता है।

कई बार तो नाम याद रखने का पुरस्कार बहुत ज़्यादा होता है और उसे

याद रखने में आपके द्वारा किया गया अतिरिक्त प्रयास बहुत कम होता है। मेरे एक पुराने दोस्त ने, जो अपने नाम को गोपनीय रखना चाहता है, मुझे बताया कि उसने 441 "एक्स" चेन स्टोर्स के हर मैनेजर के नाम को याद कर लिया। वह हर मैनेजर को उसके पहले नाम से बुलाता था। इसके अलावा, उसने यह संकल्प किया कि वह उनकी पत्नी और बच्चों के नाम भी पता क.रेगा। जब भी कोई नया बच्चा पैदा होता था या जब भी कोई बीमार होता था या कष्ट में होता था तो बिल वहाँ पर यह देखने के लिये पहुँच जाता था कि वह क्या मदद कर सकता है।

बिल जब उन्नीस साल का था तो वह आयरलैंड से अमेरिका आया था। उसने एक चेन स्टोर में सफ़ाई का काम ले लिया और उसे मन लगाकर करने लगा। वह कुछ साल बाद कंपनी का वाइस-प्रेसिडेन्ट बन गया और जब वह बावन साल की उम्र में रिटायर हुआ तो वह एक अमीर आदमी था।

नाम और चेहरे याद रखने के कारण बिल वाइस-प्रेसिडेन्ट नहीं बना, परंतु उसका मानना है कि यह भी सीढ़ी का एक महत्वपूर्ण क़दम था।

मैंने उससे पूछा कि क्या उसने कभी कोई स्मरण शक्ति का कोर्स किया है। "नहीं," उसने हँसते हुये कहा। "पहले जब मेरी याददाश्त इतनी अच्छी नहीं थी तब मैं एक बड़ी नोटबुक रखा करता था। किसी स्टोर मैनेजर के साथ सामान्य, दोस्ताना चर्चा में मैं उसके परिवा.र के सदस्यों के नाम जान लेता था, उसके बच्चों की उम्र भी। जैसे ही मैं अपनी कार में पहुँचता था मैं इन नामों और अन्य रोचक तथ्यों को लिख लेता था। कुछ साल बाद मुझे अपने नोट्स देखने की ज़रूरत शायद ही कभी पड़ी हो, मुझे सिर्फ़ नये कर्मचारियों के लिये नोट्स देखने पड़ते थे।"

सेल्समैन के अपने काम में मैंने पाया है कि क्लायेन्ट्स और प्रॉस्पेक्ट्स के नाम याद रखना ही महत्वपूर्ण नहीं है, बल्कि सेक्रेटरी, फोन ऑपरेटर और अन्य सहयोगियों के नाम याद रखना भी महत्वपूर्ण है। उनका नाम लेकर उनसे बात करने से उन्हें महत्त्व का अनुभव होता है। और वे महत्वपूर्ण हैं! दरअसल, उनके दोस्ताना सहयोग के महत्त्व को बढ़ा-चढ़ाकर बताना मुश्किल है।

मैं उन बहुत से लोगों की बातें सुनकर आश्चर्यचकित होता हूँ जब वे बताते हैं कि उन्हें नाम याद नहीं रहते। वे इस कारण बहुत परेशान रहते हैं, परंतु उन्हें लगता है कि वे इस बारे में कुछ नहीं कर सकते। क्यों न इसकी एक छोटी सी गुप्त हॉबी विकसित की जाये ? बहुत ही कम समय में आपको यह पता चलेगा कि आपको अपनी आशा से अधिक नाम और चेहरे याद रहते हैं

और आपको इसमें मज़ा भी आता है। एक सप्ताह तक अपने साथ तीन बाई पाँच के कार्ड रखें जिनमें यह तीन नियम लिखे हों। सिर्फ़ एक सप्ताह तक इन नियमों का पालन करने का संकल्प करें:

1 *इम्प्रेशन*: उसके नाम और चेहरे की छवि को बिठा लें।

2 *रिपीटीशन*: उसके नाम को कुछ समय बाद बार-बार दोहरायें।

3 *एसोसियेशन*: एक्शन पिक्चर के साथ नाम को जोड़ लें; यदि संभव हो तो उस व्यक्ति के बिज़नेस को भी इसमें शामिल कर लें।

23 वह सबसे बड़ा कारण जिसकी वजह से सेल्समैन बिज़नेस गँवाते हैं

पुरानी बात है। जब मार्क ट्वेन मिसिसिपी में नावों को पायलट कर रहे थे, तब रॉक आईलैन्ड रेलरोड ने यह फैसला किया कि वह रॉक आइलैन्ड, इलिनॉय और डेवनपोर्ट, आयोवा के बीच नदी पर एक पुल बनायेगी। स्टीमबोट कंपनियाँ अपने बिज़नेस से बहुत पैसा कमा रही थीं। उनका व्यापार फल-फूल रहा था। गेहूँ, क्योरड मीट और अन्य कई प्रॉडक्ट्स जिनके उत्पादन में हमारे शुरूआती रहवासी समर्थ थे बैलगाड़ियों और ऊँचे पहियों की वैगन में मिसिसिपी तक लाये जाते थे और उन्हें जलमार्ग द्वारा नदी के पार ले जाया जाता था। स्टीमबोट के मालिक यह मानते थे कि नदी के पार सामान लाने-ले जाने का अधिकार उन्हीं का है, जैसे उन्हें यह अधिकार ईश्वर ने ही दे रखा हो।

अगर रेलरोड पुल बनाने में सफल हो जाती तो उन्हें गंभीर प्रतियोगिता का ख़तरा था, इसलिये उन्होंने इसके निर्माण को रोकने के लिये कोर्ट में याचिका दायर की। परिणामः एक बड़ा मुकदमा। अमीर स्टीमबोट मालिकों ने पैरवी के लिये जज वीड को नियुक्त किया, जो उस समय नदी संबंधी मामलों के चोटी के वकील माने जाते थे। यह प्रकरण आवागमन के इतिहास में सबसे प्रसिद्ध मुकदमों में से एक बन गया।

मुकदमे के आख़िरी दिन, कोर्ट खचाखच भरा हुआ था। जज वीड ने कोर्ट के सामने अपनी अंतिम बातें रखते हुए जनता को दो घंटे तक मंत्रमुग्ध रखा। उन्होंने यह इशारा भी किया कि ज़बर्दस्त विवाद के कारण संघीय ढाँचे का विघटन भी हो सकता है। उनके ज़ोरदार भाषण के अंत में जनता की तालियों की आवाज़ दूर-दूर तक सुनी जा सकती थी।

जब रॉक आईलैन्ड का वकील बोलने के लिये खड़ा हुआ तो श्रोताओं की सहानुभूति उसके साथ थी। क्या वह दो घंटे तक बोला ? नहीं! वह सिर्फ़ एक मिनट बोला। उसने जो कहा, वह सारांश में यह थाः “पहले तो मैं अपने

विरोधी को उनके अद्भुत भाषण के लिये बधाई देना चाहूँगा। मैंने पहले कभी इतना अच्छा भाषण नहीं सुना। परंतु, जेन्टलमैन ऑफ द ज्यूरी, जज वीड ने मुख्य मुद्दे को थोड़ा ढँक दिया है। आख़िरकार, जो लोग पूर्व से पश्चिम यात्रा करते हैं उनकी माँगें उन लोगों से कम नहीं होतीं जो नदी के इस पार से उस पार जलमार्ग से जाते हैं। आपके लिये इकलौता सवाल यह फैसला करना है कि क्या आदमी को जलमार्ग से जाने का अधिकार है, परंतु क्या उसे किसी और तरीक़े से नदी पार करने का अधिकार नहीं है।"

फिर वह बैठ गया।

ज्यूरी को निर्णय पर पहुँचने में बहुत समय नहीं लगा और उनका फैसला उस ख़राब कपड़े पहने, लंबे, दुबले, अनजाने देहाती वकील के पक्ष में हुआ। उसका नाम अब्राहम लिंकन था।

मैं अब्राहम लिंकन का बहुत बड़ा प्रशंसक हूँ और इसका एक कारण यह भी है कि वे तत्काल मुद्दे की बात पर आ जाते थे। वे संक्षिप्तता के विशेषज्ञ थे। उन्होंने दुनिया के इतिहास में सबसे प्रसिद्ध भाषण दिया। उनसे पहले बोलने वाले वक्ता ने मंच से बोलते हुये दो घंटे का भाषण दिया। इसके बाद लिंकन बोले-- सिर्फ़ *दो मिनट* के लिये। किसी को याद नहीं है कि एडवर्ड एवरेट ने क्या कहा था, परंतु अब्राहम लिंकन का गेटिसबर्ग भाषण हमेशा याद रखा जायेगा। लिंकन के भाषण पर एवरेट की प्रतिक्रिया उस पत्र में लिखी हुई थी जिसे एवरेट ने अगले दिन लिंकन को लिखा था। यह सामान्य शिष्टाचार से अधिक थीः *मुझे ख़ुशी होगी अगर मैं ख़ुद को यह विश्वास दिला सकूँ कि दो घंटे में मैं उस अवसर के मुख्य मुद्दे के उतना क़रीब आया होऊँ जितना कि आप दो मिनट में आ गये थे।*

सालों पहले, मुझे लेखक और वक्ता जेम्स हॉवर्ड ब्रिज से परिचित होने और मिलने का दुर्लभ अवसर मिला था जो युवावस्था में महान अँग्रेज दार्शनिक हरबर्ट स्पेन्सर के सेक्रेटरी थे। उन्होंने मुझे बताया कि हरबर्ट स्पेंसर का मानसिक संतुलन बहुत जल्दी गड़बड़ा जाता था। स्पेंसर लंदन के जिस बोर्डिंग हाउस में रहते थे, वहाँ की टेबल पर फालतू की बकवास बहुत होती थी। स्पेंसर ने अपने उन दोस्तों पर जीत हासिल करने की सोची जो बहुत ज़्यादा देर तक बोलते थे। उन्होंने कान में लगाने वाले कॉटन पैड का आविष्कार किया जिन्हें हम आजकल ज़ीरो वेदर में इस्तेमाल करते हैं। जब चर्चा ज़्यादा बोरिंग हो जाती थी, तो वे इससे बचने के लिये अपने कोट की जेब से पैड निकालते थे और अपने कानों में लगा लेते थे!

ज़्यादा बोलना सभी सामाजिक दोषों में सबसे बुरे दोषों में से एक है। अगर आपमें यह दोष है तो आपका सबसे अच्छा दोस्त आपको यह बात नहीं बतायेगा, परंतु वह आपसे बचता फिरेगा। मैं इस विषय पर इसलिये लिख रहा हूँ क्योंकि यह मेरी ज़िंदगी का भी एक ऐसा दोष रहा है जिससे मुझे जूझना पड़ा है। ईश्वर जानता है कि अगर कोई आदमी बहुत ज़्यादा बोलता था तो वह यही आदमी था जिसका नाम फ्रैंक बेटगर था।

मेरा एक अच्छा दोस्त मुझे एक बार अलग ले गया और उसने कहाः "फ्रैंक, मैं तुमसे कोई ऐसा सवाल नहीं पूछ सकता जिसका जवाब तुम पंद्रह मिनट से कम समय में दे सको, जबकि तुम्हें एक वाक्य में उसका जवाब दे देना चाहिये था।" परंतु जिस बात ने मुझे हिला दिया और जगा दिया वह एक व्यस्त एक्ज़ीक्यूटिव के इंटरव्यू के दौरान हुई जब उसने कहाः "आप मुद्दे की बात पर आयें! इन सारे विवरणों की कोई ज़रूरत नहीं है।" उसे आँकड़ों में कोई ख़ास दिलचस्पी नहीं थी। वह जवाब चाहता था।

मैं सोचता हूँ कि इस वजह से मैंने बहुत सी सेल्स गँवायी होंगी, अपने दोस्तों को बोर किया होगा और ख़ुद का समय भी बर्बाद किया होगा। मैं संक्षिप्त होने के महत्व को इतना अधिक समझ चुका था कि मैंने अपनी पत्नी से कहा कि जब भी मैं इधर-उधर भटक जाऊँ तो वह अपनी उँगली उठाकर मुझे रोक दे। मैं विस्तारपूर्वक विवरण देने से उसी तरह बचने की कोशिश करने लगा जिस तरह मैं रैटलस्नेक से बचने की कोशिश करता था। आख़िर, जब कई महीने गुज़र गये तो मैंने कम बोलना सीख लिया, परंतु आज भी यह एक युद्ध है। कुछ ही समय पहले मैंने यह पाया कि जब मैं अपनी बात पूरी कह चुका था, उसके बाद भी मैं पंद्रह मिनट तक बोलता रहा। इसका कारण सिर्फ़ यह था कि मेरी बोलने की इच्छा हो रही थी और मुझे बोलना अच्छा लग रहा था।

चर्चा का अंत करने की आपकी क्षमता कैसी है? क्या आप कभी अपनी बात ख़त्म करने के बाद भी बोलना बंद नहीं करते? क्या आप कभी यह जान पाते हैं कि आप बहुत अधिक डिटेल में जा रहे हैं? जब भी आपको लगे कि आप बहुत लंबे समय तक बोल रहे हैं तो रुक जाइये! अपने आप पर अलार्म क्लॉक फिट कर लीजिये। अगर आपका श्रोता आपके रुकने पर ज़ोर नहीं देता तो आप समझ सकते हैं कि आप भटक गये हैं।

कोई सेल्समैन बहुत ज़्यादा नहीं *जान* सकता, परंतु वह बहुत ज़्यादा *बोल* सकता है। जनरल इलेक्ट्रिक के वाइस प्रेसिडेन्ट हैरी अर्लिकर जो विश्व

में सबसे बड़े ख़रीदारों में से एक थे, ने एक बार कहा था : "परचेज़िंग एजेन्ट्स की हाल में हुई एक मीटिंग में हमने एक वोट करवाया ताकि हम यह पता लगा सकें कि वह सबसे बड़ा कारण क्या है जिस वजह से सेल्समैन बिज़नेस *गँवाते* हैं। एक के मुकाबले तीन के महत्वपूर्ण अंतर से यह फैसला हुआ कि *सेल्समैन बहुत ज़्यादा बोलते हैं*।"

मैं आपको बता सकता हूँ कि मैंने किस तरह अपनी फोन की चर्चाओं को आधे समय में ही समेट लिया। जब भी मैं किसी को फोन करता हूँ तो उसके पहले मैं उन बातों की सूची बना लेता हूँ जिनके बारे में मुझे उससे बात करना है। फिर मैं उससे बात करता हूँ और कहता हूँः "मैं जानता हूँ कि आप व्यस्त हैं। मैं आपसे केवल चार चीज़ों के बारे में बात करना चाहता हूँ और वे इस प्रकार हैं... एक... दो... तीन...चार..."

जब मैं चौथे बिंदु पर आता हूँ तो वह जानता है कि चर्चा लगभग समाप्त हो चुकी है और उसके जवाब देने के बाद मैं फोन रख दूँगा। और मैं उसके तत्काल बाद यह कहकर अपनी चर्चा ख़त्म कर देता हूँः "अच्छा, धन्यवाद।" और इसके बाद मैं फोन रख देता हूँ।

मेरा यह मतलब नहीं है कि हमें रूखा होना चाहिये। हम तत्काल उस आदमी से चिढ़ जाते हैं जो रूखा हो; परंतु हम ऐसे आदमी का सम्मान करते हैं जो संक्षिप्त हो और मुद्दे की बात करे।

जैनेसिस के महान लेखक ने विश्व के निर्माण की कहानी को 442 शब्दों में बताया है जो इस अध्याय में प्रयुक्त शब्दों से आधे से भी कम हैं। यह होता है संक्षिप्तता का मास्टरपीस!

24 इस इंटरव्यू ने मुझे सिखाया कि बड़े लोगों से मिलने जाने का अपना डर कैसे दूर करूँ

किसी ने मुझसे कुछ समय पहले पूछा था कि क्या मुझे कभी डर लगा है ? डर शब्द ज़रा कमज़ोर शब्द है। मैं तो आतंकित था! बहुत समय पहले जब मैं संघर्ष कर रहा था और जीवन बीमा बेचने की कोशिश करते हुये ग़रीबी का जीवन बिता रहा था, तब मैं आतंकित रहा करता था। धीरे-धीरे मेरी समझ में आ गया कि अगर मैं और अधिक सफल होना चाहता हूँ तो मुझे बड़े लोगों से मिलना पड़ेगा और बड़ी पॉलिसी बेचना पड़ेंगी। दूसरे शब्दों में मैं बुश लीग में खेल रहा था और अब मैं मेजर्स में अपनी क़िस्मत आज़माना चाहता था।

सबसे पहले मैं जिस बड़े आदमी से मिलने गया वे थे फॉस ह्यूज़ कंपनी, फिलाडेल्फिया (जो मार्केट स्ट्रीट्स में स्थित है) के प्रेसिडेन्ट आर्की ई ह्यूज़। अचानक मेरी हिम्मत पूरी तरह जवाब दे गयी और मैं आगे कुछ नहीं कह पाया। मैं वहाँ खड़ा था और डर के मारे काँप रहा था। मिस्टर ह्यूज़ हैरानी से मेरी तरफ़ देख रहे थे। तभी, अनजाने में ही, मैंने एक समझदारी की बात की, एक छोटी सी समझदारी की बात जिसने इस इंटरव्यू को मूर्खतापूर्ण असफलता से सफलता में बदल दिया। मैंने हकलाते हुये कहा, मिस्टर ह्यूज़. .. मैं... अह... मैं आपसे मिलने की लंबे समय से कोशिश कर रहा हूँ... और, अह... अब मैं जब यहाँ हूँ तो मैं इतना नर्वस और डरा हुआ हूँ कि मैं कुछ बोल नहीं पा रहा हूँ!"

जब मैं यह बोल रहा था तो मुझे आश्चर्य हुआ कि मेरा डर कम होने लगा। मेरा चकराता हुआ सिर जल्दी ही साफ़ हो गया, मेरे हाथ और घुटनों का काँपना बंद हो गया। मिस्टर ह्यूज़ अचानक मेरे दोस्त बन गये। स्पष्ट रूप से वे ख़ुश हुये थे, इसलिये क्योंकि मैंने उन्हें इतना महत्वपूर्ण व्यक्ति माना था। उनके चेहरे पर दयालुता का भाव आ गया और उन्होंने कहा, "कोई बात नहीं। अपना समय लो। जब मैं युवा था तब मैंने भी कई बार ऐसा ही अनुभव किया

है। बैठ जाओ और इसे आराम से लो।"

उन्होंने टैक्ट या व्यवहारकुशलता के साथ मुझे सवाल पूछने के लिये प्रोत्साहित किया। *यह स्पष्ट था कि अगर मेरे पास कोई ऐसा विचार होता जो उनके काम आ सकता था तो वे निश्चित रूप से सेल करने में मेरी मदद करने के मूड में थे।*

मैं मिस्टर ह्यूज़ को कुछ नहीं बेच पाया, परंतु मैंने कुछ ऐसा हासिल किया जो मेरे लिये उस सेल से हासिल होने वाले कमीशन से ज़्यादा बहुमूल्य साबित हुआ। मैंने यह आसान नियम खोजा। यह रहा वह नियमः *"जब आप डरे हुये हों... तो स्वीकार कर लें!"*

मुझे यह लग रहा था कि महत्वपूर्ण लोगों के साथ बात करने के मेरे इस डर का कारण साहस की कमी थी। मैं इस पर शर्मिंदा था। मैंने इसे छुपाने का पूरा प्रयास किया। परंतु मैं अब जान चुका हूँ कि कई सफल लोग, जिनमें से कुछ तो सार्वजनिक प्रकरणों में प्रसिद्ध हैं, इन्हीं डरों से त्रस्त थे। उदाहरण के तौर पर, 1937 के वसंत में न्यूयॉर्क के एम्पायर थियेटर में मुझे मॉरिस इवान्स (जिन्हें कई आलोचक विश्व का महानतम शेक्सपीरियन एक्टर मानते हैं) की बातें सुनकर आश्चर्य हुआ जब उन्होंने श्रोताओं के बड़े समूह के सामने यह स्वीकार किया कि वे नर्वस थे। श्रोता अमेरिकन अकैडमी ऑफ ड्रैमेटिक आर्ट के ग्रैजुएटिंग स्टुडैन्ट्स और उनके अभिभावक थे। मैं वहाँ पर इसलिये मौजूद था क्योंकि मेरा बेटा लायल उस क्लास में था।

मिस्टर इवान्स उस अवसर पर मुख्य वक्ता थे। कुछ शब्द कहने के बाद वे अटकने लगे और स्पष्ट रूप से असहज हो गये। फिर उन्होंने कहाः "मैं आतंकित हूँ। मुझे यह एहसास नहीं था कि मुझे इतने अधिक और इतने महत्वपूर्ण श्रोताओं के सामने बोलना होगा। मैंने जो बातें कहने की योजना बनाई थी, वह सारी बातें अब मेरे दिमाग़ से उड़ चुकी हैं।"

श्रोताओं ने मॉरिस इवान्स की इस स्वीकारोक्ति को पसंद किया। खुलकर यह स्वीकार करने से कि वे आतंकित थे, उन्होंने अपने बीच की दूरियों और तनाव को ख़त्म कर दिया था। वे फिर से संतुलित हो गये और उन्होंने अपने दिल से बातें करते हुये अपनी बातों से युवा और वृद्ध सभी को रोमांचित कर दिया।

युद्ध के दौरान मैंने एक अमेरिकी नैवल ऑफ़िसर को फिलाडेल्फिया में बेलेव्यू-स्ट्रेटफोर्ड होटल में एक वार बाँड रैली लंच में बोलते हुये सुना। यह वही

आदमी था जिसने अपने साहस और बहादुरी से सोलोमन्स में नाम कमाया था। श्रोता आशा लगाये बैठे थे कि उन्हें रोमांचपूर्ण और दिल दहला देने वाले अनुभव सुनने को मिलेंगे। जब वह उठा तो उसने अपनी जेब से कुछ काग़ज़ निकाले और जनता को निराश करते हुये अपने भाषण को पढ़ना शुरू कर दिया। वह बहुत ज़्यादा नर्वस था और वह अपनी नर्वसनेस को जनता से छुपाने की कोशिश कर रहा था। उसके हाथ इतनी बुरी तरह काँप रहे थे कि उसे पढ़ने में भी दिक़्क़त आ रही थी। अचानक उसकी आवाज़ ने उसका साथ देना बंद कर दिया। फिर शर्मिंदगी और सच्ची विनम्रता के साथ उसने कहाः "मुझे इस वक़्त अपने श्रोताओं का सामना करने में जितना डर लग रहा है उतना तो मुझे ग्वाडलकैनेल में जैप्स का सामना करने में भी नहीं लगा था।"

इस सच्ची स्वीकारोक्ति के बाद उसने अपने नोट्स उठाकर एक तरफ़ रख दिये और वह विश्वास और उत्साह से बोलने लगा। वह सौ गुना अधिक रोचक और प्रभावी बन गया था।

इस नैवल ऑफ़िसर ने वही सत्य जान लिया था जिसे मॉरिस इवान्स ने जाना था, मैंने जाना था और हज़ारों दूसरे लोगों ने जाना है-- जब भी आप किसी दिक़्क़त में हों और बुरी तरह डरे हुये हों, तो इस बात को स्वीकार कर लें! जब भी आप बुरी स्थिति में हों और आप ग़लत हों, तो सौ प्रतिशत स्वीकार कर लें।

मैंने इस विषय पर *योअर लाइफ* मैग्ज़ीन में 1944 में एक लेख लिखा था। इसके प्रकाशित होने के कुछ समय बाद मैं यह पत्र पाकर रोमांचित हो गयाः

कहीं प्रशांत महासागर में

सितंबर 11, 1944

प्रिय फ्रैंक बेटगरः

मैंने अभी सितंबर के अंक में *योअर लाइफ* मैग्ज़ीन में छपा आपका लेख पढ़कर ख़त्म किया है। आपने अपने लेख का शीर्षक रखा है, "जब आप डरे हुये हों, तो स्वीकार कर लें!" और मैं यह सोच रहा हूँ कि यह कितनी अच्छी सलाह है-- ख़ासकर युद्ध के मैदान में किसी सैनिक के लिये।

स्वाभाविक रूप से मुझे उसी तरह के अनुभव हो चुके हैं जिनका वर्णन आपने किया है।

हाई स्कूल और कॉलेज में सार्वजनिक भाषण; नौकरी हासिल करने के पहले और बाद में नियोक्ताओं के साथ मीटिंग; किसी ख़ास महिला के साथ पहली गंभीर चर्चा-- इन सबसे मैं बुरी तरह डरा हूँ और बहुत बुरी तरह डरा हूँ।

शायद आप हैरान होंगे कि मैं यहाँ से आपको यह सब लिखकर आपके विचारों का समर्थन क्यों कर रहा हूँ क्योंकि यह तो तय है कि न तो मैं सार्वजनिक रूप से भाषण दे रहा हूँ, न ही नौकरी खोज रहा हूँ। नहीं, मुझे उस दिशा से किसी तरह की मुश्किल नहीं आने वाली, परंतु विश्वास करें मैं जानता हूँ कि डर क्या होता है और यह मनुष्य को किस तरह प्रभावित करता है। और हमने यह पाया हे कि आपकी सलाह, "स्वीकार कर लें!" उतनी ही सही और उचित है चाहे आप किसी जैप आक्रमण का सामना कर रहे हों।

बार-बार यह साबित हो चुका है कि जो लोग अपने डर को स्वीकार नहीं करते, युद्ध में उन्हीं का मानसिक संतुलन गड़बड़ाता है। परंतु अगर आप स्वीकार कर लेते हैं कि आप डरे हुये हैं, बुरी तरह डरे हुये हैं और आप इससे लड़ने की कोशिश नहीं करते हैं तो ज़्यादातर मामलों में आप अपने डर को जीतने के सही मार्ग पर हैं।

और अब, यह लेख लिखने के लिये आपको धन्यवाद और मैं आशा करता हूँ कि वे विद्यार्थी और कर्मचारी सचमुच सौभाग्यशाली होंगे जो आपकी सलाह पर अमल करने का अवसर पायेंगे।

आपका

चार्ल्स थॉमसन

16143837 कंपनी सी
382 इन्फैन्ट्री यू. एस. आर्मी
ए. पी. ओ. #96, द्वारा पोस्टमास्टर, सैन फ्रैंसिस्को, कैलिफ।

युद्ध के मैदान से आने वाला यह पत्र निश्चित रूप से बहुत ही गंभीर परिस्थितियों में लिखा गया होगा, परंतु इस अध्याय को पढ़ने वाले कई ऐसे लोग भी होंगे, जो किसी आदमी के ऑफ़िस में अंदर घुसने का साहस बटोरने के लिये उसके ऑफ़िस के सामने बार-बार इधर से उधर चक्कर लगाते होंगे। क्या आप उनमें से एक हैं ? बड़े लोग-- उनकी पत्नियाँ तो उनके सामने नहीं

काँपतीं। जब आप किसी को यह बताते हैं कि आपको उनके सामने डर लगता है तो आप उस आदमी की बहुत बड़ी तारीफ़ कर रहे हैं।

जब मैं पीछे पलटकर देखता हूँ तो मुझे यह अनुभव होता है कि मैं कितना बड़ा मूर्ख था, कितनी बार मैं अवसरों का लाभ उठाने में असफल रहा क्योंकि मैं महत्वपूर्ण लोगों से बात करने में डरता था। आर्की ह्यूज़ से बात करना मेरे सेलिंग कैरियर में एक महत्वपूर्ण क़दम था। उनसे मिलने जाने में मुझे डर लग रहा था और जब मैं अंदर घुसा तो मैं आतंकित था। अगर मैंने यह स्वीकार नहीं किया होता कि मैं डर रहा था तो मुझे वहाँ से धक्के मारकर निकाल दिया जाता! इस एक अनुभव ने उच्च आय वाले समूह में पहुँचने में मेरी मदद की है। इसने मुझे बताया कि यह आदमी बड़ा आदमी होने के बावजूद दरअसल एक सीधा और मिलनसार आदमी था। दरअसल यह भी एक कारण था कि वह इतना बड़ा आदमी था।

यह स्वीकार करने में कोई अपमान की बात नहीं है कि आप डरे हुये हैं, परंतु यह स्वीकार न करने की *कोशिश* करने में अपमान का ख़तरा है। इसलिये चाहे आप एक आदमी से बात कर रहे हों या हज़ार लोगों से, अगर डर का राक्षस, अगर सार्वजनिक जीवन का शत्रु नंबर एक, अचानक आप पर हावी हो जाये और अगर आपको लगे कि डर के कारण आपकी बोलती बंद हो गयी है तो इस आसान नियम को याद रखेंः

जब आप डरे हुये हों... तो स्वीकार कर लें।

संक्षेप में

खंड चार

पॉकेट रिमाइन्डर्स

1. "अगर आप किसी आदमी से अपनी बात मनवाना चाहते हैं," अब्राहम लिंकन ने कहा था, "तो पहले उसे यह विश्वास दिलायें कि आप उसके सच्चे मित्र हैं।"

2. अगर आप चाहते हैं कि आपका हर जगह स्वागत हो तो आप हर मिलने वाले को एक मुस्कराहट दें जो अच्छी हो, सच्ची हो और दिल से आ रही हो।

3. आपको नाम और चेहरे याद रखने में कम मुश्किल आयेगी अगर आप यह तीन बातें याद रखें

   (i) *इम्प्रेशनः* उसके नाम और चेहरे की स्पष्ट छवि अंकित कर लें।

   (ii) *रिपीटीशनः* उसके नाम को समय-समय पर दोहराते रहें

   (iii) *एसोसियेशनः* उसके नाम को किसी एक्शन पिक्चर से जोड़ लें। यदि संभव हो तो उसके बिज़नेस को भी शामिल कर लें।

4. संक्षिप्त रहें। सेल्समैन बहुत ज़्यादा तो नहीं *जान* सकता, परंतु वह बहुत ज़्यादा *बोल* सकता है। जनरल इलेक्ट्रिक के वाइस प्रेसिडेन्ट हैरी अर्लिकर ने कहा थाः "परचेज़िंग एजेन्ट्स की हाल में हुई एक मीटिंग में हमने एक वोट करवाया ताकि हम यह पता लगा सकें कि वह सबसे बड़ा कारण क्या है जिस वजह से सेल्समैन बिज़नेस *गँवाते* हैं। एक के मुकाबले तीन के महत्वपूर्ण अंतर से यह फैसला हुआ कि *सेल्समैन बहुत ज्यादा बोलते हैं*।"

5. अगर आपको बड़े लोगों से मिलने जाने में डर लगता है तो आप इस डर को अपने फ़ायदे में बदल सकते हैं! आप उस आदमी से मिलने जायें जिससे मिलने में आपको डर लगता है और उसके सामने *स्वीकार कर लें* कि आप डरे हुये हैं। जब आप किसी को यह बताते हैं कि आप उसकी उपस्थिति में डरते हैं तो आप उसकी बहुत बड़ी तारीफ़ कर रहे हैं। अगर आपके पास कोई विचार है जिसका वह उपयोग कर सकता है तो वह निश्चित रूप से सेल करने में आपकी *मदद* करेगा।

खंड पाँच
सेल के क़दम

25 सेल के पहले की सेल

एक बार जब मैं एक बड़े शिप की डेक पर खड़ा था तो मैं मियामी, फ्लोरिडा के डॉक को देख रहा था। उस समय मैंने ऐसी चीज़ देखी जिसने मुझे यह महत्वपूर्ण सबक़ सिखाया कि संभावित ग्राहक से मिलने की शैली कैसी होनी चाहिये और मुझे यह सीखने की बहुत ज़रूरत थी। उस समय सेलिंग मेरे दिमाग़ से कोसों दूर थी। मैं छुट्टियाँ मना रहा था।

जब शिप पायर के क़रीब पहुँचा तो एक जहाज़ी ने कुछ ऐसी चीज़ फेंकी जो बेसबॉल की तरह दिख रही थी जिसके साथ एक पतली रस्सी बँधी हुई थी। पायर पर खड़े एक अटेंडेंट ने अपनी बाँहें फैलायीं, परंतु बॉल उसके सिर के ऊपर से निकल गयी और रस्सी बाँह के ऊपर गिरी। जब उसने रस्सी को डेक पर खींचा तो मैंने देखा कि इस रस्सी से एक मोटी रस्सी भी बँधी हुई थी जो पानी में पायर की तरफ़ बढ़ रही थी। जल्दी ही अटेंडेंट ने मोटी रस्सी को ऊँचे लोहे के स्तंभ बोलार्ड के चारों तरफ़ बाँध दिया। धीरे-धीरे जहाज़ पायर के किनारे आया और डॉक में बँध गया।

तभी मेरे दिमाग़ में कौंधा कि मैं कई अच्छे संभावनापूर्ण दिखने वाले ग्राहकों को सिर्फ़ इसलिये खो रहा था क्योंकि मेरी एप्रोच ग़लत थी। मैं उन्हें हॉसर फेंकने की कोशिश कर रहा था। उदाहरण के तौर पर, कुछ दिन पहले की बात है, एक होलसेल बेकर ने मुझे अपनी बेकरी के डिलीवरी प्लेटफॉर्म से बाहर फेंकने की धमकी दी थी। मैं बिना अपॉइंटमेंट लिये उसकी बेकरी में घुस गया था और इससे पहले कि वह यह समझ पाता कि मैं कौन था, किस कंपनी की तरफ़ से आया था और क्या चाहता था, मैंने सेल्स टॉक शुरू कर दी। कोई ताज्जुब नहीं कि वह इतना अशिष्ट हो गया। उसने मुझे वही लौटाया जो मैंने उसे दिया था। अब, मुझे हैरानी है कि मैंने इतनी भारी मूर्खता कैसे कर दी थी!

जब मैं छुट्टियों से घर लौटा तो मैंने "एप्रोच" या ग्राहक से मिलने की शैली के बारे में जितनी भी सामग्री मिल सकती थी, वह सब पढ़ना शुरू की। मैंने अधिक अनुभवी और अधिक उम्र के सेल्समैनों से इस बारे में पूछा। मुझे आश्चर्य हुआ जब उनमें से कई ने कहाः "एप्रोच सेल में सबसे मुश्किल क़दम है!"

अब मेरी समझ में आया कि मैं किसी आदमी से मिलने जाने से पहले उसके ऑफ़िस के सामने चक्कर क्यों लगाया करता था और इतना नर्वस क्यों हो जाता था। मैं यह नहीं जानता था कि उससे *किस तरह* मिला जाये! मुझे डर था कि मुझे अपनी बात कहने का मौक़ा दिये बिना ही वहाँ से भगा दिया जायेगा।

आपको क्या लगता है कि मुझे इस बारे में सर्वश्रेष्ठ सलाह कहाँ से मिली होगी कि ग्राहकों से कैसे मिला जाये? सेल्समैनों से नहीं। मुझे यह जानकारी *प्रॉस्पेक्ट्स* ने ख़ुद दी। यह रही वे दो बातें जो मैंने उनसे सीखी हैं और जिन्होंने मेरी मदद की हैः

1. वे उन सेल्समैनों को पसंद नहीं करते जो उन्हें इस बारे में सस्पेंस में रखते हैं कि वे कौन हैं, वे किस कंपनी से आये हैं और वे क्या चाहते हैं। अगर कोई सेल्समैन झूठ बोलता है, चालाकी करता है या अपने बिज़नेस या अपनी कॉल के उद्देश्य को छुपाने की कोशिश करता है तो उन्हें बहुत चिढ़ होती है। वे उस सेल्समैन को पसंद करते हैं जिसकी एप्रोच सहज, संजीदा और ईमानदार हो और जो सीधे अपनी कॉल के उद्देश्य के बारे में मुद्दे की बात पर आ जाये।
2. अगर सेल्समैन बिना अपॉइंटमेंट लिये मिलने आया हो तो वे यह पसंद करते हैं कि वह सेल्समैन पूछे कि क्या इस समय बात करना सुविधाजनक होगा बजाय इसके कि वह तत्काल अपनी सेल्स टॉक शुरू कर दे।

सालों बाद मैंने न्यूयॉर्क सिटी के अपने दोस्त रिचर्ड (डिक) बोर्डन की बातें सुनीं। यह प्रसिद्ध सेल्स लेक्चरर और परामर्शदाता सेल्समैनों को बता रहे थेः "अगर आप पहले अपने ग्राहक को यह नहीं बताते कि आपकी बातें सुनना क्यों महत्वपूर्ण है, तो फिर उसे सेल्स स्टोरी सुनाने से कोई ख़ास फ़ायदा नहीं होगा। इसलिये हर कॉल में पहले दस सेकंड इस बात में लगायें कि आप अपनी

पूरी कहानी सुनाने के लिये उतना समय ख़रीदें जिसकी आपको ज़रूरत है। अपने प्रॉडक्ट को बेचने की कोशिश करने से पहले इंटरव्यू को सेल करें।"

अगर मैं किसी आदमी से बिना अपॉइंटमेंट लिये मिलने जाता हूँ तो मैं सीधे कह देता हूँः मिस्टर विल्सन, मेरा नाम बेटगर है, फ्रैंक बेटगर। मैं फाइडेलिटी मीच्युअल लाइफ इन्श्योरेंस कंपनी से आया हूँ। आपके मित्र विक राइडेनॉर ने मुझसे कहा था कि मैं जब इस तरफ़ से गुज़रूँ तो आपसे मिल लूँ। क्या मैं आपसे अभी कुछ मिनट बात कर सकता हूँ या आप बाद में मिलना पसंद करेंगे?"

आम तौर पर वह यही कहेगाः "कहिये" या "आप मुझसे किस बारे में बात करना चाहते हैं?"

"आपके बारे में!" मेरा जवाब होता है।

"मेरे बारे में क्या?" वह आम तौर पर पूछता है।

अब एप्रोच का सबसे महत्वपूर्ण क्षण आ गया है। अगर आप इस सवाल का तत्काल या संतोषजनक जवाब देने के लिये तैयार नहीं हैं तो बेहतर यही होगा कि आप वह कॉल करें ही नहीं!

अगर आप यह बताते हैं कि आप उसे कुछ बेचना चाहते हैं जिसमें उसके पैसे ख़र्च होंगे तो आप एक तरह से उसे यह बता रहे हैं कि आप उसकी समस्यायें बढ़ाना चाहते हैं। उसके पास पहले से ही अपने डेस्क-ड्राअर में रखे बिलों का भुगतान करने की बहुत चिंतायें हैं और वह इस उधेड़बुन में है कि अपने ख़र्च को कम कैसे किया जाये। परंतु अगर आप उसकी किसी महत्वपूर्ण समस्या पर बात करना चाहते हैं तो वह आपके साथ किसी भी ऐसे विचार के बारे में बात करने के लिये उत्सुक रहेगा जिससे उसकी समस्या सुलझ सके। गृहिणी के पास सेल्समैन से नये रेफ्रिजरेटर ख़रीदने के बारे में बात करने का समय नहीं होता, परंतु वह मीट, बटर, अंडे और दूध की बढ़ती क़ीमतों के बारे में चिंतित रहती है। वह सचमुच यह सुनने के लिये बहुत उत्सुक होती है कि किस तरह व्यर्थ के ख़र्च को कम किया जा सकता है और भोजन की क़ीमत को कम किया जा सकता है। व्यस्त युवक जूनियर चैंबर ऑफ कॉमर्स में शामिल होने में रुचि नहीं लेता, परंतु अधिक दोस्त बनाने में, प्रसिद्ध होने में, अपने समुदाय में सम्मान पाने में और अपनी आमदनी को बढ़ाने की संभावना में ज़बर्दस्त रुचि लेता है।

कई बार तो सफल एप्रोच में किसी तरह की "एप्रोच टॉक" की ज़रूरत

ही नहीं होती। मैं आपको कुछ उदाहरण देना चाहूँगाः हाल ही में मेरे घर पर एक शाम को मेरे एक मित्र ने, जो एक प्रसिद्ध मैन्युफैक्चरिंग कंपनी से लंबे समय तक जुड़ा रहा है, मुझे यह कहानी सुनायीः

"फिलाडेल्फिया के बाहर सेल्समैन के रूप में यह मेरी पहली ट्रिप थी। मैं पहले कभी न्यूयॉर्क सिटी नहीं गया था। उस बड़े शहर से पहले का आख़िरी स्टॉप नेवार्क था। जब मैं अपने प्रॉस्पेक्ट के स्टोर में घुसा तो वह ग्राहक के साथ व्यस्त था। उसकी पाँच साल की बच्ची फ़र्श पर खेल रही थी। वह एक प्यारी सी बच्ची थी और हम पल भर में ही दोस्त बन गये। मैंने उसके साथ सामान के बंडलों के चारों तरफ़ कई खेल खेले। जब उस बच्ची का पिता थोड़ा फ्री हुआ तो मैंने अपना परिचय दिया और उसने कहाः "हमने आपकी कंपनी से काफ़ी समय से क्रुछ नहीं ख़रीदा है।" मैंने उसके साथ बिज़नेस की चर्चा नहीं की थी। मैंने तो उसकी छोटी बच्ची के बारे में बातें की थीं। उसने कहाः "मैं देख सकता हूँ कि आप मेरी छोटी बच्ची को पसंद करते हैं। क्या आप आज रात को उसकी बर्थडे पार्टी में आना पसंद करेंगे? हम इस स्टोर के ऊपर ही रहते हैं।"

"इसके बाद मैं न्यूयॉर्क की अपनी पहली झलक देखने चल दिया, और यह सिर्फ़ एक झलक ही थी। सेविल में ठहरने के बाद और थोड़ा नहाने के बाद मैं नेवार्क लौटा और पार्टी में भाग लिया। उस शाम का हर मिनट आनंददायक था। मैं वहाँ आधी रात तक ठहरा। जब मैं चलने लगा तो मैं बहुत रोमांचित था। हमारी कंपनी को उस ग्राहक ने अब तक का सबसे बड़ा ऑर्डर दिया था। मैंने उसे कुछ बेचने की कोशिश नहीं की थी। मैंने तो सिर्फ़ उस छोटी लड़की से मधुर व्यवहार करने के लिये समय निकाला था। इस तरह की एप्रोच कभी असफल नहीं होती।"

यह सेल्समैन इतना विनम्र था कि उसने मुझे अपने नाम के प्रयोग की अनुमति नहीं दी, परंतु वह बाद में अपनी कंपनी का सेल्स मैनेजर बना, फिर जनरल मैनेजर और आख़िरकार प्रेसिडेन्ट बन गया, एक ऐसी कंपनी का जिसने सौ से भी अधिक साल में अपनी श्रेष्ठता सिद्ध कर दी है। "अपने पच्चीस साल के सेलिंग अनुभव में," उसने मुझे आगे बताया, "मुझे यह एप्रोच सबसे अच्छी लगी है कि पहले यह पता लगायें कि प्रॉस्पेक्ट की हॉबी क्या है और फिर आप उसी हॉबी के बारे में बात करें।"

आपको हमेशा खेलने के लिये कोई बच्ची नहीं मिलेगी, आपको हमेशा हॉबी के बारे में बोलने का मौक़ा नहीं मिलेगा, परंतु दोस्ताना होने का कोई न कोई तरीक़ा हमेशा मौजूद होता है। मैं हाल ही में अपने एक मित्र लेस्टर एच.

शिंगल के साथ लंच कर रहा था। वे कैमडन, न्यू जर्सी में शिंगल लेदर कंपनी के प्रेसिडेन्ट हैं। लेस्टर जितने क़ाबिल सेल्समैन मैंने कम ही देखे हैं। उन्होंने कहाः

"कई साल पहले जब मैं एक युवा सेल्समैन था मैं न्यूयॉर्क राज्य के एक बड़े निर्माता के यहाँ कॉल पर गया। उसने मुझे देखकर चिढ़ने का अभिनय करते हुए कहाः 'आई एम सॉरी, पर मैं आपको आज बिलकुल भी समय नहीं दे सकता। मैं लंच करने जा रहा हूँ।'

"यह महसूस करते हुए कि किसी असामान्य एप्रोच की जल्दी ही ज़रूरत है मैंने कहाः 'क्या आप अपने साथ मुझे भी लंच पर ले चलेंगे, मिस्टर पिट्स ?' वह थोड़ा आश्चर्यचकित हुआ परंतु उसने कहा, 'बिलकुल, आइये।'

"हमने जब लंच किया तो मैंने उससे बिज़नेस के बारे में एक शब्द भी नहीं कहा। जब हम उसके ऑफ़िस में वापस लौटे तो उसने मुझे एक छोटा ऑर्डर दिया। उससे मुझे मिलने वाला यह पहला ऑर्डर था, परंतु यह एक अच्छे बिज़नेस की शुरूआत थी, एक ऐसा बिज़नेस जो कई सालों तक चलता रहा।"

मई 1945 में मैं एनिड, ओक्लाहामा में था। वहाँ पर मैंने डीन नीमेयर नाम के रिटेल शू सेल्समैन के बारे में सुना जिसने हाल ही में एक दिन में 105 जोड़ी जूते बेचकर एक तरह का विश्व रिकॉर्ड क़ायम किया था। हर सेल एक अलग, अकेली सेल थी जो उसने 87 महिलाओं और बच्चों को की थीं। मैं इस आदमी से बात करना चाहता था इसलिये मैं उस स्टोर में गया जहाँ मिस्टर नीमेयर काम करते थे और उनसे पूछा कि उन्होंने ऐसा किस तरह किया। उन्होंने कहाः "यह सब एप्रोच की वजह से हुआ है। आप ग्राहक को दुकान के गेट पर किस तरह से एप्रोच करते हैं उसी से या तो ग्राहक ख़रीदता है या फिर नहीं ख़रीदता।"

मैं यह देखने के लिये उत्सुक था कि उसकी बात का क्या अर्थ है, इसलिये मैंने उस सुबह उसे एक्शन में देखा। वह सचमुच ग्राहक को सहज अनुभव कराता है। वह एक सच्ची और दिल से निकली मुस्कान के साथ जाता है और ग्राहक से दरवाज़े पर मिलता है। डीन के सहज, आरामदेह, मददगार तरीक़े से ग्राहक ख़ुश होता है कि वह सही स्टोर में आया है। *बैठने से पहले ही ग्राहक उसका माल ख़रीद चुका होता है।*

इन तीन आदमियों ने अपनी एप्रोच में सेलिंग के पहले और शायद सबसे महत्वपूर्ण क़दम का प्रयोग कियाः "सबसे पहले ख़ुद को बेचो!"

मैंने पाया है कि मैं एप्रोच में जो भी करता हूँ आम तौर पर उससे यह तय होता है कि मैं ग्राहक के दिमाग़ में कहाँ पर खड़ा हूँः मैं "ऑर्डर लेने वाला" हूँ या "सलाहकार।" अगर मेरी एप्रोच सही है तो जब मैं अपनी सेल्स प्रस्तुति देता हूँ तो इंटरव्यू मेरे हिसाब से चलता है। अगर मैं इस शैली में असफल होता हूँ तो इंटरव्यू ग्राहक के हिसाब से चलता है।

मैं इस अध्याय के अंत में उस एप्रोच टॉक को बताना चाहूँगा जिसका प्रयोग मैं करता हूँ। इस टॉक को विकसित करने में मुझे कई साल लगे हैं और यह अब मेरे लिये अमूल्य है। मैं आपको यह सलाह देना चाहूँगा कि आप अपने सेलिंग के विशिष्ट क्षेत्र में इसके किसी हिस्से का अनुवाद करके इसका इस्तेमाल करें।

मैंः मिस्टर कोथे, मैं आपके बाल या आपकी आँखों के रंग से आपकी स्थिति नहीं बता सकता। ठीक उसी तरह जिस तरह कि अगर मैं किसी डॉक्टर के ऑफ़िस में जाऊँ और उसे कुछ भी बताने से मना कर दूँ तो डॉक्टर मेरी स्थिति या बीमारी को कैसे समझ सकता है। वह डॉक्टर मेरे लिये ज़्यादा कुछ नहीं कर पायेगा, नहीं क्या ?

मिस्टर कोथे (*आम तौर पर मुस्कराते हुए*) : नहीं, यह सही है।

मैंः तो आपके साथ मेरी यही स्थिति है। बेहतर होगा कि आप कुछ हद तक मुझे अपने विश्वास में ले लें। दूसरे शब्दों में, मैं आपको यह बता सकता हूँ कि कुछ विचार भविष्य में कभी आपके लिये मूल्यवान साबित होंगे परंतु उससे पहले मैं आपसे कुछ सवाल पूछना चाहूँगा।

मिस्टर कोथेः पूछिये। आपके क्या सवाल हैं ?

मैंः अब अगर मैं आपसे कुछ ऐसे सवाल पूछूँ जिनके जवाब आप न देना चाहें तो मैं बुरा नहीं मानूँगा। मैं समझता हूँ। परंतु अगर आपकी और मेरी बातें आपको तीसरे आदमी से सुनने को मिलें तो इसका मतलब यह होगा कि आपने उन्हें बताया है, क्योंकि मैं यह बातें किसी को भी नहीं बताऊँगा। यह चर्चा पूरी तरह गोपनीय रहेगी।

क्वश्चनेयर

मैंने पाया है ग्राहक हमेशा मेरे सवालों के सहजता से तभी जवाब देता है, जब मैं अपनी क्वश्चनेयर को तब तक न निकालूँ जब तक कि वह पहले सवाल का जवाब न दे रहा हो। मैं उसकी तरफ़ सीधे देखते हुये और उसकी

बातों को पूरी रुचि के साथ सुनते हुये ऐसा करता हूँ। मैंने इस क्वश्चनेयर को कई साल तक विकसित किया है। यह संक्षिप्त है परंतु यह मुझे ग्राहक की स्थिति की पूरी तस्वीर दे देती है। साथ ही यह उसके वर्तमान और भावी लक्ष्यों के बारे में भी बताती है। मैं सवालों के इस दौर को जितनी जल्दी पूरा कर सकता हूँ, कर लेता हूँ। इसमें मुझे पाँच से दस मिनट का समय लगता है, जो इस बात पर निर्भर करता है कि वह कितना बोलता है।

यहाँ कुछ अंतरंग प्रश्न हैं जिन्हें पूछने में मैं नहीं हिचकताः

- अगर आपकी मृत्यु हो जाये तो आपकी पत्नी को कितनी न्यूनतम मासिक आमदनी की ज़रूरत होगी ?
- पैंसठ साल की उम्र में आपको कितनी न्यूनतम मासिक आमदनी की ज़रूरत होगी ?
- आपकी जायदाद की वर्तमान क़ीमत कितनी होगी ?
- स्टॉक, बॉन्ड, दूसरी सिक्युरिटीज़ ?
- रियल एस्टेट ? (मॉर्टगेज)
- हाथ में कैश कितना है ?
- साल में कितनी कमाई होती है ?
- आपका जीवन बीमा ?
- हर साल आप बीमे पर कितना ख़र्च करते हैं ?

आपको इस तरह के अंतरंग सवाल पूछने में डरने की कोई ज़रूरत नहीं है अगर यह आपके विशिष्ट बिज़नेस पर लागू होते हैं। आप मेरी ही तरह एक अच्छी एप्रोच टॉक से ग्राहक को उन सवालों के जवाब देने के लिये तैयार कर सकते हैं।

मैंने जिस तरह से कागज़ को अपनी जेब से निकाला था उसी तरह मैं उसे वापस अपनी जेब में रख लेता हूँ। मेरा आख़िरी सवाल होता है (मुस्कराते हुये) "जब आप काम नहीं करते, तो आप क्या करते हैं, मिस्टर कोथे ? दूसरे शब्दों में, क्या आपकी कोई हॉबी है ?"

इस सवाल का जवाब अक्सर मेरे लिये बाद में बहुमूल्य साबित होता है। जब वह इस सवाल का जवाब देता है तो मैं क्वश्चनेयर को अपनी जेब में डाल लेता हूँ। मैं पहले इंटरव्यू में अपने संभावित ग्राहक को इसे नहीं

दिखाता। इस दौरान उसकी उत्सुकता इस हद तक बढ़ चुकी होती है कि इससे दूसरे इंटरव्यू में मेरे अवसर सुधर जाते हैं। जब मैं जानकारी हासिल कर लेता हूँ तो मैं जितनी जल्दी बाहर निकल सकता हूँ, बाहर निकल जाता हूँ। मैं कहता हूँः "आपके विश्वास के लिये धन्यवाद, मिस्टर कोथे। मैं इस पर कुछ विचार करूँगा। मुझे लगता है कि मेरे पास एक विचार है जो आपके लिये लाभकारी हो सकता है और जब मैं पूरी योजना तैयार कर लूँगा तो मैं आपसे अपॉइंटमेंट का अनुरोध करूँगा। क्या यह ठीक रहेगा ?" और आम तौर पर उसका जवाब होता हैः "हाँ।"

मैं अपनी बुद्धि का प्रयोग करके यह तय करता हूँ कि क्या इस क्षण मैं आगे की तारीख़ में कोई निश्चित अपॉइंटमेंट फिक्स करना चाहूँगा या अगले सप्ताह के लिये मैं बाद में अपॉइंटमेंट लूँगा।

महत्वपूर्ण। इन क्वश्चनेयर्स को एक फाइल में रखा जाना चाहिये, ठीक उसी तरह जिस तरह डॉक्टर अपने मरीज़ों का पूरा रिकॉर्ड रखता है। इससे आपको अपने ग्राहक के बारे में वह जानकारी मिलती है जो उस व्यक्ति की सफलता के साथ-साथ बढ़ती जाती है। और मैंने यह पाया है कि जब यह लोग प्रगति करते हैं तो वे आपको अपनी प्रगति के बारे में बताने के लिये उत्सुक रहते हैं। वे जानते हैं कि जब आप सचमुच उनमें दिलचस्पी लेते हैं तो आप ही एकमात्र व्यक्ति हैं जिसके साथ वे अपनी समस्याओं पर विचार कर सकते हैं और अपनी सफलता और सुख को बाँट सकते हैं।

मैं नहीं मानता कि इस एप्रोच टॉक को रटा जाना चाहिये। परंतु मुझे विश्वास है कि इसे हर दिन कई बार लिखा और पढ़ा जाना चाहिये। तभी अचानक एक दिन आपको यह पूरी याद हो जाती है। अगर आप इसे इस तरह से सीखेंगे तो यह रटी हुई नहीं लगेगी। अपनी पत्नी को यह टॉक दें। उसके सामने इसकी बार-बार रिहर्सल करें, जब तक कि आप इसे इतनी अच्छी तरह से न जान लें कि यह आपका हिस्सा बन जाये।

संक्षेप में

1. "हॉसर" फेंकने की कोशिश न करें-- "हीविंग लाइन" फेंकें।
2. एप्रोच का एक ही लक्ष्य होना चाहियेः अपने प्रॉडक्ट को नहीं, बल्कि अपने इंटरव्यू यानी सेल्स इंटरव्यू को सेल करना। यही *सेल से पहले की सेल* है।

26 अपॉइंटमेंट लेने का रहस्य

मैं पिछले इकतीस सालों से हर सप्ताह एक ही नाई के पास जा रहा हूँ। इस इटैलियन नाई का नाम है रूबी डे। एक अंकल ने उसे एप्रेन्टिस के रूप में नौ साल की उम्र में काम पर रख लिया था। वह इतना नाटा था कि उसे स्टूल पर खड़े होकर काम करना पड़ता था। रूबी के ग्राहक सोचते हैं कि वह शायद विश्व का सर्वश्रेष्ठ नाई है। इसके अलावा वह सूर्य की रोशनी की किरण है।

उसके इन गुणों के बावजूद 1927 में रूबी की हालत तेज़ी से ख़राब हो रही थी। उसका बिज़नेस इतना बिगड़ गया था और उसकी आर्थिक स्थिति इतनी तेज़ी से ख़राब हो रही थी कि उसने चार महीने से अपना किराया नहीं दिया था और जिस इमारत में उसकी दुकान थी उसका मालिक उसे बाहर निकालने की धमकी दे रहा था।

एक शुक्रवार की दोपहर को जब वह मेरे बाल काट रहा था तो मैंने देखा कि वह बीमार दिख रहा था। मैंने उससे पूछा कि क्या बात थी। और आख़िरकार उसने मेरे सामने स्वीकार किया कि उसकी आर्थिक स्थिति बहुत ख़राब थी। इसके अलावा उसकी पत्नी ने हाल ही में एक नये बच्चे रूबी जूनियर को जन्म दिया था।

जब हम लोग बात कर रहे थे तो एक और ग्राहक अंदर आया और उसने पूछा कि उसका नंबर कितनी देर बाद आयेगा। रूबी ने उसे बताया कि इसमें ज़्यादा समय नहीं लगेगा। मन मारकर ग्राहक बैठ गया और मैग्ज़ीन पढ़ने लगा।

मैंने कहा: "रूबी, आप अपॉइंटमेंट से काम क्यों नहीं करते?"

"अह, मिस्टर बेटगर," उसने जवाब दिया, "मैं अपॉइंटमेंट से काम नहीं कर सकता। लोग बार्बर या नाई से अपॉइंटमेंट नहीं लेंगे।"

"क्यों नहीं?" मैंने पूछा।

"डॉक्टर या वकील के साथ तो ठीक है," उसने कहा, "परंतु लोग नाई के साथ अपॉइंटमेंट बिलकुल नहीं लेंगे।"

"मैं नहीं समझता कि ऐसा होगा," मैंने ज़ोर देकर कहा। "मैं भी अपने

बिज़नेस के बारे में ऐसा ही सोचता था जब तक कि दूसरे सेल्समैन ने मुझे यह विश्वास नहीं दिला दिया कि काम करने का यही एकमात्र तरीक़ा है।"

"आपके ग्राहक आपके काम को पसंद करते हैं, रूबी, और वे आपको पसंद करते हैं, परंतु वे इंतज़ार करना पसंद नहीं करते। मैं शर्त लगाता हूँ कि यहाँ बैठे सज्जन हर सप्ताह आपसे एक निश्चित समय का अपॉइंटमेंट ख़ुशी-ख़ुशी ले लेंगे, नहीं क्या ?"

"बिलकुल!" ग्राहक ने अपना सिर हिलाया।

वह और रूबी तत्काल सहमत हो गये कि हर सप्ताह एक निश्चित दिन उनका इतने बजे अपॉइंटमेंट रहेगा।

"तो यह हो गयी आपकी शुरूआत," मैंने उत्साह से कहा, "अब मुझे हर शुक्रवार की सुबह आठ बजे के लिये अपॉइंटमेंट दे दें।"

अगले दिन रूबी के पास एक अपॉइंटमेंट बुक थी और उसने अपने सभी पुराने ग्राहकों को फोन करके उनसे पूछा। इनमें से कई उसकी दुकान में महीनों से नहीं आये थे। धीरे-धीरे उसकी अपॉइंटमेंट बुक में पूरा शेड्यूल बन गया और उसकी आर्थिक चिंतायें अब अतीत की बात हो चुकी हैं। बीस साल से वह पूरी तरह अपॉइंटमेंट के हिसाब से काम कर रहा है। उसने अपने ग्राहकों को अपॉइंटमेंट की आदत डाल दी है। उन्हें भी यही तरीक़ा पसंद आता है क्योंकि इससे समय बचता है। आज आर. बी. (रूबी) डे 919फॉक्स चेज़ रोड, हॉलीवुड, पेन्ना में अपने सुंदर छोटे घर का मालिक है। और उसे देखकर लगता है कि वह एक समृद्ध और सुखी बिज़नेसमैन है।

मैंने इस कहानी को एक रात एक सेल्स स्कूल में सुनाया, जो हम पैसाडेना, कैलिफोर्निया में चला रहे थे। स्कूल में एक टैक्सी ड्राइवर बैठा हुआ था। सप्ताह के अंत में वह हमसे चर्चा के बाद मिलने आया और कहाः "अब मैं एक बिज़नेसमैन बन चुका हूँ!" हमने उससे पूछा कि उसका क्या मतलब है। उसने कहा, "जब मैंने मंगलवार की रात को वह चर्चा सुनी तो मैंने सोचा कि अगर कोई नाई अपॉइंटमेंट ले सकता है तो मुझे भी कोशिश करके देखना चाहिये। अगली सुबह मैं एक बड़ी कंपनी के प्रेसिडेन्ट को लेकर ग्लेनडेल गया जहाँ उसे ट्रेन पकड़नी थी। सफ़र के दौरान मैंने उससे पूछा कि वह कब लौटेगा। उसने कहा कि वह उसी रात को लौट रहा है और मैंने उसके साथ अपॉइंटमेंट फिक्स कर लिया। उस रात को जब मैं उससे स्टेशन पर मिला और उसे घर तक छोड़ा तो वह ख़ुश हुआ और उसने मुझे अच्छी टिप दी। मैंने पाया कि वह हर सप्ताह यह यात्रा किया करता था और कई बार उसे टैक्सी मिलने में मुश्किल भी आती थी। इसलिये मैंने इस काम के लिये हर सप्ताह का

अपॉइंटमेंट तय कर लिया। इसके अलावा उसने मुझे अपनी कंपनी के दूसरे एक्ज़ीक्यूटिव्ज़ के नाम भी बताये जिनसे मैं अपॉइंटमेंट ले सकता था। मैंने उन्हें फोन करके यह बताया कि मैं उनके प्रेसिडेन्ट के सुझाव पर उन्हें फोन कर रहा हूँ। फोन करने से मुझे अगली सुबह के दो और अपॉइंटमेंट मिल गये। आज मैंने एक अपॉइटमेंट बुक ख़रीद ली है और मैं उसी तरह नियमित कामों की सूची बनाने जा रहा हूँ जैसा आपके नाई ने किया था। मुझे लगता है कि अब मैं बिज़नेसमैन बन गया हूँ!"

मैंने यही सुझाव अपने हैबरडैशर को दिया। जल्दी ही उसके ग्राहक भी निश्चित अपॉइंटमेंट लेकर उसके पास आने लगे।

इन लोगों का भी वही अनुभव रहा जो मेरा रहा था और जो किसी भी तरह के बिज़नेस में हज़ारों लोगों का अनुभव रहा है-- लोग अपॉइंटमेंट से काम करना ज़्यादा पसंद करते हैं।

> **1.** इससे समय बचता है इससे समय की बहुत सी बर्बादी बचती है जिसे लेकर ज़्यादातर सेल्समैन चिंतित रहते हैं। यही नहीं, इससे ग्राहक का समय भी बचता है।
>
> **2.** जब हम अपॉइंटमेंट के लिये पूछते हैं तो इससे हमारा ग्राहक समझ जाता है कि हम उसकी व्यस्तता जानते हैं। स्वाभाविक रूप से वह हमारे समय को भी मूल्यवान मानता है। जब मैं अपॉइंटमेंट लेकर जाता हूँ तो मुझे ज़्यादा अच्छी तरह सुना जाता है और सामने वाला मेरी बातों का ज़्यादा सम्मान करता है।
>
> **3.** इससे हर कॉल एक घटना बन जाती है। अपॉइंटमेंट से सेल्समैन का स्तर ऊँचा हो जाता है और वह हॉकर की श्रेणी से ऊपर उठ जाता है।

मेरे पुराने रूममेट मिलन हगिन्स को बेसबॉल में एक महान लीड-ऑफ मैन समझा जाता था क्योंकि वह अक्सर बेस में पहुँच जाता था। ज़ाहिर था कि बेस में अक्सर पहुँच जाने के कारण वह अधिकांश खिलाड़ियों की तुलना में अधिक रन स्कोर करता था। सेलिंग में मैंने पाया कि अपॉइंटमेंट लेना बेस में पहुँचने की तरह ही है। सेल्स लाइन का आधार है इंटरव्यू लेना और अच्छे और विचारोत्तेजक इंटरव्यू का रहस्य अपॉइंटमेंट बेचने में है। अपॉइंटमेंट बेचना रेडियो, वैक्यूम क्लीनर, किताबें या बीमा बेचने से ज़्यादा आसान है। जब मैंने यह बात अपने दिमाग़ में स्पष्टता से बिठा ली तो मैंने बहुत राहत महसूस की। मैंने होम रन के लिये हड़बड़ी मचाना बंद कर दिया। मैं केवल

फर्स्ट बेस तक पहुँचने की कोशिश करने लगा।

जब मैं किसी परिचित व्यक्ति को फोन करता हूँ तो मैं सहजता से अपॉइंटमेंट माँगता हूँ और आम तौर पर मुझे यह बिना किसी सवाल के मिल जाता है। परंतु अगर आप किसी अजनबी से अपॉइंटमेंट माँगते हैं तो वह हमेशा पूछता है: "आप मुझसे किस बारे में मिलना चाहते हैं?"

यह एप्रोच का सबसे संवेदनशील क्षण है। अगर मैं यह बता देता हूँ कि मैं कुछ बेचने के लिये मिलना चाहता हूँ तो मैं अपने ही पैरों पर कुल्हाड़ी मार रहा हूँ और अपॉइंटमेंट मिलने के अवसर को मैं ख़ुद ही नष्ट कर रहा हूँ। सच्चाई तो यह है कि मैं नहीं जानता कि जो मैं बेच रहा हूँ, क्या उसे सचमुच उस चीज़ की ज़रूरत है। इसलिये अपॉइंटमेंट का उद्देश्य सिर्फ़ चर्चा करना है। परंतु आज तक मुझे हमेशा यह सावधानी रखनी होती है कि मैं फोन पर ही सेल्स टॉक करने में न जुट जाऊँ। मैं एक ही बात पर ध्यान केंद्रित करता हूँ और केवल एक ही बात पर: *अपॉइंटमेंट* बेचने पर।

मैं आपको एक उदाहरण दे दूँ: कुछ समय पहले मैं एक ऐसे व्यक्ति से फोन पर बात करने में कामयाब हो गया जो बिज़नेस के सिलसिले में हर महीने दस हज़ार मील की हवाई यात्रा करता था। यह रही हमारी चर्चा:

मैं: मिस्टर एले, मेरा नाम बेटगर है, फ्रैंक बेटगर। मैं रिचर्ड फ्लिकर का दोस्त हूँ। आप डिक को जानते हैं, नहीं क्या?

एले: हाँ।

मैं: मिस्टर एले, मैं जीवन बीमा का सेल्समैन हूँ। डिक ने सुझाव दिया कि मुझे आपसे मिलना चाहिये। मैं जानता हूँ कि आप व्यस्त हैं परंतु क्या मैं आपसे इस सप्ताह किसी दिन पाँच मिनट के लिये मिल सकता हूँ?

एले: आप मुझसे किस सिलसिले में मिलना चाहते हैं- बीमे के बारे में? मैंने कुछ सप्ताह पहले ही ढेर सारा बीमा करवाया है।

मैं: वह ठीक है, मिस्टर एले। अगर मैं आपको कुछ बेचने की कोशिश करूँगा तो वह आपकी ग़लती होगी, मेरी नहीं। क्या मैं आपसे कल सुबह नौ बजे के क़रीब कुछ मिनट के लिये मिल सकता हूँ?

एले: मेरा साढ़े नौ बजे एक दूसरा अपॉइंटमेंट है।

मैं: अगर मैं आपका पाँच मिनट से अधिक समय लूँ तो उसमें आपका दोष होगा, मेरा नहीं।

एले: ठीक है। आप सवा नौ बजे आ जायें।

मैं: धन्यवाद, मिस्टर एले। मैं वक़्त पर पहुँच जाऊँगा।

अगली सुबह मैं उसके ऑफ़िस में था। उससे हाथ मिलाकर मैंने अपनी घड़ी उतारी और कहाः "आपका साढ़े नौ बजे एक और अपॉइंटमेंट है, इसलिये मैं अपनी बात को केवल पाँच मिनट में ही ख़त्म कर दूँगा।"

मैं अपने सवालों को जितने संक्षिप्त तरीक़े से पूछ सकता था, मैंने पूछा। जब मेरे पाँच मिनट ख़त्म हो गये तो मैंने कहाः "तो मेरे पाँच मिनट ख़त्म हो गये हैं। क्या अब भी ऐसा कुछ है जो आप मुझे बताना चाहेंगे, मिस्टर एले?" और अगले दस मिनट मिस्टर एले ने मुझे वह सब बताया जो मैं वास्तव में उनके बारे में जानना चाहता था।

कई बार ऐसा भी हुआ है जब कुछ लोगों ने मेरे पाँच मिनट के बाद मुझे एक घंटे तक अपने बारे में बताया है; परंतु इसमें दोष उनका था, मेरा नहीं!

मैं कई सफल सेल्समैनों को जानता हूँ जो अपने नियमित ग्राहकों से मिलने जाते समय अपॉइंटमेंट नहीं लेते हैं, परंतु इन सेल्समैनों से सवाल पूछने पर मुझे पता चला कि कॉल करने के उनके कुछ दिन निश्चित होते हैं और आम तौर पर वे दिन के उसी समय पर जाते हैं। दूसरे शब्दों में उस समय सामने वाला उनके आने के लिये तैयार रहता है।

"वे ऑफ़िस में नहीं आयेंगे" हमारे ऑफ़िस की दीवार पर बड़े अक्षरों में यह लिखा रहता था। मैं भी इसमें यक़ीन करता था जब तक कि मैंने शिकागो के प्रतिभाशाली सेल्समैन हैरी राइट को एक रात एक मीटिंग में बोलते नहीं सुना। हैरी ने पाया कि वे लोग ऑफ़िस में आयेंगे। उसने कहा, "मैं अपना पैंसठ प्रतिशत बिज़नेस अपने ऑफ़िस में ही क्लोज़ करता हूँ। मैं हमेशा अपॉइंटमेंट के लिये अपने ऑफ़िस का सुझाव देता हूँ और इसके पीछे यह कारण बताता हूँ कि यहाँ पर कोई बाधा नहीं आयेगी और हम अपने बिज़नेस को जल्दी और संतोषजनक ढंग से कर पायेंगे।"

पहले तो मैं ऐसा करने से घबराता था। परंतु मुझे यह जानकर आश्चर्य हुआ कि कई लोग इस तरीक़े से काम करना पसंद करते थे। जब वे मेरे ऑफ़िस में आते हैं तो मैं कभी बाधा उत्पन्न नहीं होने देता। अगर मेरे फोन की घंटी बजती है तो मैं इस तरह की कोई बात कहता हूँः

"ओह, हलो, वरनॉन। क्या आप वहाँ पर कुछ समय तक हैं? क्या मैं आपको बीस मिनट बाद फोन कर सकता हूँ? मेरे सामने एक सज्जन बैठे हुये हैं और मैं उन्हें इंतज़ार नहीं करवाना चाहता। धन्यवाद, वरनॉन। मैं फोन करता हूँ।" फिर मैं फोन का रिसीवर रख देता हूँ और बाहर बैठी रिसेप्शनिस्ट से कहता हूँ कि जब तक मिस्टर थॉमस यहाँ पर हैं, तब तक वह मेरे फोन कॉल

अंदर ट्रांसफर न करे। इससे मेरा ग्राहक हमेशा प्रसन्न हो जाता है।

अगर उसे जाने की जल्दी नहीं होती तो मैं इस बात का ध्यान रखता हूँ कि उसके जाने से पहले मैं उसे अपना ऑफ़िस दिखाऊँ और अपने स्टाफ के लोगों से मिलवाऊँ जो उसकी सेवा करने में मदद करते हैं और अगर वह ग्राहक बनता है तो वे उसकी भी सेवा करेंगे।

मैं ऐसे सेल्समैनों को जानता हूँ जिन्हें इस वजह से ग्राहकों को अपने ऑफ़िस, प्लांट या फैक्ट्री घुमाने का बढ़िया अवसर मिल जाता है और जिसके द्वारा वे उन्हें यह दिखा सकते हैं कि उनके प्रॉडक्ट किस तरह बनते हैं।

मिलने में कठिन लोग

अपॉइंटमेंट लेने की किसी की भी तकनीक प्रैक्टिस या अभ्यास से सुधर सकती है। ऐसे कुछ लोग हमेशा रहेंगे जिनसे मिलना कठिन हो। बहरहाल, मैंने यह पाया है कि अगर मैं उनसे मिलने में कामयाब हो जाता हूँ तो वे मेरे लिये सर्वश्रेष्ठ ग्राहक साबित होते हैं। जब तक मैं शिष्ट रहता हूँ वे मेरे निरंतर आग्रह से नहीं चिढ़ते। यहाँ कुछ सवाल दिये गये हैं जिनका मैं प्रयोग करता हूँ और कुछ विचार हैं जिन्होंने मेरी मदद की है:

1. "मिस्टर ब्रांउन, आपसे मिलने का सबसे अच्छा समय क्या है- सुबह जल्दी या शाम को?"

   "सप्ताह के शुरू में या सप्ताह के अंत में बेहतर रहेगा?"

2. "आप किस समय लंच करने जाते हैं? इस सप्ताह एक दिन हम इकट्ठे लंच लेते हैं। क्या आप कल मेरे साथ यूनियन लीग में लंच करेंगे, बारह बजे या साढ़े बारह बजे?

3. अगर उसके पास समय बहुत ही कम है परंतु वह सचमुच मुझसे मिलने का इच्छुक है तो मैं उससे कई बार पूछता हूँ: "क्या आज आपकी कार शहर में है?" अगर वह कहता है "नहीं," तो मैं उसे अपनी कार में घर छोड़ने का प्रस्ताव दे देता हूँ। मैं कहता हूँ: "इससे हमें कुछ समय इकट्ठे मिल जायेगा।"

4. मुझे इस बात से आश्चर्य होता है कि जो लोग किसी निश्चित अपॉइंटमेंट देने से कतराते हैं वे लंबे समय बाद मुझसे मिलने का अपॉइंटमेंट देने के लिये राज़ी हो जाते हैं। उदाहरण के तौर पर मैं शुक्रवार की सुबह को जब अपने अगले सप्ताह का प्लान बनाता हूँ तो अगर मैं फोन करके पूछता हूँ, "मिस्टर जोन्स, मैं अगले बुधवार

को आपके इलाक़े में रहूँगा, क्या मैं आपसे मिल सकता हूँ?" आम तौर पर वह तैयार हो जाता है। तब मैं उससे पूछता हूँ कि कौन सा समय उसके लिये ठीक रहेगा, सुबह या दोपहर और कई बार तो वह ख़ुद ही बता देता है कि मुझे उससे कितने बजे मिलना चाहिये।

हरसंभव प्रयास करने के बाद अगर मुझे लगता है कि प्रॉस्पेक्ट सहयोग करने का क़तई इच्छुक नहीं है, तो मैं उसे भूल जाता हूँ।

मेरे सबसे अच्छे कॉन्टैक्ट वही लोग साबित हुये हैं जिनसे मिलना बहुत कठिन था। उदाहरण यह रहा: मुझे फिलाडेल्फिया में एक कॉन्ट्रैक्टिंग इंजीनियर का नाम सुझाया गया। उसे दो-एक बार फोन करने के बाद मैंने यह जाना कि वह अपने ऑफ़िस में आम तौर पर सुबह सात बजे से लेकर साढ़े सात बजे तक ही उपलब्ध रहता है।

अगली सुबह मैं सात बजे उसके ऑफ़िस में धमक गया। ठंड के दिन थे और बाहर रात का अँधेरा छाया था। वह अपनी मेज़ पर रखे कुछ पत्रों को देख रहा था। अचानक उसने एक बड़ा सा ब्रीफकेस उठाया और मेरे पास से होता हुआ गुज़र गया। मैं उसकी कार तक उसके पीछे-पीछे गया। जब उसने अपनी कार का ट्रंक खोला तो उसने मेरी तरफ़ देखा और कहा: "आप मुझसे किस बारे में बात करना चाहते थे?"

मैंने कहा: "आपके बारे में।"

उसने कहा: "मैं इस सुबह किसी से भी बात करने के लिये नहीं रुक सकता।"

"आप आज सुबह कहाँ जा रहे हैं?" मैंने पूछा।

"कॉलिंग्सवुड, न्यू जर्सी," उसने जवाब दिया।

"क्या मेरा शोफर आपको कार में वहाँ तक ले जा सकता है," मैंने सुझाव दिया।

"नहीं! मेरे पास कार में बहुत सी चीज़ें हैं जिनकी आज मुझे ज़रूरत होगी," उसने जवाब दिया।

"जब आप ड्राइव करेंगे, तो क्या मैं आपके पास बैठ सकता हूँ?" मैंने पूछा। "जब आप ड्राइव करेंगे तो हम बात कर सकते हैं। इससे आपका समय बचेगा।"

"आप लौटेंगे कैसे?" उसने पूछा। "क्योंकि मैं उसके बाद विल्मिंगटन, डेलावेअर जाऊँगा।"

"मैं किस तरह वापस लौटूँगा, यह मेरा सिरदर्द है; मुझे उसमें कोई

दिक़्क़त नहीं होगी," मैंने उसे आश्वस्त किया।

"तो फिर ठीक है। आ जाइये," उसने मुस्कराते हुये कहा।

उस समय तक वह मेरा नाम भी नहीं जानता था। उसे यह भी नहीं मालूम था कि मैं किस बारे में उससे बात करना चाहता था। परंतु जब मैं विल्मिंगटन से फिलाडेल्फिया आने वाली दोपहर की ट्रेन में बैठा तो मेरे पास उसका ऑर्डर था।

मैं बाल्टीमोर, वाशिंगटन और न्यूयॉर्क की ट्रेनों में बैठा हूँ और इसका कारण वे लोग रहे हैं जिनसे मैं और किसी तरह निश्चित अपॉइंटमेंट ले पाने में सफल नहीं हुआ था।

टेलीफोन के प्रयोग के बारे में वे महत्वपूर्ण बातें जो मैंने सीखीं

मैं हमेशा अपनी जेब में काफ़ी सिक्के रखता हूँ ताकि मैं चाहे जहाँ रहूँ पेस्टेशन टेलीफोन का प्रयोग कर सकूँ। दरअसल कई बार तो मैं अपने ऑफ़िस से बाहर निकलकर पास के ही फोन बूथ में जाकर फोन करता हूँ सिर्फ़ इसलिये क्योंकि मेरे ऑफ़िस में बहुत सी बाधायें होती हैं।

जब मैंने प्लानिंग के लिये शुक्रवार का समय निकाला, तो मैंने उन लोगों को फोन करना शुरू किया जिनसे मैं अगले सप्ताह मिलना चाहता था। कई बार तो मुझे आश्चर्य होता है कि मेरे सप्ताह के शेड्यूल का बहुत बड़ा हिस्सा अपॉइंटमेंट्स से ही भर जाता है।

मुझे यह सीखने में बहुत लंबा समय लगा कि ग्राहक या संभावित ग्राहक के लिये संदेश छोड़ने में डरना नहीं चाहिये। जब मैं उससे बात करने के कई प्रयास कर चुका होता हूँ और अपने प्रयासों में असफल होता हूँ तो उसे यह लगता है कि मैं किसी ऐसी चीज़ के लिये उसका पीछा कर रहा हूँ जो मैं चाहता हूँ। मैंने पाया कि मैं यदि उसके पास मुझे फोन करने का संदेश छोड़ता था तो उसे यह एहसास होता था कि मेरे पास ऐसा कुछ होगा जो उसे चाहिये या जो उसके लिये महत्त्वपूर्ण होगा।

जब मैंने प्रॉडक्ट से पहले अपॉइंटमेंट बेचने के महत्व को पहचाना तो मुझे वे सारे इंटरव्यू मिलने लगे जो मैं चाहता था।

मैं एक बार फिर उस नियम को दोहरा दूँ जिसे सीखने में मुझे बहुत लंबा समय लगा थाः

पहले, अपने *अपॉइंटमेंट* को बेचो
फिर, अपने प्रॉडक्ट को बेचो।

27 मैंने किस तरह सेक्रेटरी और स्विचबोर्ड ऑपरेटर्स से ज़्यादा स्मार्ट बनना सीखा

पिछले सप्ताह एक दिन मैंने यह बेहतरीन तरीक़ा सीखा कि किस तरह सेक्रेटरी और स्विचबोर्ड ऑपरेटर से ज़्यादा स्मार्ट बना जा सकता है। मैं यूनियन लीग में अपने नियमित समूह के साथ लंच कर रहा था। वहाँ हमारी टेबल के एक सदस्य और फिलाडेल्फिया की मर्लिन मैन्युफैक्चरिंग कंपनी के प्रेसिडेन्ट डोनाल्ड ई. लिंडसे ने मुझे यह कहानी सुनाईः

"हमारे प्लांट में आज सुबह एक सेल्समैन आया और उसने मिस्टर लिंडसे से मिलने का आग्रह किया। मेरी सेक्रेटरी गयी और उसने पूछा कि क्या उसने मिस्टर लिंडसे से कोई अपॉइंटमेंट लिया है। "नहीं," उसने कहा, "मेरे पास कोई अपॉइंटमेंट नहीं है, परंतु मेरे पास उनके लिये कुछ ऐसी जानकारी है जो मैं जानता हूँ कि वे हासिल करना चाहेंगे।" मेरी सेक्रेटरी ने उससे उसका नाम पूछा और यह भी कि वह किस कंपनी से आया है। उसने अपना नाम तो बता दिया, परंतु यह कहा कि वह पर्सनल मामले में मिलना चाहता है। सेक्रेटरी ने कहाः "मैं मिस्टर लिन्डसे की प्राइवेट सेक्रेटरी हूँ। अगर कोई पर्सनल मामला है तो शायद मैं उस पर बात कर सकती हूँ। मिस्टर लिन्डसे अभी बहुत ही व्यस्त हैं।"

"यह एक *पर्सनल* मामला है," आदमी ने ज़ोर दिया। "मुझे लगता है कि इस बारे में मिस्टर लिन्डसे से सीधे बात करना ही बेहतर रहेगा।"

"उस वक़्त," डॉन ने हमें बताया, "मैं प्लांट के पिछवाड़े में था। मेरे हाथ गंदे हो रहे थे क्योंकि मैं अपने दो मैकेनिकों के साथ एक मशीन पर काम कर रहा था जो उन्हें दिक़्क़त दे रही थी। मैंने अपने हाथ धोये और अपने ऑफ़िस में आया।

"मैं उस आदमी को नहीं पहचान पाया, परंतु उसने अपना परिचय

दिया, मुझसे हाथ मिलाया और पूछा कि क्या वह मुझसे मेरे प्राइवेट ऑफ़िस में पाँच मिनट मिल सकता है। मैंने उससे पूछा, 'किस बारे में ?' उसका जवाब था, 'यह पूरी तरह से व्यक्तिगत मामला है, मिस्टर लिन्डसे, परंतु मैं आपको कुछ ही मिनटों में बता दूँगा।'

"जब हम लोग ऑफ़िस में आये, तो इस आदमी ने कहाः 'मिस्टर लिन्डसे, हमने एक टैक्स सर्वे सर्विस विकसित की है जो आपका बहुत सा पैसा बचा सकती है। हम इस सेवा के लिये कोई भुगतान नहीं लेते। हमें आपसे सिर्फ़ थोड़ी सी जानकारी चाहिये जो पूरी तरह से गोपनीय रखी जायेगी।'

"इसी के साथ उसने एक क्वश्चनेयर निकाली और मुझसे कुछ सवाल पूछना शुरू कर दिया। मैंने कहाः 'एक मिनट ठहरिये। आप ज़रूर मुझे कुछ बेचना चाहते हैं ? आप क्या बेचना चाहते हैं ? आप किस कंपनी से आये हैं ?'

" 'माफ़ कीजिये, मिस्टर लिन्डसे,' उसने कहा, 'परन्तु...'

" 'आप किस कंपनी का प्रतिनिधित्व करते हैं ?' मैंने पूछा।

" 'ए बी सी इन्श्योरेन्स कंपनी। मैं...'

" '*यहाँ से दफ़ा हो जाओ!*' मैंने कहा। 'आप यहाँ धोखे से अंदर घुसे हैं। अगर आप जल्दी ही यहाँ से दफ़ा नहीं होते तो मैं आपको बाहर फेंक दूँगा।' "

जब डॉन लिन्डसे पेनसिल्वेनिया की युनिवर्सिटी में पढ़ता था तो वह कुश्ती की टीम में था। हममें से ज़्यादातर लोग डॉन के बारे में जानते थे और हम सब बहुत जमकर हँसे क्योंकि डॉन को सचमुच पता है कि उन्हें बाहर *किस तरह* फेंका जाता है! जब उसने कहानी सुनाई तो उसके चेहरे से रंग से हम देख सकते थे कि यह अच्छा रहा कि सेल्समैन तत्काल ऑफ़िस से रवाना हो गया।

डॉन ने बताया कि इस सेल्समैन का उस पर अच्छा प्रभाव पड़ा था और उसने बातें भी अच्छी की थीं। परंतु आइये हम उसकी शैली का विश्लेषण करने के लिये कुछ क्षण निकालें:

1. उसके पास कोई अपॉइंटमेंट नहीं था। उसने मिस्टर लिन्डसे को ग़लत समय पर पकड़ लिया, जैसा आम तौर पर तब होता है जब हमारे पास अपॉइंटमेंट नहीं होता।
2. उसने सेक्रेटरी को अपना नाम बताया, जिसका कोई अर्थ नहीं था, क्योंकि उसने सेक्रेटरी के इस सवाल का जवाब नहीं दिया,

"आप किस कंपनी से आये हैं ?" इससे हमेशा शंका पैदा होती है।

3. जब सेक्रेटरी ने उसे बताया कि मिस्टर लिन्डसे व्यस्त हैं तो उस सेल्समैन ने ऐसा व्यवहार किया जैसे उसे उसकी बात पर भरोसा नहीं था-- जिससे उसे बुरा लगना स्वाभाविक था।

4. वह धोखा देकर अंदर घुसा। उसने वहाँ दुबारा आने के सभी अवसर अपने ही हाथों ख़त्म कर लिये थे। हालाँकि वह एक अच्छी कंपनी का प्रतिनिधि था, परंतु उसके व्यवहार ने उस कंपनी के किसी भी प्रतिनिधि के लिये उस प्लांट के साथ बिज़नेस करना बहुत मुश्किल बना दिया था।

व्यस्त ग्राहकों से मिलने की कोशिश करने के मेरे अनुभव ने मुझे सिखाया है कि चतुर चालों के बजाय कॉमनसेन्स हमेशा अधिक काम आता है। कई सेल्समैन यह कभी नहीं समझते कि किसी आदमी की सेक्रेटरी उनके लिये बहुत महत्वपूर्ण साबित हो सकती है। कई मामलों में तो वह सिंहासन के पीछे की शक्ति होती है। मैंने सीखा कि अगर मैं बड़े आदमी से मिलना चाहता हूँ तो मेरी सर्वश्रेष्ठ नीति यह होती है कि मैं अपने आप को उस सेक्रेटरी के हाथों में रख देता हूँ और आम तौर पर वह मुझे अंदर पहुँचाने का रास्ता बताती है। और ऐसा हो भी क्यों ना, जहाँ तक अपॉइंटमेंट का सवाल होता है, अक्सर वह अपने बॉस के समय की बॉस होती है। जब हम किसी आदमी की सेक्रेटरी के साथ काम करते हैं तो हमें यह नहीं भूलना चाहिये कि हम उस आदमी के "दायें हाथ" के साथ काम कर रहे हैं। मैंने पाया है कि मेरा प्रदर्शन और प्रभाव तब बेहतर होते हैं जब मैं सेक्रेटरी को अपने विश्वास में लेता हूँ, उससे ईमानदारी और गंभीरता का बर्ताव करता हूँ और उसके पद के प्रति सम्मान दिखाता हूँ।

शुरूआत में, मैं कोशिश करता हूँ कि उसी ऑफ़िस के किसी और व्यक्ति से उस सेक्रेटरी का नाम जान लूँ। फिर मैं हमेशा उसका नाम लेकर उससे मिलता हूँ.। मैं उसके नाम को एक परमानेन्ट रिकॉर्ड कार्ड पर लिख लेता हूँ ताकि उसे भूलने का ख़तरा न रहे। बाद में अपॉइंटमेंट के लिये फोन करते समय मैं आम तौर पर कहता हूँः "मिस मैलेट्स, गुड मॉर्निंग! मैं बेटगर बोल रहा हूँ। मैं सोच रहा था कि क्या आप मुझे मिस्टर हर्शा के शेड्यूल में आज या इस सप्ताह किसी दिन बीस मिनट का समय दिलवा सकती हैं ?"

मैंने अनुभव किया है कि कई सेक्रेटरीज़ और रिसेप्शनिस्ट्स को लगता है जैसे सेल्समैनों से पीछा छुड़ाना उनका कर्त्तव्य हो। परंतु मैं उनके साथ व्यवहार करने में धोखेबाज़ी या चालाकी में विश्वास नहीं करता। कोई भी चतुर आदमी, जिसकी पर्सनैलिटी में दम हो, बिना अपने मिलने का उद्‌देश्य बताये सेक्रेटरी के पार जा सकता है। हिम्मत वाला और अच्छा बोलने वाला सेल्समैन भी कभी-कभार सेक्रेटरी को चकमा दे सकता है, परंतु मेरा मानना है कि सेक्रेटरी और स्विचबोर्ड ऑपरेटर्स से ज़्यादा स्मार्ट बनने का सबसे अच्छा तरीक़ा यह है कि ऐसी कोशिश ही न की जाये।

28 एक विचार जिसने मुझे "मेजर लीग" में पहुँचने में मदद की

मुझे यह जानकर आश्चर्य हुआ कि सेलिंग में मैं जिन विचारों का प्रयोग कर रहा था, उनमें से कई मैंने पहले बेसबॉल में सीखे थे। उदाहरण के तौर पर जब मैं ग्रीनविले, साउथ कैरोलिना के साथ खेल रहा था तो मैनेजर टॉमी स्टाउच ने मुझसे एक दिन कहा: "फ्रैंक, अगर तुम केवल हिट कर सको तो बड़े लीग वाले क्लब तुम्हारे पीछे भागेंगे।"

"क्या ऐसा कोई तरीक़ा है जिससे मैं हिट करना सीख सकता हूँ?" मैंने पूछा।

"जेसी बर्केट तुमसे बेहतर हिटर नहीं था," टॉम ने कहा। "परंतु वह बेसबॉल में सबसे महान हिटर्स में से एक बन गया।"

"उसने ऐसा किस तरह किया?" मैंने शंका भरे स्वर में पूछा।

"बर्केट ने यह फैसला किया कि वह यह सीखने जा रहा है कि हिट कैसे किया जाये," टॉमी ने कहा, "इसलिये वह हर सुबह बॉल पार्क जाकर तीन सौ गेंदों को हिट किया करता था। उसने कुछ बच्चों को पैसे देकर इस बात के लिये तैनात कर दिया कि वे गेंदों का पीछा करेंगे जबकि एक बच्चा उसे बॉल पिच करेगा। जेसी ने बॉल का भुर्ता बनाने की कोशिश नहीं की, बल्कि फ्री, स्मूथ स्विंग का अभ्यास किया जब तक कि उसकी टाइमिंग परफेक्ट नहीं हो गयी।"

यह कहानी मुझे कुछ ज़्यादा ही अच्छी लगी। मुझे इसे आज़माकर देखना था। इसलिये मैंने रिकॉर्ड को पलटकर देखा। केवल दो खिलाड़ियों ने एक से अधिक सीज़न में 400 से अधिक रन बनाये थे। उनमें से एक लैजोई था। और दूसरे का नाम था जेसी बर्केट!

मैं इस विचार को लेकर इतना रोमांचित हो गया कि मैंने अपनी टीम के कुछ दूसरे खिलाड़ियों को अपने साथ यह प्रयोग करने के लिये तैयार करने की कोशिश की, परंतु उन्होंने मुझे बताया कि मैं पागल हो चुका हूँ। उन्होंने कहा कि उत्तरी इलाक़े का आदमी सुबह और दोपहर की दक्षिणी गर्मी को सहन नहीं कर सकता। परंतु मेरा रूममेट आइवी (रेड्स) विन्गो नॉरक्रॉस, जॉर्जिया से आया था। उसने कहा कि वह इस प्रयोग को करना चाहेगा। इसके बाद हमने कुछ बच्चों को पकड़ा जो थोड़ा धन कमाने के इच्छुक थे और फिर हम हर रोज़

सूरज के अधिक गर्म होने से पहले सुबह जल्दी निकल जाया करते थे। रेड्स और मैं दोनों ही तीन-तीन सौ बॉल मारते थे।

हमारे हाथों में बड़े-बड़े सुंदर से छाले हो गये थे, परंतु इसके अलावा हमें कोई और कष्ट नहीं हुआ और हमें ऐसा करने में बहुत आनंद आया।

उस गर्मी में मैं और रेड्स दोनों ही सेंट लुइस कार्डिनल्स को बेच दिये गये।

अब सवाल यह है कि इसका सेलिंग से क्या लेना-देना है ? सिर्फ़ यहः बेसबॉल छोड़ने के दस साल बाद जब मैं दो साल तक सेल कर चुका था तो दक्षिणी प्रांत का एक बड़ा आकर्षक आदमी फ्रेड हेगन हमारी कंपनी के अटलांटा ऑफ़िस से ट्रांसफर होकर फिलाडेल्फिया आया। फ्रेड की मुस्कराहट और पर्सनैलिटी मिलियन-डॉलर की थीं, परंतु उसका पूरा सेलिंग अनुभव दक्षिणी किसानों के साथ ही था इसलिये उसे नई सेल्स टॉक विकसित करनी थी। उसने मेरे साथ इन चर्चाओं का अभ्यास शुरू किया।

यही विचार पहले मैंने बेसबॉल में सीखा था। मैंने फ्रेड को जेसी बर्केट और "रेड्स विन्गो" और मेरी तीन सौ बॉल हिट करने वाली कहानी बतायी। फ्रेड इस विचार से उत्साहित हो गया और उसने इस बात पर ज़ोर दिया कि मैं अपनी चर्चायें उसे सुनाऊँ। हम एक दूसरे के सामने अपनी चर्चाओं का अभ्यास करते रहे, जब तक कि वह टॉक्स हमें पूरी तरह से याद नहीं हो गयीं। मुझमें इतना आत्मविश्वास आ गया कि मुझे उन चर्चाओं को करने में मज़ा आने लगा। मैं हर मिलने वाले से सेल्स टॉक करना चाहता था! परिणाम ? मैं ज़्यादा कॉल करने लगा, ज़्यादा लोगों से मिलने लगा। जब कोई सेल्समैन पर्याप्त कॉल नहीं करता तो अक्सर इसका असली कारण यह होता है कि अपनी ख़ुद की सेल्स स्टोरी में उसकी रुचि और उत्साह ख़त्म हो चुके हैं।

एक रात को *हैमलेट* नाटक के छप्पनवें प्रदर्शन के बाद एक रिपोर्टर जॉन बैरीमोर का इंटरव्यू लेने आया। रिपोर्टर को रिहर्सल के कारण डेढ़ घंटे तक इंतज़ार करना पड़ा। जब आख़िरकार वह महान अभिनेता बाहर आया तो रिपोर्टर ने कहाः "मिस्टर बैरीमोर, मुझे आश्चर्य है कि ब्रॉडवे में छप्पन प्रदर्शन के बाद भी आपको रिहर्सल की ज़रूरत पड़ती है। आख़िर क्यों ? आपके बारे में तो कहा जाता है कि आप हैमलेट के रूप में दुनिया के सबसे प्रभावी अभिनेता हैं और आपमें स्टेज की प्रतिभा कूट-कूटकर भरी हुई है!" बैरीमोर हँसने लगे। उन्होंने कहा, "सुनिये, क्या आप सच्चाई जानना चाहते हैं ? पाँच महीने, हर दिन नौ घंटे तक मैंने उस भूमिका को पढ़ा है, बार-बार पढ़ा है, उसका अध्ययन किया है और उसका बोलकर अभ्यास किया है। मैं सोच रहा

था कि यह मेरे दिमाग़ में नहीं घुसेगा। कई बार तो मैं इसे छोड़कर भाग जाना चाहता था। मैं सोचने लगा था कि शायद मैं ग़लत व्यवसाय में आ गया था और अभिनेता बनने का मेरा चुनाव एक बहुत बड़ी ग़लती थी। हाँ, एक साल पहले मैं स्टेज छोड़ना चाहता था और अब लोग मुझे जीनियस कह रहे हैं। क्या यह मूर्खतापूर्ण नहीं है?"

जिस समय मैंने यह कहानी पढ़ी, मेरी हालत बहुत ख़स्ता थी। इसे पढ़ने के बाद मैंने अपने मैनेजर से कहा कि वह मुझे हमारी एजेन्सी के सामने एक सेल्स डिमॉन्स्ट्रेशन देने का अवसर दे। जिस तरह से उसने मेरी तरफ़ देखा उससे यह साफ़ ज़ाहिर था कि उससे आज से पहले ऐसा अनुरोध किसी और ने नहीं किया था। इससे मैं बुरी तरह फँस गया था इसलिये मैंने इसकी रिहर्सल की, बार-बार रिहर्सल की और मैं रिहर्सल करता चला गया। जब मेरी चर्चा में सुधार हुआ तो मैंने उसमें थोड़ी ज़्यादा जान डालने की कोशिश की। मैं इसको लेकर बहुत अधिक रोमांचित हो गया। जब मैं इसे परफेक्ट करने की कोशिश कर रहा था, तो मेरे दिमाग़ में एक नया विचार आया कि क्लोज़ कैसे की जा सकती है। डिमॉन्स्ट्रेशन देने के कुछ ही समय बाद मैंने एक बड़ी सेल को सफलतापूर्वक क्लोज़ किया। मैं जानता हूँ कि अगर मैंने वे सारी रिहर्सलें नहीं की होतीं तो मैं उस सेल को सफलतापूर्वक क्लोज़ नहीं कर सकता था। हर बार जब मुझसे किसी समूह के सामने सेल्स इंटरव्यू को नाटकीयता के साथ प्रस्तुत करने को कहा जाता है तो मुझे उससे श्रोताओं की तुलना में अधिक लाभ होता है, शायद बहुत ही ज़्यादा। मुझे लगता है कि अपने गर्व की वजह से मैं इतनी तैयारी और रिहर्सल करता हूँ जब तक कि मुझे यह विश्वास नहीं हो जाता कि मैं पूरी तरह से तैयार हूँ।

अपनी मृत्यु के कुछ समय पहले नॉट्रे डेम के प्रसिद्ध फुटबॉल कोच न्यूट रॉक्ने ने देश के सबसे बड़े सेल्स संगठनों में से एक में अपना लेक्चर दिया। यह मेरे द्वारा पढ़े गये सबसे उपयोगी और प्रेरक संदेशों में से एक था। यहाँ पर उसका सार दिया जा रहा है:

> नॉट्रे डेम में हमारे यहाँ तीन सौ लोगों का स्क्वैड है, जिनमें युनिवर्सिटी के अनुभवी लोग भी हैं और नये आने वाले भी। यह लोग मूलभूत चीज़ों की प्रैक्टिस करते हैं और करते रहते हैं, तब तक करते रहते हैं जब तक कि यह मूलभूत चीज़ें उतनी ही स्वाभाविक और सहज रूप से अवचेतन में न बैठ जायें जैसे कि साँस लेना। फिर खेल में जब तत्काल एक्शन लेने का वक़्त आता है तो उन्हें रुककर यह सोचने की ज़रूरत नहीं पड़ती कि आगे क्या करना है। यह सिद्धांत सेलिंग में भी उतना ही लागू होता है जितना कि फुटबॉल में। अगर आप सेलिंग के

> खेल में स्टार बनना चाहते हैं तो आपको अपनी मूलभूत चीज़ें ठीक से याद होनी चाहिये-- आपके काम के ए बी सी आपके दिमाग़ में पूरी तरह से बैठ जाना चाहिये ताकि वे आपका हिस्सा बन जायें। उन्हें इतनी अच्छी तरह से जान लें कि चाहे किसी भी बिंदु पर आपका संभावित ग्राहक क्लोज़ के रास्ते से भटक जाये, आप उसे दुबारा रास्ते पर ले आयें और दोनों को ही यह एहसास न हो कि ऐसा हुआ है। आप ऐसी परफेक्शन इस तरह विकसित नहीं कर सकते कि आप अपने आपको शीशे में देखें और अपनी कंपनी को इस बात के लिये बधाई दें कि उसने आपको चुना है। आपको इसके लिये *ड्रिल करनी होगी, ड्रिल करनी होगी, ड्रिल करनी होगी*!

इसी वजह से जॉन बैरीमोर स्टेज छोड़ते-छोड़ते बचे थे और वे अपने समय के महानतम हैमलेट के रूप में प्रसिद्ध हुये थे।

इसी वजह से जेसी बर्केट कमज़ोर हिटर से बेसबॉल के अमर खिलाड़ी बने थे। आज तक केवल चार खिलाड़ियों ने एक से अधिक सीज़न में 400 से अधिक रन की बैटिंग का रिकॉर्ड बनाया है- टाई कॉब, रॉजर्स हार्न्सबि, लैजोई और बर्केट।

हाँ, इसी ने मेरी भी मदद की कि मैं माइनर्स से बाहर निकलूँ और बेसबॉल और सेलिंग में मेजर्स में शामिल हो जाऊँ।

संक्षेप में

1. भाषण तैयार करने का सबसे अच्छा वक़्त भाषण देने के तत्काल बाद है। आपने जो कुछ कहा है और जो कुछ आपको कहना चाहिये था, वह सब आपके दिमाग़ में एकदम ताज़ा होता है। उसे *तत्काल* लिख लें!
2. अपनी पूरी टॉक को शब्दशः लिख लें। इसे सुधारते रहें। इसे पढ़ें और बार-बार पढ़ें जब तक कि यह आपको याद न हो जाये। परंतु इसे रटने का प्रयास न करें। अपनी पत्नी के सामने यह टॉक दें। अगर आपकी सेल्स टॉक में कोई कमी है तो वह आपको बता देगी। इसे अपने मैनेजर के सामने दें। इसे दूसरे सेल्समैन के सामने दें। इसे तब तक देते रहें, जब तक कि आपको यह टॉक देने में आनंद न आने लगे।

न्यूट रॉक्ने ने कहा हैः "आपको *ड्रिल करनी होगी... ड्रिल करनी होगी ... ड्रिल करनी होगी*।"

29 सेल में किस तरह ग्राहक को अपनी मदद करने दें

एक पुरानी चीनी कहावत है: "एक डिमॉन्स्ट्रेशन एक हज़ार शब्दों से भी अधिक मूल्यवान है।" मैंने सीखा है कि एक अच्छा नियम यह है कि कभी कोई ऐसी चीज़ न कही जाये जिसे आप नाटकीय ढंग से प्रस्तुत कर सकते हों। इससे भी बेहतर है: किसी ऐसी चीज़ को आप ख़ुद नाटकीय ढंग से प्रस्तुत न करें जो आप अपने संभावित ग्राहक से करवा सकते हों। ग्राहक को प्रदर्शन करने दें। उसे एक्शन में लायें। दूसरे शब्दों में, आप सेल में ग्राहक को अपनी मदद करने दें।

हम इस बात के कुछ वास्तविक उदाहरण लेते हैं कि किस तरह नाटकीयता की वजह से सेल करने में मदद मिली:

नंबर 1: जनरल इलेक्ट्रिक और इसी तरह की कंपनियाँ सालों से स्कूल बोर्ड्स को यह बताने की कोशिश कर रही थीं कि स्कूल के कमरों में आधुनिक लाइटिंग लगवाना ज़रूरी है। असंख्य कॉन्फ्रेंसें हुईं... हज़ारों शब्द कहे गये... परिणाम ? कुछ नहीं! अचानक एक सेल्समैन के मन में एक विचार आया- नाटकीयता। एक शहर में एक स्कूल बोर्ड के सामने खड़े होकर उसने अपने सिर के ऊपर एक स्टील रॉड को पकड़ा। अपने हाथों से दोनों सिरों को पकड़े हुये उसने रॉड को थोड़ा सा मोड़ा और कहा: "सज्जनों, मैं इस रॉड को इतनी दूरी तक ही मोड़ सकता हूँ और इसके बाद यह तत्काल सीधी हो जाती है (*रॉड को फिर से सीधा होने के लिये छोड़ते हुये*) परंतु अगर मैं इसे एक निश्चित बिंदु से आगे मोड़ने की कोशिश करता हूँ तो रॉड को नुक़सान हो सकता है और यह दुबारा कभी सीधी नहीं होगी" (*जैसे ही उसने रॉड को उस लचीले बिंदु के आगे मोड़ा वह बीच से थोड़ी सी टूट गयी और उसका लचीलापन नष्ट हो गया*)। "तो यही स्कूल में आपके छोटे बच्चों की आँखों के साथ होता है। उनकी आँखें इतना तनाव तो सहन कर सकती हैं। उसके

बाद उनकी दृष्टि हमेशा के लिये नष्ट हो सकती है!"

परिणाम ? पैसा जुटाया गया। आधुनिक लाइटिंग तत्काल लगवा ली गयी!

नंबर 2: आइये देखें कि किस तरह माचिस जैसी आम चीज़ को देश भर में प्रसिद्ध एक रेफ्रिजरेटर कंपनी ने नाटकीय ढंग से प्रस्तुत किया और इसे अपने सबसे महत्वपूर्ण सेलिंग बिंदुओं में से एक बनाया। ग्राहक के सामने एक जलती हुई माचिस की तीली को थामे हुये सेल्समैन कहता था: "मिसेज़ हूटनैनी, हमारा फ्रिज ज़रा भी आवाज़ नहीं करता... यह उतना ही ख़ामोश है जितनी कि यह जलती हुई तीली।"

नंबर 3: ज़्यादातर सेल्समैनों को समय-समय पर यह ज़रूरत महसूस होती है कि वे अपने ग्राहकों को आँकड़े बतायें। मैंने इसे अधिक प्रभावी पाया है कि मैं अपने ग्राहक को ख़ुद ही आँकड़े उतारने दूँ। मैं सिर्फ़ इतना कहता हूँ: "मिस्टर हेन्ज़, जब मैं आपको यह आँकड़े बता रहा हूँ तो क्या आप इन्हें लिख लेंगे ?" मैंने पाया है कि इससे ज़्यादा ध्यान मिलता है; सामने वाले की रुचि ज़्यादा जाग्रत होती है; उसका ध्यान भटकने की संभावना कम हो जाती है। उस समय यह उसी का अपना विचार होता है। वह इसे बेहतर समझता है। वह अपने ख़ुद के आँकड़ों से ख़ुद को विश्वास दिलाता है। दूसरे शब्दों में, इससे वह एक्शन में आ जाता है। बाद में, क्लोज़ पर आते हुये मैं उससे संक्षेप में बताने के लिये कहता हूँ। मैं दुबारा कहता हूँ, "मिस्टर हेन्ज़, क्या आप इन बातों को लिखेंगे ?" फिर मैं संक्षेप को बहुत ही कम शब्दों में दोहराता हूँ: नंबर एक... नंबर दो... नंबर तीन... नंबर चार... यह एक स्वाभाविक क्लाइमैक्स होता है। वह ख़ुद ही सेल को क्लोज़ करने में मेरी मदद कर रहा है।"

नंबर 4: एक रात को मैं पोर्टलैन्ड, ऑरेगॉन में ड्रगस्टोर में प्रस्तुति दे रहा था। वहाँ पर ऊनी कपड़ों के एक होलसेल डिस्ट्रिब्यूटर ने मुझे "ग्राहक" के सामने एक नये प्रकार के टूथब्रश को नाटकीय रूप से बेचते देखा। ग्राहक के हाथ में मैंने एक बड़ा मैग्नीफाइंग ग्लास या आवर्धक लेंस दिया और इसके बाद मैंने उसे एक साधारण टूथब्रश थमा दिया और साथ ही नये प्रकार का टूथब्रश

भी। फिर मैंने कहाः "आप काँच के नीचे इन ब्रशों की तरफ़ देखिये, और आप ख़ुद ही फ़र्क़ देख लेंगे।" यह कपड़े का सेल्समैन इन दिनों अपने प्रतिद्वंद्वियों से परेशान था जो सस्ते कपड़े का व्यापार करते थे। वह अपने ग्राहकों को यह विश्वास नहीं दिला पा रहा था कि अच्छी क्वालिटी के कपड़े ख़रीदना ही दरअसल लंबे समय में सस्ता पड़ता है। इसलिये उसने एक पॉकेट मैग्नीफाइंग ग्लास का प्रयोग करने का निश्चय किया जिस तरह मैंने टूथब्रश की नाटकीय प्रस्तुति में किया था। "मुझे हैरानी हुई," उसने मुझे बाद में बताया, "कि ग्राहकों ने कितनी जल्दी फ़र्क़ पहचान लिया। मेरी सेल तत्काल बढ़ गयी।"

नंबर 5: न्यूयॉर्क सिटी के एक हैबरडैशर ने मुझे बताया कि जब उसने अपने स्टोर की विन्डो में एक मूवी चलाई तो उसके कपड़ों की सेल 40 प्रतिशत बढ़ गयी। इस मूवी में नाटकीय तरीक़े से यह बताया गया था कि एक आदमी घटिया कपड़े पहनकर नौकरी के इंटरव्यू में जाता है और उसे तत्काल भगा दिया जाता है। अगला आवेदक अच्छे कपड़े पहने हुये है और उसे तत्काल नौकरी पर रख लिया जाता है। उस मूवी के अंत में यह संदेश था कि अच्छे कपड़े एक अच्छा निवेश हैं।

नंबर 6: अल्डाइन ट्रस्ट बिल्डिंग, फिलाडेल्फिया के मेरे दोस्त डॉक्टर ऑलिवर आर. कैम्पबेल शहर के सबसे बड़े दंतचिकित्सकों में से एक हैं। वे भी नाटकीयता के मूल्य को समझते हैं। वे अपने मरीज़ों के दाँतों की एक्सरे तस्वीर लेते हैं और उसे अपने ऑफ़िस की दीवार पर प्रोजेक्ट कर देते हैं। उनका मरीज़ वहाँ बैठकर अपने दाँतों और मसूड़ों की फिल्म देखता है। डॉ. कैंपबेल का कहना था कि पहले वह अपने मरीज़ों को यह समझाते-समझाते थक जाते थे कि देर हो जाये, इससे पहले ही उन्हें अपने दाँतों की बेहतर देखभाल करना चाहिये परंतु उन्हें समझ में नहीं आता था। जब उन्होंने नाटकीय तरीक़े का इस्तेमाल किया तो उनके मरीज़ एक्शन में आ गये।

नंबर 7: अपने बिज़नेस में मैं इस डिमॉन्स्ट्रेशन का प्रयोग करता हूँ जिससे लोग एक्शन में आ जाते हैं। मैं इसका प्रयोग आँकड़ों को नाटकीय रूप से प्रस्तुत करने में करता हूँ और मैंने पाया है कि

> अमीर लोगों पर इसका बहुत अच्छा प्रभाव पड़ता है। मैं उस आदमी की मेज़ पर ठीक उसके सामने एक काला फाउन्टेन पेन रखता हूँ, उस पेन के पास एक चमकता हुआ क्वार्टर-डॉलर रखता हूँ और उसके दूसरी तरफ़ एक डाइम रख देता हूँ। फिर मैं पूछता हूँः "क्या आप जानते हैं कि यह क्या है?" वह आदमी आम तौर पर जवाब देता है, "नहीं, यह क्या है?" मैं मुस्कराते हुये कहता हूँः "यह पेन आप हैं जब आपकी मृत्यु हो जाती है; क्वार्टर उस संपत्ति का प्रतिनिधि है जो अभी आपके पास है; डाइम यह बताता है कि आप अपनी पत्नी और बच्चों के लिये क्या छोड़कर जायेंगे जब आपके एक्ज़ीक्यूटर टैक्स और बाक़ी ख़र्च चुकाकर आपकी बची हुई संपत्ति छोड़ेंगे।" फिर मैं कहता हूँः "मिस्टर मेहरर, मैं आपसे एक सवाल पूछना चाहता हूँ। एक मिनट के लिये मान लेते हैं कि आप पिछले महीने इस तस्वीर से गुज़र चुके हैं। आप और मैं एक्ज़ीक्यूटर हैं। हमें इन टैक्सों को चुकाने के लिये साठ प्रतिशत जायदाद को कैश में बदलना होगा। हम ऐसा किस तरह कर सकते हैं?" फिर मैं उसे बोलने देता हूँ!

पिछले कुछ सालों में नाटकीयता की कला में बहुत तेज़ प्रगति हुई है। आपके विचारों को बेचने का यह अचूक तरीक़ा है। क्या आप इसका अधिकतम लाभ ले रहे हैं?

संक्षेप में

"एक डिमॉन्स्ट्रेशन एक हज़ार शब्दों से भी अधिक मूल्यवान है।" यदि संभव हो तो ग्राहक को ही डिमॉन्स्ट्रेशन करने दें। सेल करने में ग्राहक को अपनी मदद करने दें।

30 किस तरह मैं नये ग्राहक खोजता हूँ और पुराने ग्राहकों को उत्साहित करता हूँ

कुछ समय पहले मैंने यह हिसाब लगाया कि मैंने अपने जीवन में कितनी गाड़ियाँ ख़रीदी थीं। मैं यह जानकर आश्चर्यचकित हुआ कि मैंने लगभग तैंतीस कारें ख़रीदी थीं।

अब मैं आपसे एक सवाल पूछना चाहता हूँः आपके अनुमान से कितने सेल्समैनों ने मुझे यह तैंतीस कारें बेची होंगी। पूरे तैंतीस सेल्समैनों ने। क्या यह आश्चर्यजनक नहीं है ? जहाँ तक मुझे याद है, किसी भी सेल्समैन ने दुबारा मुझसे संपर्क करने की कोशिश नहीं की। जब तक मैंने कार नहीं ख़रीदी थी तब तक तो यह लोग मुझमें बहुत रुचि ले रहे थे, परंतु कार बेचने के बाद उनसे यह तक नहीं बना कि मुझे फोन लगाकर यह पता करें कि सब कुछ ठीक तो है। जैसे ही मैंने पैसा दिया और उन्हें उनका कमीशन मिला, वे एक तरह से अचानक इस धरती से ही ग़ायब हो गये।

क्या यह असामान्य है ? सुनिये, मैंने पूरे देश में पंद्रह हज़ार श्रोताओं से पूछा है कि क्या किसी और को इस तरह का अनुभव हुआ है, और इसके जवाब में उनमें से आधे से अधिक ने अपने हाथ तत्काल खड़े कर दिये हैं।

क्या इससे यह सिद्ध होता है कि कार बेचना दूसरी चीज़ों की सेलिंग से अलग है ? क्या कार के सेल्समैन के लिये यह लाभकारी होता है कि वह अपने ग्राहक को भूल जाये और अपने पूरे समय को नये ग्राहकों को तलाशने में ही लगाये ? यहाँ वह सूत्रवाक्य दिया जा रहा है जो एक बड़े सेल्स संगठन ने अपने सेल्समैनों को दिया हैः *कभी भी किसी ग्राहक को मत भूलो; न ही ऐसा होने दो कि ग्राहक आपको भूल जाये।*

आपने अनुमान लगा लिया। यह एक कार सेल्स संगठन है। शेवरलेट मोटर कंपनी। इस सूत्रवाक्य को अपनाकर वे दुनिया के सभी ऑटोमोबाइल निर्माताओं की तुलना में सेल्स में नंबर वन पर रहते हैं और पिछले पंद्रह साल के उपलब्ध आँकड़ों में वे तेरह साल लगातार नंबर वन पर रहे।

उसकी प्रॉपर्टी से प्रेम करो

मुझे लगता है कि यह कहना सुरक्षित है कि जब कोई आदमी कुछ भी चीज़ ख़रीदता है तो वह शिष्टाचार, ध्यान और सेवा को पसंद करता है। इसलिये हम इन चीज़ों पर विचार करने में समय नहीं गँवायेंगे। हम खुलकर बात करेंगे और पूरी तरह स्वार्थपूर्ण नज़रिये से इसे देखेंगे।

सेलिंग के अपने कैरियर की तरफ़ निगाह डालते हुये मुझे सबसे बड़ा पश्चाताप यह होता है कि मैंने अपने ग्राहकों के हितों के अध्ययन, कॉलिंग और सेवा में दुगना समय नहीं लगाया। मैं पूरी तरह से गंभीर हूँ और सच कह रहा हूँ। मैं अपने रिकॉर्डों से आपको अभी सौ उदाहरण दे सकता हूँ कि अगर मैंने ऐसा किया होता तो मुझे किस तरह आर्थिक लाभ हुआ होता, कम तनाव हुआ होता, कम शारीरिक प्रयास लगा होता और ज़्यादा सुख भी मिला होता।

हाँ, सर, अगर मुझे फिर से अपना पूरा कैरियर शुरू करना पड़े तो मैं इस सूत्र वाक्य को अपना लूँगा और इसे अपनी मेज़ के सामने वाली दीवार पर लटका लूँगाः *कभी भी किसी ग्राहक को मत भूलो; न ही ऐसा होने दो कि ग्राहक आपको भूल जाये*।

सालों पहले मैंने एक बड़ा घर ख़रीदा। मुझे वह जगह बहुत पसंद थी, परंतु इसकी लागत इतनी थी कि जब सौदा पक्का हो गया तो मैं सोच रहा था कि कहीं मैंने ग़लती तो नहीं कर दी। इसलिये मैं चिंता में पड़ गया। जब हम अपने नये घर में रहने आ गये, उसके दो-तीन सप्ताह बाद हमारे रियल एस्टेट ब्रोकर ने मुझे फोन किया और कहा कि वह मुझसे मिलने आना चाहता है। यह शनिवार की सुबह की बात थी। जब वह आया तो मैं जिज्ञासु था। वह बैठ गया और उसने मुझे इस बात की बधाई दी कि मैंने इतनी अच्छी प्रॉपर्टी ख़रीदी है। फिर उसने मुझे उस जगह के बारे में कई बातें बताईं और आसपास के इलाक़े के बारे में कुछ रोचक ऐतिहासिक तथ्य भी बताये। बाद में वह मुझे उस इलाक़े में घुमाने ले गया और उसने मुझे कई अच्छे घर और उनके मालिकों के नाम बताये। उनमें से कुछ लोग बहुत ही महत्वपूर्ण लोग थे। उसने मुझे गर्व का एहसास कराया। इस सेल्समैन ने मेरी प्रॉपर्टी के लिये बहुत उत्साह और प्रेम दर्शाया, इतना उत्साह तो उसने तब भी नहीं दर्शाया था जब वह मुझे यह प्रॉपर्टी बेचने की कोशिश कर रहा था। जब वह उस प्रॉपर्टी को लेकर उत्साहित हुआ तो मुझे अच्छा लगा क्योंकि वह *मेरी प्रॉपर्टी* के बारे में बात कर रहा था।

उसके आने से मुझे यह तसल्ली मिली कि मैंने ग़लती नहीं की है और उसके आने से मुझे ख़ुशी हुई। मैं उसके प्रति कृतज्ञता के भाव से भर गया।

वास्तव में उस सुबह मुझे वह आदमी बहुत पसंद आने लगा। हमारे संबंध ख़रीदार और बेचने वाले से आगे बढ़ गये। हम दोस्त बन गये।

इसमें उसकी शनिवार की पूरी सुबह बर्बाद हो गई, जब वह किसी नये ग्राहक की तलाश कर सकता था। बहरहाल, एक सप्ताह बाद मैंने उसे फोन किया और उसे अपने एक क़रीबी दोस्त का नाम बताते हुये कहा कि मेरा दोस्त भी मेरे ही घर के पास एक प्रॉपर्टी में रुचि रख रहा है। मेरे दोस्त ने वह प्रॉपर्टी तो नहीं ख़रीदी, परंतु कुछ ही समय में उस ब्रोकर ने उसके लिये एक अच्छी सी प्रॉपर्टी खोज ली और एक अच्छा सौदा पट गया।

एक शाम को सेंट पीटर्सबर्ग, फ्लोरिडा में मैं इस विषय में बोला। अगली रात को एक श्रोता मेरे पास आया और उसने मुझे यह कहानी सुनाईः

"आज सुबह एक ज़्यादा उम्र की महिला हमारे स्टोर में आयी और उसने हीरों की एक सुंदर जड़ाऊ पिन देखी। आख़िरकार उसने इसे ख़रीद लिया और हमें चेक दे दिया। जब मैं उसे बॉक्स में लपेट रहा था तो मुझे आपकी उस बात का ख्याल आया कि मुझे "उसकी संपत्ति से प्रेम जताना" चाहिये। जब मैंने उसे पैकेट थमाया तो मैंने उस पिन की ख़ूबियों के बारे में बहुत सी बातें कहीं। इतनी बातें तो मैंने उससे तब भी नहीं कही थीं जब मैं उसे वह पिन बेचने की कोशिश कर रहा था। मैंने उसे बताया कि मुझे वह पिन कितनी पसंद थी। मैंने उसे बताया कि हमारे स्टोर में अब तक जितने भी डायमन्ड आये हैं, यह उनमें से सबसे सुंदर हीरों में से एक है और यह हीरे दक्षिण अफ्रीका की हीरे की सबसे बड़ी और अच्छी खदानों से आये हैं। और मुझे आशा है कि वह काफ़ी सालों तक इसे पहनेगी और इसका आनंद लेगी।

"क्या आप जानते हैं, मिस्टर बेटगर," उसने कहा, "उस महिला की आँखों में आँसू आ गये और उसने कहा कि उसे मेरी बातें सुनकर बहुत ख़ुशी हुई-- क्योंकि वह चिंता करने लगी थी। वह यह सोचने लगी थी कि कहीं वह इस तरह की ज्वेलरी ख़रीदने में इतना सारा पैसा ख़र्च करके मूर्खता तो नहीं कर रही थी। मैं उसके साथ दुकान के दरवाज़े तक गया और पूरी गंभीरता से धन्यवाद देते हुये उससे कहा कि वह कभी भी हमारी दुकान में दुबारा आ सकती है और हमसे मिल सकती है। एक ही घंटे में वह बूढ़ी महिला एक और बूढ़ी महिला के साथ वापस आ गई। दोनों महिलायें एक ही होटल में ठहरी हुई थीं। उसने अपनी सहेली के सामने मेरा परिचय इस तरह दिया जैसे मैं उसका पुत्र था और उसने मुझसे कहा कि मैं उसकी सहेली को स्टोर का पूरा सामान दिखवाऊँ। दूसरी महिला ने पहली महिला जितनी महँगी चीज़ तो नहीं ख़रीदी,

परंतु उसने कुछ सामान तो अवश्य ख़रीदा। और जब मैं सामने वाले दरवाज़े तक उन्हें छोड़ने गया तो मैं जानता था कि मैंने दो अच्छे नये दोस्त बना लिये हैं।"

आपको पता ही नहीं चलता कि कब कौन आपकी थाह ले रहा है। सालों पहले सादे कपड़ों में एक बूढ़ी सी महिला एक डिपार्टमेंट स्टोर में गयी। बाक़ी क्लर्कों ने उसकी तरफ़ ध्यान नहीं दिया परंतु एक युवा क्लर्क ने न सिर्फ़ उसमें रुचि ली, उसके साथ शिष्टतापूर्ण व्यवहार किया, बल्कि वह उसके पैकेट लेकर उसे सामने वाले दरवाज़े तक छोड़ने गया। जब उसने देखा कि बाहर पानी गिर रहा था तो उसने उसकी छतरी खोल दी, उसकी बाँह थामी और फिर उसके साथ जाकर गाड़ी में बैठने में उसकी मदद की। कुछ दिनों बाद उस स्टोर के मालिक को एन्ड्रयू कारनेगी का एक पत्र मिला जिसमें उन्होंने अपनी माँ के साथ सम्मानपूर्ण व्यवहार के लिये धन्यवाद दिया था। और फिर उन्होंने अपने नये बनवाये गये घर की सजावट के लिये सामान का ऑर्डर भी उन्हें ही दिया।

क्या आप यह जानने में रुचि रखते हैं कि बाद में उस युवा क्लर्क का क्या हुआ जो ग्राहक की इतनी फ़िक्र करता था ? वह सेल्सक्लर्क आज एक बड़े पूर्वी शहर में एक बड़े डिपार्टमेंट स्टोर का प्रमुख है।

कुछ समय पहले, मैंने फ्रिजिडेयर्स के एक बड़े निर्माता मिस्टर जे. जे. पोकॉक (1817 चेस्टनट स्ट्रीट, फिलाडेल्फिया) से एक सवाल पूछाः "नये बिज़नेस कां आपका सबसे अच्छा स्त्रोत क्या है ?" मिस्टर पोकॉक ने मेरे सवाल का बहुत ही संक्षिप्त जवाब दियाः "हमारे ग्राहक।" फिर उसने कुछ और कहा जिसे मैं कभी नहीं भूल पाऊँगा। और उसने अपनी बातों के समर्थन में इतने प्रेरक तर्क दिये कि मैं अगले दिन ही यह प्रयोग करने में जुट गया कि यह मेरे लिये कितना काम करता है। इसने जादू की तरह काम किया। यह हमेशा काम करता है। यह असफल हो ही नहीं सकता! मिस्टर पोकॉक ने मुझसे कहा थाः

"नये ग्राहक नये बिज़नेस के सबसे अच्छे स्त्रोत होते हैं। नये ग्राहक!"

मैंने उनसे इसका कारण पूछा। उन्होंने कहाः "नये ग्राहक अपनी नयी ख़रीदारी को लेकर उत्साही और ख़ुश होते हैं, ख़ासकर तब जब वे उस सामान का इस्तेमाल पहली बार कर रहे हों। आम तौर पर वे इसे लेकर रोमांच और गर्व का अनुभव करते हैं। वे अपने दोस्तों और पड़ोसियों को इसके बारे में बताने के लिये व्याकुल रहते हैं। जब हमारे बिजली के सामान को लगे एक सप्ताह के लगभग हो जाता है तो हमारे सेल्समैन कर्टसी कॉल पर जाते हैं। सेल्समैन यह पता लगाता है कि नये ग्राहक का फ्रिज या उसने जो भी सामान

लिया हो वह ठीक तरह से काम तो कर रहा है। वह सुझाव देता है और मदद या सेवा का प्रस्ताव रखता है। आपको किसी और की तुलना में नये प्रयोग करने वालों के प्रचार से अधिक संभावित ग्राहक मिल सकते हैं।"

मिस्टर पोकॉक ने मुझे उन सर्वेक्षणों के बारे में बताया जो उसकी कंपनी देश के विभिन्न हिस्सों में कर रही थी। परिणाम हमेशा वही निकले। उदाहरण के तौर पर, एक मध्य-पश्चिमी शहर में 55 नये ग्राहकों से सवाल किये गये और उनसे यह पता चला कि सेल्समैनों ने केवल 17 को ही कर्टसी कॉल किये थे। उन 17 लोगों में से 8 ने सेल्समैनों को संभावित ग्राहकों के नाम दिये और इस वजह से उनका 1500 डॉलर का सामान और बिक गया। सिर्फ़ शिष्टाचार दिखाने से तत्काल 1500 डॉलर का नया बिज़नेस मिल गया। परंतु इस बारे में सुनें। अगर सभी 55 नये मालिकों को तत्काल फॉलोअप कॉल की गई होतीं तो क्या हुआ होता ? इसका हिसाब लगायें: 1500 ÷ 17 कॉल = 90 डॉलर प्रति कॉल। 90 डॉलर x 55 = 4900 डॉलर!

मिस्टर पोकॉक ने कहा: "अनुभव ने हमें यह सबक़ सिखाया है: *जब भी किसी को सामान बेचो तो उसे मत भूलो!*

उसने मुझे एक और महत्वपूर्ण तथ्य बताया: "हमारे आधे से ज़्यादा ग्राहक हमें बताते हैं कि किसी दोस्त या रिश्तेदार के कहने पर उन्होंने उस सामान को ख़रीदने में रुचि ली।"

मिस्टर पोकॉक ने मुझसे जो अंतिम बात कही वह यह थी: "अगर आप अपने ग्राहकों का ध्यान रखेंगे, तो आपके ग्राहक आपका ध्यान रखेंगे।"

कई सालों तक मैं एक पत्र को अपनी जेब में रखे-रखे घूमता था। इससे मुझे हमेशा कहीं न कहीं एक या इससे अधिक लीड मिल जाती है। इसमें थोड़ा सा हेरफेर करके शायद आप भी इसका प्रयोग कर सकते हैं:

मिस्टर विलियम आर. जोन्स
रियल एस्टेट ट्रस्ट बिल्डिंग
फिलाडेल्फिया
प्रिय बिल:

मैं चाहता हूँ कि आप फ्रैंक बेटगर से मिलें। मेरे विचार से वे फिलाडेल्फिया के सबसे योग्य लाइफ इन्श्योरेंस सेल्समैनों में से एक हैं। मुझे उन पर पूरा विश्वास है और मैंने उनके सुझावों पर अमल किया है।

शायद आप अभी जीवन बीमे के बारे में न सोच रहे हों, परंतु मैं

जानता हूँ कि आपको मिस्टर बेटगर की बातें सुनकर लाभ होगा क्योंकि उनके पास बहुत रचनात्मक विचार और सेवायें हैं जो आपके और आपके परिवार के लिये लाभकारी सिद्ध होंगी।

आपका
बॉब

मैं आपको उदाहरण दूँ कि मैंने कुछ समय पहले ही इस पत्र का किस तरह प्रयोग किया। मैंने हाल ही में अख़बार में पढ़ा कि मेरे एक मित्र मर्फी (प्रसिद्ध बिल्डिंग कॉन्ट्रैक्टर क्विगले कंपनी) को एक नया काम मिला है। बीस मिनट में ही मैंने उसे फोन किया और उससे अपॉइंटमेंट माँगा। जब मैं मिस्टर क्विगले के ऑफ़िस में पहुँचा तो मेरे लिये यह आसान था कि मैं एक बड़ी, ख़ुशदिल मुस्कान देकर उससे कहूँः "बधाइयाँ, बॉब!"

जब मैंने उससे हाथ मिलाया, तो उसने पूछाः "किस बारे में ?"

मैंने कहाः "मैंने आज सुबह के *इन्क्वायरर* में पढ़ा था कि आपको यू. जी. आई. बिल्डिंग के नये निर्माण का कॉन्ट्रैक्ट मिल गया है।"

"अरे, धन्यवाद," वह मुस्कराया। क्या वह ख़ुश हुआ ? वह ख़ुश क्यों नहीं होता ? मैंने उससे पूछा कि वह इस बारे में बताये। फिर मैं सुनता रहा!

आख़िरकार मैंने कहाः "देखो बॉब, अपने टेंडर भरने में आपने शायद कई सब-कॉन्ट्रैक्टर्स से टेंडर मँगाये होंगे, नहीं क्या ?"

"बिलकुल," उसने जवाब दिया।

मेरा इन्ट्रॉडक्शन का लेटर बाहर निकल आया। उसे वह पत्र थमाते हुये मैंने कहाः "बॉब, आपने यह काम शायद उन लोगों को पहले ही दे दिया होगा जिनके कोटेशन कम थे, नहीं क्या ?"

उसने मुस्कराते हुये कहाः "हाँ, कुछ को तो दे दिया है।"

जब उसने पत्र को पूरा पढ़ लिया तो उसने पूछाः "आप मुझसे क्या चाहते हैं ? क्या मैं अपने लेटरहेड पर इन लोगों के नाम यह पत्र लिख दूँ ?"

मैं जब उस ऑफ़िस से बाहर निकला तो मेरे पास चार इन्ट्रॉडक्शन लेटर्स थे, जो प्लंबिंग, हीटिंग, इलेक्ट्रिकल और पेंटिंग कॉन्ट्रैक्टर्स के नाम थे।

इन्ट्रॉडक्शन लेटर्स देना हर आदमी के लिये हमेशा आसान नहीं होता, इसलिये मैं अपने साथ एक 4 x 2 .5 का कार्ड रखता हूँ जो इस तरह से दिखता हैः

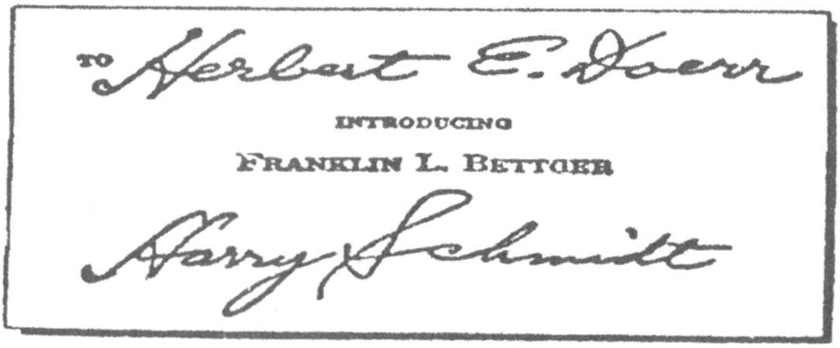

TO Herbert E. Doerr

INTRODUCING

FRANKLIN L. BETTGER

Harry Schmitt

मेरा मित्र कार्ड के ऊपरी हिस्से पर संभावित ग्राहक का नाम लिखता है और कार्ड के निचले हिस्से पर अपने नाम के हस्ताक्षर कर देता है।

अगर वह झिझकता है, तो मैं कहता हूँः "देखिये, अगर आपका दोस्त यहाँ पर बैठा होता तो क्या आप मेरा परिचय देने में हिचकते ?"

आम तौर पर वह कहता है, "नहीं, बिलकुल नहीं।" फिर वह कार्ड को भर देता है। कई बार वह मुझे कई कार्ड दे देता है।

कभी-कभार लोग मुझे किसी का नाम सुझाने से इन्कार कर देते हैं। एक साल पहले मेरे एक सख़्त ग्राहक ने मुझे इस तरह का जवाब दियाः "मैं आपको अपने सबसे बड़े दुश्मन के पास भी नहीं भेजूँगा!"

मैंने पूछा, "क्यों ?"

उसने कहाः "देखो, बेटगर, मैं बीमा वालों से *नफ़रत* करता हूँ। मैं उन्हें यहाँ देखकर चिढ़ जाता हूँ। अगर कोई यहाँ आये और मुझसे कहे कि मेरे किसी दोस्त ने उसे भेजा है, तो मैं बुरी तरह गुस्सा हो जाऊँगा। और मैं उस आदमी को फोन करूँगा जिसने उसे भेजा है और मैं उसे अपने दिल की भावनायें बता दूँगा। और किसी भी आदमी को मैं बर्दाश्त कर सकता हूँ, परंतु बीमे वाले आदमी को क़तई नहीं!"

यह बहुत ही निष्ठुर सच्चाई थी। परंतु मैं फिर भी किसी तरह मुस्कराया और मैंने कहाः "ठीक है, मिस्टर ब्लैंक, मुझे लगता है कि मैं आपकी भावनायें समझता हूँ। मैं आपको बता दूँ कि मैं क्या करूँगा। मुझे अपने किसी ऐसे परिचित का नाम बता दें जिसकी उम्र पचास वर्ष से कम हो और जो पैसे वाला हो। मैं आपसे वादा करता हूँ कि मैं इस बात का ज़िक्र नहीं करूँगा कि आपने मुझे उसके पास भेजा है।"

उसने कहा, "ठीक है, इस आधार पर अगर आप मिल सकते हों, तो कैरॉल ज़ीग्लर से मिल सकते हैं। उसकी उम्र इकतालीस साल है, वह बेहद

सफल है और वह सर्जिकल यंत्रों का निर्माता है। उसका पता है 918 एन. 19वीं स्ट्रीट।"

मैंने उसे इस जानकारी के लिये धन्यवाद दिया और एक बार फिर यह वादा किया कि मैं उसके नाम का प्रयोग नहीं करूँगा।

मैं सीधे मिस्टर ज़ीग्लर के प्लांट पहुँच गया। अंदर जाकर मैंने कहा, "मिस्टर ज़ीग्लर, मेरा नाम बेटगर है। मैं लाइफ इन्श्योरेंस बिज़नेस में हूँ। एक साझा दोस्त ने मुझे आपका नाम इस शर्त पर सुझाया है कि मैं उनके नाम का ज़िक्र नहीं करूँगा। उन्होंने मुझे बताया है कि आप बहुत सफल हैं और आप अच्छे से बात करते हैं। क्या आप अभी मेरे लिये पाँच मिनट का समय निकाल सकते हैं या फिर मैं किसी और समय आऊँ?"

"आप मुझसे किस बारे में बात करना चाहते थे?" उसने पूछा।

"*आपके बारे में,*" मैंने जवाब दिया।

"मेरे बारे में क्या? अगर आप बीमे के बारे में बात करना चाहते हैं, तो उसमें मेरी कोई रुचि नहीं है।"

"कोई बात नहीं, मिस्टर ज़ीग्लर," मैंने कहा, "मैं आपसे आज बीमे के बारे में बात नहीं करना चाहता। क्या मैं आपके पाँच मिनट ले सकता हूँ?"

उसने मुझे ठीक पाँच मिनट दिये। इतने समय में मैं उससे वह सारी जानकारी लेने में कामयाब हो गया जो मुझे चाहिये थी।

मैंने तब से मिस्टर ज़ीग्लर को तीन बार बेचा है जो कुल मिलाकर काफ़ी अच्छा बिज़नेस साबित हुआ है। यह एक अजीब बात है: हम लोग अच्छे दोस्त बन चुके हैं, परंतु एक बार भी उसने यह नहीं पूछा कि मुझे उसके पास किसने भेजा था।

किसी बतायी गयी लीड के पास जाने का सबसे अच्छा समय कौन सा है? छह दिन के भीतर? या छह सप्ताह में? मैंने पाया है कि छह मिनट सबसे अच्छा समय रहता है या मैं जितनी जल्दी वहाँ पहुँच सकता हूँ। नई लीड बहुत ही गर्मागर्म होती है। जब यह लीड गर्म हो तब अगर मैं तत्काल वहाँ नहीं पहुँचूँ तो मैं इसे अपनी फाइलों में कहीं गुमा दूँगा और मैं उसमें रुचि गँवा दूँगा। जब मैं बाद में अपनी फाइल से बाहर निकालकर देखूँगा तो, जैसा मेरी कंपनी के सबसे अच्छे युवा सेल्समैनों में से एक जॉन लॉर्ड कहते हैं: "यह एक बासी ब्रेड के टुकड़े की तरह दिखती है।"

हम कभी नहीं जानते कि वह लीड हमें कहाँ तक ले जायेगी। कई बार

लीड देने वाले दोस्त को टाइमिंग संबंधी ऐसी जानकारी होती है जो वह हमें बताने की स्थिति में नहीं होता।

सराहना

इस शिष्टाचार को भी मैं उतना ही महत्वपूर्ण मानता हूँ जितना कि नाम को हासिल्ल करना। चाहे जो हो, अच्छा या बुरा, मैं हमेशा उस दोस्त को बताता हूँ जिसने मुझे लीड दी थी। जब आप लौटकर नहीं बताते हैं तो इससे उस आदमी को बुरा लगना स्वाभाविक है। चाहे वह इसे न कहे, परंतु वह हमेशा इस बात के लिये आपको दोषी मानता रहेगा। मैं जानता हूँ। मैं इस स्थिति से दोनों ही तरह से गुज़र चुका हूँ और मैंने लीड देने और हासिल करने दोनों में ही अप्रिय अनुभव झेला है।

इसके अलावा, जब मैं लौटकर बताता हूँ कि मैंने सेल कर ली है और यह कहता हूँ कि मैं कितना कृतज्ञ हूँ तो मेरा दोस्त भी उतना ही ख़ुश हो जाता है जितना कि मैं। अगर मैं सेल करने में सफल नहीं होता तो मैं लौटकर बताता हूँ कि क्या हुआ था। यह आश्चर्यजनक है कि इसके बाद वह अक्सर मुझे कोई और लीड दे देता है जो बेहतर साबित होती है।

मैंने हाल ही में पश्चिमी शहर के एक बड़े बैंक के प्रेसिडेन्ट के साथ लंच किया। उसने मुझे उस तरह के पत्र की एक कॉपी दी जो वे अपने उन ग्राहकों की प्रशंसा में लिखते थे जो उनके बैंक में अपने मित्रों को शामिल करते थेः

प्रिय मिस्टर ब्राउनः

मैं आपको बताना चाहता हूँ कि हम आभारी हैं कि आप मिस्टर स्मिथ को हमारे बैंक में लाये। आपने मिस्टर स्मिथ और अन्य मित्रों को फर्स्ट नेशनल बैंक में लाकर जिस मित्रता और सहयोग की भावना का परिचय दिया है, उससे हमें काफ़ी ख़ुशी हुई है। आप और आपके दोस्त हमसे जिस तरह की सेवा चाहेंगे, उसे करने के लिये आप हमें हमेशा उत्साहित पायेंगे।

आपका

कई साल पहले, मैंने रोमांच से विली हॉप को विश्व की बिलियर्ड चैम्पियनशिप जीतते हुये देखा। मैं हैरान था कि वह उन आसान छोटे शॉट्स का अध्ययन करने में कितना अधिक समय लगाता था, जो मैं ख़ुद आसानी से लगा सकता था। मुझे जल्दी ही यह पता चला कि वह उन आसान शॉट्स का अध्ययन नहीं कर रहा था; वह तो यह सोच रहा था कि वह अगले शॉट

को किस स्थिति से खेलना चाहेगा और शायद अगले बारह शॉट किस तरह खेलेगा। हॉप का प्रतिद्वंद्वी भी उतना ही अच्छा शॉट लेने वाला नज़र आता था, परंतु अक्सर ऐसा होता था कि अगले शॉट के लिये उसकी स्थिति उतनी अच्छी नहीं होती थी।

अब मैं इस बात को बेहतर समझ सकता हूँ कि किस तरह उसके लिये यह संभव हो सका कि वह बिलियर्ड्स में 15 मिलियन पॉइन्ट हासिल करके विश्व का अविश्वसनीय कीर्तिमान बनाये। वह तैंतालीस साल तक टाइटल-होल्डर था। इस रिकॉर्ड की किसी और खेल में बराबरी करने की कोशिश करें!

उस रात मैंने विली हॉप से जो बड़ा सबक़ सीखा वह मेरे दिमाग़ में हमेशा ताज़ा रहेगाः *बिलियर्ड्स की तरह सेलिंग में भी यह महत्वपूर्ण होता है कि आप अगले शॉट को खेलने की सही स्थिति में हों*। दरअसल यही तो हमारे बिज़नेस की जान है।

मैंने हार्टफोर्ड, कनेक्टिकट की एटना लाइफ इन्श्योरेन्स कंपनी के वाइस प्रेसिडेन्ट रॉबर्ट बी. कूलिज को इसी बात को इस तरह से कहते सुनाः "प्रॉस्पेक्टिंग शेविंग की तरह है... अगर आप इसके बारे में हर दिन कुछ नहीं करते, तो कुछ समय बाद आपका भट्टा बैठ जायेगा।"

संक्षेप में

1. "कभी भी किसी ग्राहक को मत भूलो; न ही ऐसा होने दो कि ग्राहक आपको भूल जाये।"

2. "अगर आप अपने ग्राहकों का ध्यान रखते हैं तो वे आपका ध्यान रखेंगे।"

3. उसकी प्रॉपर्टी से प्रेम करें।

4. नये ग्राहक नये बिज़नेस के सबसे अच्छे स्त्रोत होते हैं... *नये ग्राहक!*

5. किसी दी हुई लीड से मिलने जाने का सबसे अच्छा समय कौन सा होता है? छह दिन में... या छह सप्ताह में?... मैंने पाया है कि *छह मिनट सबसे अच्छा* समय होता है।

6. किसी लीड के लिये सराहना का प्रदर्शन करना कभी न भूलें। परिणामों की रिपोर्ट दें, चाहे परिणाम अच्छे हों या बुरे।

7. अगले शॉट की सही पोजीशन में आने के लिये खेलें।

31 सेल क्लोज़ करने के 7 नियम जिनका मैं प्रयोग करता हूँ

आपको याद होगा मैं इतना निराश हो चुका था कि मैं यह सोचने लगा था कि मैं सेल्स लाइन छोड़ दूँगा। और मैं छोड़ चुका होता अगर मेरे दिमाग़ में शनिवार की सुबह को एक विचार न आया होता कि किस तरह अपनी चिंताओं को जड़ से ही मिटा दिया जाये।

मैंने पहले ख़ुद से पूछाः "*समस्या क्या है?*" समस्या यह थीः मैं बहुत सी कॉल कर रहा था, परंतु मुझे उनके बदले में पर्याप्त लाभ नहीं हो रहा था। मैं सेलिंग के अभियान में तब तक तो सफल होता था जब तक कि ग्राहक के सामने क्लोज़ करने का वक़्त नहीं आता था। तब ग्राहक यह कहता थाः "मैं इस बारे में विचार करूँगा, मिस्टर बेटगर। आप मुझसे दुबारा मिलें।" अपनी फॉलोअप कॉल्स में मैं जो समय बर्बाद कर रहा था, उसके कारण मैं निराश हो रहा था।

दूसरी बात मैंने ख़ुद से यह पूछीः "*संभावित समाधान क्या हैं?*" जवाब के लिये मैंने अपनी रिकॉर्ड बुक उठायी और उसमें पिछले बारह महीने के आँकड़े उठाकर तथ्यों का अध्ययन किया। मुझे एक आश्चर्यजनक रहस्य पता चला। मेरी सत्तर प्रतिशत सेल्स पहले इंटरव्यू में ही सफलतापूर्वक क्लोज़ हुई थीं। तेईस प्रतिशत सेल्स दूसरे इंटरव्यू में क्लोज़ हुई थीं। और केवल सात प्रतिशत ही तीसरे, चौथे, पाँचवें इत्यादि इंटरव्यू में क्लोज़ हुई थीं। दूसरे शब्दों में मैं अपने बिज़नेस का आधा समय ऐसे इंटरव्यू में लगा रहा था जिनसे केवल सात प्रतिशत बिज़नेस मिल रहा था। समाधान स्पष्ट था। तत्काल मैंने दूसरे इंटरव्यू के बाद ग्राहकों के पास जाना बंद कर दिया और उस समय को नये प्रॉस्पेक्ट्स को देना शुरू कर दिया। परिणाम अविश्वसनीय थे। जल्दी ही मेरे प्रत्येक कॉल की कैश वैल्यू 2.80 डॉलर से बढ़कर 4.27 डॉलर हो गई।

क्या यही निष्कर्ष सेलिंग के हर क्षेत्र में सफल हो सकता है? आपने शायद पहले ही इसका जवाब दे दिया होगा। मैं आपको एक उदाहरण देना चाहूँगा। दो साल तक एक बड़ी औद्योगिक कंपनी ने अपनी सेल्स फोर्स की रिपोर्ट्स का अध्ययन किया। उन्हें यह जानकर आश्चर्य हुआ कि उनके सेल्समैनों का 75 प्रतिशत बिज़नेस पाँचवें इंटरव्यू के *बाद* सफलतापूर्वक बिका! परंतु इस बारे में सुनेंः उन्हें यह भी पता चला कि उनके निचले आयवर्ग के 83 प्रतिशत सेल्समैनों ने पाँचवें इंटरव्यू के *पहले* ही प्रॉस्पेक्ट्स से मिलना छोड़ दिया!

इससे क्या सिद्ध होता है ? इससे यह सिद्ध होता है कि पूरे रिकॉर्ड रखना और उनका नियमित अध्ययन करना कितना महत्वपूर्ण है। सेल्समैनों और कंपनी के लिये इनका महत्व और इनकी उपयोगिता इतनी बार साबित हो चुकी है कि मुझे आश्चर्य है कि हर सेल्स एक्ज़ीक्यूटिव के लिये यह *अनिवार्य* क्यों नहीं किया जाता कि वे पूरे रिकॉर्ड रखें।

हालाँकि इस खोज के बाद मैंने दूसरे इंटरव्यू के बाद कॉल करना बंद करके अपनी आमदनी दुगुनी कर ली, परंतु आँकड़ों से यह भी पता चला कि मैं बारह में से केवल एक सेल करने में सफल हो रहा हूँ। मैं अब भी नहीं जानता था कि लोगों को निर्णय करने पर विवश कैसे किया जाये।

फिर कुछ समय बाद सौभाग्य से एक रात मैंने डॉ. रसेल एच. कॉनवेल को सुना, जो टेम्पल युनिवर्सिटी के संस्थापक हैं और जो फिलाडेल्फिया में सेन्ट्रल वाय. एम. सी. ए. में बोल रहे थे। उनका विषय था "अच्छे भाषण के चार नियम।" अपनी प्रेरक वार्ता के अंत में डॉ. कॉनवेल ने कहाः "नंबर चार। एक्शन का आग्रह कीजिये! यहीं पर अच्छे वक्ता भी असफल होते देखे गये हैं। वे पूरी दुनिया के सामने अपनी बात को सही साबित कर देते हैं, परंतु अपने श्रोताओं का समर्थन हासिल करने में असफल रहते हैं। वे भीड़ का मनोरंजन करते हैं, उसे आनंदित कर देते हैं परंतु वे उसे कुछ नहीं *बेच* पाते। जब से सार्वजनिक संभाषण शुरू हुआ है तब से यह क्लाइमैक्स का सबसे रोमांचक आधार रहा है..."

एक्शन का आग्रह! यहीं पर मैं असफल हो रहा था। सेल को क्लोज़ करने के विषय पर जितना भी लिखा गया था, मैंने वह सब पढ़ना शुरू किया। मैंने पाया कि शायद इस विषय पर सेल में किसी दूसरे क़दम की तुलना में सबसे अधिक लिखा गया था। मैंने बेहद सफल सेल्समैनों से चर्चा की और पाया कि वे एक्शन के आग्रह के बारे में क्या कहना चाहते हैं। इन सबसे और मेरे अपने अनुभव के आधार पर मैं वे सात अद्भुत नियम बताना चाहता हूँ जो उस प्रगति के लिये ज़िम्मेदार हैं जिनकी वजह से मैं लोगों को निर्णय लेने के लिये तैयार करता हूँः

1. क्लोज़ के लिये क्लोज़िंग पॉइंट बचाना

बेचने की उत्सुकता में मैं क्लोज़िंग पॉइन्ट्स का प्रयोग अपने इंटरव्यू में जल्दी ही कर बैठता था। मैंने सीखा कि औसत सफल सेल में *चार* क़दम होते हैंः (1) ध्यान (2) रुचि, (3) इच्छा, (4) क्लोज़।

जब मैंने अपने क्लोज़िंग पॉइन्ट्स को क्लोज़ के लिये बचाकर रखना शुरू किया तो इससे ग्राहक के लिये आसान हो गया कि वह मेरी योजना को

खुले दिमाग़ से सुने। इसकी वजह से उसका सेल्स का प्रतिरोध ख़त्म हो गया। फिर जब एक्शन का टाइम आता था तो मेरे पास रोमांचित होने का काफ़ी अवसर होता था! मेरी पंच लाइन पहले से बेहतर हो गयीं; उनमें अधिक जान आ गई। उत्साही बनने के लिये ख़ुद को विवश करने के बजाय मुझे कई बार तो अपने रोमांच को छुपाना पड़ा। और मैंने पाया कि सेल के क्लोज़ में छुपाया गया रोमांच ग्राहकों के उत्साह को जगाने में सबसे प्रभावी साबित होता है।

2. संक्षेपिका

मैंने पाया कि अच्छी तरह से किया गया संक्षेप सेलिंग में क्लाइमैक्स का सबसे अच्छा आधार साबित होता है। संक्षेपिका कितनी लंबी होनी चाहिये? एक महान सेल्स मैनेजर ने एक अद्‌भुत टेस्ट किया। उसने जलती हुई माचिस की तीली को थामे हुये अपने हर सेल्समैन से अपने प्रॉडक्ट के लाभों को संक्षेप में वर्णन करने को कहा। किसी भी स्थिति में संक्षेपिका संक्षिप्त होनी चाहिये।

मैंने इसे भी अधिक प्रभावी पाया है कि मेरा ग्राहक ख़ुद ही संक्षेपीकरण करे। इससे वह एक्शन में आ जाता है। मैं कहता हूँः "क्या आप इन्हें लिख लेंगे?" फिर मैं संक्षेपिका को बहुत कम शब्दों में दोहराता हूँः "नंबर एक... नंबर दो... नंबर तीन... नंबर चार..." यह एक स्वाभाविक क्लाइमैक्स है जहाँ आपका ग्राहक आपके साथ क़दम मिलाकर चल रहा है और ख़ुद ही सेल को क्लोज़ करने में आपकी मदद कर रहा है।

3. एक जादुई वाक्यांश

प्लान प्रस्तुत करने के बजाय और इसका संक्षेप प्रस्तुत करने के बाद मैं प्रॉस्पेक्ट की तरफ़ देखता हूँ और पूछता हूँः "आपको यह कैसा लगा?"

आश्चर्यजनक रूप से मुझे अक्सर इसका यह जवाब मिलता हैः "मुझे लगता है कि मुझे यह पसंद आया।" यह सुनकर मैं मान लेता हूँ कि उसका अर्थ है कि वह ख़रीदने जा रहा है इसलिये मैं एक पल का भी इंतज़ार नहीं करता। मैं उससे आवश्यक सवाल पूछना शुरू कर देता हूँ और उसके जवाबों को एप्लीकेशन फॉर्म पर लिखने लगता हूँ। मैं हमेशा महत्वहीन प्रश्नों से शुरू करता हूँ। एक बार जब वह जवाब देना शुरू कर देता है तो वह बहुत कम बार ही बीच में जवाब देने से मना करता है। जब प्लान में विकल्प होते हैं तो मैं उससे उनमें से किसी एक को चुनने के लिये भी कहता हूँ।

मेरा विश्वास है कि यहाँ पर यह ज़िक्र करना भी महत्वपूर्ण है कि प्रस्तुति के दौरान मैं अपने प्रॉस्पेक्ट से दो-चार "हाँ" हासिल करने की कोशिश भी करता हूँ। उदाहरण के तौर पर उसे कोई अच्छी विशेषता बताने के बाद

मैं कहता हूँः "क्या आपको नहीं लगता कि यह एक अच्छा विचार है ?" आम तौर पर वह सिर हिलाकर "हाँ" कहता है।

4. आपत्तियों का स्वागत करें

मुझे यह समझने में बहुत लंबा समय लगा कि सबसे अच्छे प्रॉस्पेक्ट वे होते हैं जो आपत्ति करते हैं। मुझे यह जानकर आश्चर्य हुआ कि कई आपत्तियाँ जिनकी वजह से मैं मैदान छोड़कर भाग रहा था दरअसल ख़रीदारी का सकारात्मक संकेत थीं। उदाहरण के तौर परः "मैं इसका ख़र्च नहीं उठा सकता... मुझसे जनवरी में मिलें... मुझसे वसंत में मिलें... मैं इस पर विचार करना चाहता हूँ... मैं इस बारे में अपनी पत्नी से बात करना चाहता हूँ... आपकी क़ीमत काफ़ी अधिक है। मैं इससे बेहतर सामान ख़रीद सकता हूँ।"

मैंने सीखा कि इस तरह की आपत्तियाँ दरअसल पीछा छुड़ाने वाली आपत्तियाँ नहीं हैं। उदाहरण के तौर परः अगर आपत्ति यह हैः "मैं इसका ख़र्च नहीं उठा सकता," तो दरअसल वह मुझे बता रहा है कि वह इसे चाहता है। एकमात्र समस्या उसे यह बताना है कि वह इसका भुगतान किस तरह कर सकता है। आम तौर पर लोग उस सेल्समैन की लगन और सशक्त प्रस्तुति से नहीं चिढ़ते जो उनकी रुचि के हिसाब से बातें कर रहा हो। दरअसल इस बात के लिये उसका सम्मान किया जाता है।

5. क्यों?...इसके अलावा...?

मैं एक बार फिर से अपने पुराने वाक्यांश "इसके अलावा" पर आना चाहूँगा। मैं इस सवाल को अपने अंतिम शॉट के रूप में इस्तेमाल करता हूँ। मैं पूरे इंटरव्यू में कई तरीक़ों से "क्यों ?" का प्रयोग करता हूँ। हो सकता है कि मैं इस शब्द का इस्तेमाल न करूँ परंतु फिर भी मेरा कहने का मतलब यही होता है।

मैं आपको एक उदाहरण दूँ। चैटेनूगा, टेनेसी में हमारे लेक्चर कोर्स में भाग ले रहे एक सेल्समैन ने मुझे यह कई साल पहले बताया था। यह सेल्समैन इंटरव्यू के उस हिस्से पर पहुँच गया जहाँ प्रॉस्पेक्ट ने कहाः "मैं इस बारे में अभी कुछ नहीं करूँगा... मुझसे बाद में मिलें-- 15 सितंबर के बाद।"

"और उस समय मैं चलने की तैयारी कर रहा था," सेल्समैन ने मुझे बताया।

यह सुनें कि किस तरह उसने यह सेल करने में बिज़नेस-ट्रेनिंग कोर्स की शैली का इस्तेमाल करके एक बार फिर से बॉल को प्रॉस्पेक्ट के कोर्ट में डाल दियाः

प्रॉस्पेक्टः... आप मुझसे पंद्रह सितंबर के बाद मिलें।

सेल्समैनः मिस्टर कैरॉल, अगर आपका बॉस आपको कल सुबह अपने ऑफ़िस में बुलाये और आपकी तनख़्वाह बढ़ाने का प्रस्ताव रखे, तो आप शायद यह नहीं कहेंगेः "नहीं, आप मुझसे पंद्रह सितंबर के बाद मिलें।" नहीं क्या ?

प्रॉस्पेक्टः नहीं, बिलकुल नहीं। वह तो समझेगा मेरा दिमाग़ चल गया है।

सेल्समैनः तो क्या आप यही बात मुझसे नहीं कह रहे हैं ? अपना नाम यहाँ पर लिख दीजिये *(डॉट वाली लाइन की तरफ़ इशारा करते हुये)* जैसा कि यह ऊपर लिखा हुआ है और 15 सितंबर तक तो आपके कई लेसन पूरे हो जायेंगे।

प्रॉस्पेक्ट *(एप्लीकेशन फॉर्म को उठाते हुये)*: आप इसे मेरे पास छोड़ जायें। मैं इस बारे में विचार करूँगा और आपको अगले सप्ताह अपना निर्णय बता दूँगा।

सेल्समैनः आप इस पर अभी साइन क्यों नहीं करते ?

प्रॉस्पेक्टः मैं नहीं समझता कि मुझे यह कोर्स अभी हाल लेना चाहिये।

सेल्समैनः क्यों ?

प्रॉस्पेक्टः ... क्योंकि मैं अभी इसका ख़र्च नहीं उठा सकता।

सेल्समैन *(ठहरकर)*: ... इसके अलावा, क्या आपके मन में कुछ और भी है ?... क्या कोई और चीज़ आपको यह महत्वपूर्ण निर्णय करने से रोक रही है ?

प्रॉस्पेक्टः नहीं, यह इकलौता कारण है। ऐसा लगता है कि मेरे पास हमेशा पैसे की कमी बनी रहती है।

सेल्समैनः मिस्टर कैरॉल, *अगर आप मेरे भाई होते तो भी मैं आपसे वही कहता जो मैं आपसे अब कहने जा रहा हूँ।*

प्रॉस्पेक्टः वह क्या ?

सेल्समैनः आप अपना नाम यहाँ पर लिख दें, अभी, और शुरू कर दें!

प्रॉस्पेक्टः मैं अभी न्यूनतम कितना दे सकता हूँ और हर महीने मुझे कितना देना होगा ?

सेल्समैनः आप वह राशि बतायें जो आप अभी चुकाना चाहते हैं और मैं आपको बता दूँगा कि क्या आप शुरू कर सकते हैं।

प्रॉस्पेक्टः क्या 25 डॉलर अभी देकर हर महीने 10 डॉलर चुकाना संभव है ?

सेल्समैनः तो सौदा पक्का हो गया। अपना नाम यहाँ लिखें (**X**...) और आपने पहला क़दम उठा लिया है।

प्रॉस्पेक्ट (*एप्लीकेशन फॉर्म पर साइन करता है*)

6. ग्राहक से यहाँ साइन करने के लिये कहिये

X..

मैं हमेशा एक "X" पेंसिल का प्रयोग करता हूँ जहाँ ग्राहक को साइन करना होते हैं। मैं उसे अपना पेन देता हूँ और उस बड़े **X** की तरफ़ इशारा करते हुये कहता हूँः "क्या आप यहाँ पर उसी तरह अपना नाम लिखेंगे जिस तरह मैंने ऊपर लिखा है ?" जब संभव होता है तो मैं हमेशा एप्लीकेशन को भरकर रखता हूँ। कम से कम मैं ऊपर उसका नाम और पता तो हमेशा लिखने की कोशिश करता हूँ।

7. ऑर्डर के साथ चेक ज़रूर हासिल करें। पैसे माँगने से न डरें।

सफल सेल्समैनों के रिकॉर्ड यह साबित करते हैं कि ऑर्डर के साथ कैश माँगना सेल क्लोज़ करने के सबसे सशक्त तत्वों में से एक होता है। तब ख़रीदार आपके सामान या सेवा को अधिक मूल्यवान समझता है और उसे ज़्यादा महत्व देता है। एक बार वह पैसा चुका देता है तो फिर वह यह महसूस करता है कि वह सामान *उसकी* संपत्ति है। जब प्रॉस्पेक्ट को अकेले में स्थिति के अवलोकन और मूल्यांकन का समय मिलता है तो कई बार वह एक्शन को टाल देने का निर्णय लेता है, परंतु मैंने कभी किसी आदमी को नहीं देखा जिसने पैसा चुकाने के बाद अपने ऑर्डर को कैंसल किया हो।

क्लोज़ करने का सही समय

क्लोज़ करने का सही समय क्या है ? कई बार तो पहले मिनट में। कई बार एक घंटे - या दो घंटे बाद भी नहीं! आप यह कैसे जानें कि क्लोज़ करने का सही समय आ चुका है ? क्या आपने कभी किसी महान योद्धा को एक्शन में देखा है ? जो लुइस सफलता की सीढ़ियों पर चढ़ने वाले सबसे सफल क्लोज़र्स में से एक थे। मैंने जो को तीन बार अपनी चैंपियन लड़ाई में क्लोज़ करते देखा। लोग उन्हें साँस रोककर और रोमांचित होकर देखते थे क्योंकि जो

हमेशा अपने विरोधी को टेस्ट करते हुये एलर्ट रहते थे और धैर्य से सही पल का इंतज़ार करते थे। कई बार वह पल पहले राउंड में ही आ जाता था। कई बार यह पल दस या बारह राउंड में भी नहीं आता था। परंतु जब भी जो को लगता था कि क्लोज़ करने का समय आ गया है तो वे तत्काल एक्शन लेते थे। अगर उन्हें लगता था कि उनसे ग़लती हो गयी है और वह समय नहीं आया है तो यह मास्टर क्लोज़र फिर से अपने सेलिंग के काम को करने लगता था। वह जानता था कि हर प्रयास उसे सही पल के अधिक क़रीब ला रहा है। परंतु वह कभी इसे लेकर ज़्यादा परेशान नहीं होते।

सालों के अनुभव के साथ, मैंने अपनी सेलिंग प्रक्रिया को सुधरते पाया और मैं सेल को क्लोज़ करने के अंतिम महान प्रयास को लेकर कम से कम परेशान हुआ। अगर मेरी *एप्रोच* सही है, अगर मैंने पर्याप्त *रुचि* और *इच्छा* पैदा करने में सफलता पाई है, तो फिर जब *एक्शन* का समय आता है तो ग्राहक ख़रीदने के लिये उत्सुक और तैयार रहता है।

मैंने बहुत ही संक्षिप्त रूप से केवल यह बताने की कोशिश की है कि मैं किस तरह से उन विचारों का प्रयोग करता हूँ जो मेरे लिये *निरंतर* मददगार साबित हुये हैं, ऐसी चीज़ें जिन्हें मेरे हिसाब से सेलिंग की हर लाइन में प्रयुक्त किया जा सकता है। क्लोज़ के बारे में पूरी जानकारी के लिये मैं उत्साहपूर्वक चार्ल्स बी. रॉथ की पुस्तक *सीक्रेट्स ऑफ क्लोज़िंग सेल्स* की अनुशंसा करता हूँ, जिसे प्रेन्टिस हॉल, इन्क. न्यूयॉर्क ने प्रकाशित किया है।

मैंने इन सात चीज़ों को 3" x 5" के कार्ड पर टाइप करके अपनी जेब में कुछ समय तक रखा। कार्ड के सबसे ऊपर यह शब्द मोटे-मोटे अक्षरों में टाइप किये हुये थेः

यह मेरा अब तक का सबसे अच्छा इंटरव्यू होगा

किसी आदमी के ऑफ़िस में जाने से ठीक पहले मैं ख़ुद के सामने यह शब्द दोहरा लेता था। यह एक आदत बन गई। और आज तक मैं अक्सर अपने आपको इन शब्दों को दोहराते हुये पाता हूँ।

छोटे 3" x 5" कार्ड का *बड़ा* लाभ यह हैः एक असफल इंटरव्यू के बाद मैं इस कार्ड को देखते हुये यह जाँच करता हूँ कि मुझसे कहाँ ग़लती हुई है, या मुझे कौन सी चीज़ अलग तरीक़े से करनी चाहिये थी। यही एसिड टेस्ट था!

संक्षेप में

पॉकेट रिमाइन्डर्स

यह मेरा सबसे अच्छा इंटरव्यू साबित होगा

1. क्लोज़ के लिये क्लोज़िंग पॉइन्ट्स बचाकर रखें। औसत सेल के चार क़दम हैं: (1) ध्यान, (2) रुचि, (3) इच्छा, (4) क्लोज़।
2. संक्षेपिका। जब संभव हो, तो प्रॉस्पेक्ट को ही संक्षेपिका प्रस्तुत करने दें। उसे एक्शन में लायें!
3. "आपको यह कैसा लगा ?" प्रस्तुति को पूरा करने के बाद यह सवाल पूछें। इसमें जादू है!
4. आपत्तियों का स्वागत करें! याद रखें- आपत्ति करने वाले ग्राहक ही सर्वश्रेष्ठ ग्राहक होते हैं।
5. "क्यों ?... इसके अलावा ?"... क्यों से ग्राहक बोलने लगता है और उसकी आपत्तियाँ सामने आती हैं। *इसके अलावा* ? से असली कारण या मुख्य मुद्दा सामने आता है।
6. प्रॉस्पेक्ट से यहाँ पर अपना नाम लिखने को कहें।

   X ....

   एप्लीकेशन या ऑर्डर को थोड़ा बहुत पहले से ही भर लें। कम से कम ऊपर उसका नाम तो लिख ही लें। जब तक आप ऑर्डर साइन करवाने की सच्ची कोशिश नहीं करते तब तक आपको यह कैसे पता चल सकता है कि आप सफलतापूर्वक क्लोज़ कर सकते हैं या नहीं।
7. ऑर्डर के साथ चेक हासिल करने की कोशिश करें। *पैसे माँगने से न डरें*। सफल सेल्समैनों का कहना है कि पैसे माँगना सेल को क्लोज़ करने के सबसे सशक्त तत्वों में से एक है।

हर दिन क्लोज़िंग के इन नियमों पर ख़ुद का टेस्ट लें। उन्हें तब तक लागू करें जब तक कि उन पर चलना आपकी आदत न बन जाये।

32 अद्भुत क्लोज़िंग तकनीक जो मैंने एक मास्टर सेल्समैन से सीखी

संपादक की टिप्पणीः (*आप प्रॉस्पेक्ट से क्या कहते हैं जब आप उसके पास उसके अंतिम निर्णय को सुनने के लिये जाते हैं? मिस्टर बेटगर एक असाधारण तकनीक बताते हैं जिसके कारण वे कई सेलों को सफलतापूर्वक क्लोज़ कर पाये।*)

1924 में मैंने अर्नेस्ट विल्किस नामक महान सेल्समैन से एक अद्‌भुत क्लोज़िंग तकनीक सीखी। अपनी खोज के समय मिस्टर विल्किस सैन फ्रांसिस्को, कैलिफोर्निया में मेट्रोपॉलिटन लाइफ इन्श्योरेंस कंपनी के लिये काम कर रहे थे और औद्योगिक पॉलिसी होल्डर्स से दस- और पंद्रह-सेंट के साप्ताहिक प्रीमियम वसूल कर रहे थे। सेल्समैन के रूप में उसकी छवि काफ़ी कमज़ोर थी। उसकी तनख़्वाह और कमीशन इतने कम थे कि उनसे उसकी पत्नी और बच्चों का सिर्फ़ पेट ही भर रहा था और उसके ख़ुद के लिये कुछ नहीं बच पा रहा था। उसके कपड़े बहुत घटिया थे और उनकी फिटिंग सही नहीं थी; उसके कोट और शर्ट पर सिलवटें रहती थीं।

विल्किस ने बताया कि सेलिंग में उसकी सबसे बड़ी कठिनाई यह थी कि वह पहले इंटरव्यू में ग्राहक पर हमला बोल देता था और जब ग्राहक उससे कहता थाः "आप इस जानकारी को मेरे पास छोड़ जायें। मैं इस पर विचार करूँगा। मुझसे आकर अगले सप्ताह मिलें।" तो वह लौट आता था।

"जब मैं उससे दुबारा मिलता था," विल्किस कहते हैं, "तो मैं नहीं जानता था कि उससे क्या कहा जाये क्योंकि मैंने उसे पहले इंटरव्यू में ही सब कुछ बता दिया था। जवाब हमेशा यही होता थाः "देखिये, मिस्टर विल्किस, मैंने इस बारे में सोचा है और मैं अभी इस बारे में कुछ नहीं कर सकता... तो अगले साल तक तो इसे रहने ही दें।"

"फिर एक दिन, मेरे दिमाग़ में एक विचार आया," विल्किस रोमांच

से याद करके कहते हैं। "इसने जादू की तरह असर दिखाया! जब मैं दूसरे इंटरव्यू के लिये गया तो मैं सेल्स को क्लोज़ करने लगा!"

जब उसने मुझे बताया कि वह तरीक़ा क्या था तो मुझे वह तरीक़ा सही नहीं लगा। बहरहाल, मैंने सोचा कि इसे आज़माकर देखने में हर्ज ही क्या है। अगली सुबह मैं कॉल पर विलियम एलियासन नाम के एक बिल्डर के पास लैंड टाइटल एंड ट्रस्ट बिल्डिंग, फिलाडेल्फिया में गया। दस दिन पहले मैंने मिस्टर एलियासन के सामने एक योजना प्रस्तुत की थी और उन्होंने कहा थाः "इसे मेरे पास छोड़ जायें और मुझसे लगभग दो सप्ताह बाद मिलें। मैं दो और कंपनियों द्वारा प्रस्तुत प्लान का अध्ययन भी करूँगा।"

मैं पूरी तरह से मिस्टर विल्किस के निर्देशों पर चला। क्या हुआ, यह देखेंः पहले तो मैंने कॉल पर जाने से पहले एप्लीकेशन को लिखा और उसमें वह सारी जानकारी लिख ली जो मेरे पास थी जैसे उसका पूरा नाम, उसके ऑफ़िस और घर का पता और बीमे की वह रक़म भी जिसके बारे में उसने कहा था कि वह विचार कर रहा है। फिर मैंने आवेदक के हस्ताक्षर वाले कॉलम में एक बड़ा सा X बना दिया।

विल्किस ने अपने X को एक महत्वपूर्ण बिंदु बनाया।

X..

आवेदक यहाँ हस्ताक्षर करें

जब मैं मिस्टर एलियासन के ऑफ़िस में अंदर घुसा तो उनके प्राइवेट ऑफ़िस का दरवाज़ा खुला हुआ था। वे अपनी डेस्क पर बैठे हुये थे। रिसेप्शनिस्ट उस समय वहाँ पर नहीं थी। उन्होंने बाहर देखा और मुझे पहचान लिया। अपने सिर को "नहीं," में हिलाते हुये उन्होंने अपने हाथ को उठाकर "गुडबाई" कहा!

मैंने निर्देशों का पूरी तरह से पालन करने का निश्चय कर लिया था, इसलिये मैं उस आदमी के पास पूरे गंभीर चेहरे के साथ गया। (इस समय मुस्कराने की सलाह नहीं दी जाती।) मिस्टर एलियासन ने सख़्त आवाज़ में कहाः "नहीं, मैं कुछ नहीं करना चाहता। मैंने इस मामले को छोड़ देने का फैसला कर लिया है। शायद मैं आज से छह महीने बाद इसे करना चाहूँ।"

जब वह बोल रहा था तो मैंने जान-बूझकर अपनी जेब से उसका एप्लीकेशन फॉर्म निकाला और उसे खोलकर उसकी तरफ़ बढ़ना जारी रखा। उसके पास आकर मैंने इसे उसकी मेज़ पर रख दिया, ठीक उसके सामने।

फिर मैंने वह पहले शब्द कहे जो विल्किस ने मुझसे सबसे पहले बोलने को कहा थाः "क्या यह सही है, मिस्टर एलियासन ?"

जब वह पढ़ रहा था तो मैंने अपना फाउन्टेन पेन अपनी जेब से निकाला और उसे लिखने के लिये तैयार किया, परंतु मैं चुपचाप खड़ा रहा। सच तो यह था कि मैं डरा हुआ था। यह पूरी तरह ग़लत लग रहा था।

जल्दी ही उसने ऊपर देखाः "यह क्या है, एप्लीकेशन ?"

"नहीं," मेरा जवाब था।

"यह एप्लीकेशन ही तो है! ऊपर लिखा हुआ है एप्लीकेशन," उसने इशारा करते हुये कहा।

"यह तब तक एप्लीकेशन नहीं बन सकती जब तक कि आप अपना नाम यहाँ पर नहीं लिख देते," मैंने कहा। (जब मैं बोल रहा था तो मैंने उसके हाथ में खुला हुआ पेन दे दिया और एक उँगली उस लाइन पर रखी जहाँ हस्ताक्षर किये जाना थे।)

उसने वही किया जो विल्किस ने कहा था कि वह करेगा-- उसने मेरे हाथ से पेन लिया और इस दौरान उसे आभास भी नहीं था कि वह क्या कर रहा था! फिर उसने चुपचाप पढ़ा। आख़िरकार अपनी कुर्सी से उठकर वह धीमे से खिड़की तक गया और दीवार से टिक गया। उसने उस काग़ज़ पर लिखे हर शब्द को पढ़ा होगा। पूरे समय पूरी ख़ामोशी छायी रही। पाँच मिनट गुज़र गये होंगे, इसके बाद वह अपनी मेज़ पर वापस लौटा, बैठा और मेरे पेन से अपने हस्ताक्षर करने लगा। जब उसने लिखा, तो उसने कहाः "मुझे लगता है कि मुझे साइन कर ही देना चाहिये। अगर मैं ऐसा नहीं करता, तो मुझे डर है कि कहीं मैं मर न जाऊँ!"

अपनी आवाज़ को नियंत्रित करने की बहुत कोशिश करते हुये मैं इतना भर कह पायाः "मिस्टर एलियासन क्या आप मुझे पूरे साल के लिये चेक देना पसंद करेंगे या फिर अभी सिर्फ़ आधा ही चुकाना पसंद करेंगे, और बाक़ी आधा छह महीने बाद ?"

"कितना देना है ?" उसने पूछा।

"केवल 432 डॉलर," मैंने जवाब दिया।

ड्रॉअर से अपनी चेकबुक निकालते हुये उसने एक बार देखा और कहा, "मुझे लगता है कि मैं अभी ही सारी राशि चुका दूँ। अगर मैं ऐसा न भी करूँ

तो भी छह महीने बाद मेरी हालत उतनी ही ख़स्ता रहेगी।"

जब उसने मुझे मेरा चेक और मेरा फाउन्टेन पेन दिया तो मेरा मन हो रहा था कि मैं ज़ोर से चिल्लाकर जश्न मनाऊँ! वह चमत्कारी क्लोज़ जिसे अर्नेस्ट विल्किस ने खोजा था और जो अस्वाभाविक लग रही थी, अंततः सहज सिद्ध हुई!

मैंने कभी नहीं देखा कि ऐसी कोशिश करने से कोई गुस्सा हुआ हो। और जब यह कोशिश असफल होती है तो बाद में सेल करने की और कोशिश करने में भी इस तरीक़े से कोई बाधा नहीं आती।

इस तरीक़े के पीछे का मनोविज्ञान क्या है ? मैं नहीं जानता। शायद यहः आप किसी आदमी के दिमाग़ को हस्ताक्षर करने पर एकाग्र करते हैं-- मना करने पर नहीं। आप आख़िरकार उन सारे तर्कों को उसके दिमाग़ से बाहर निकाल देते हैं कि उसे साइन क्यों नहीं करना चाहिये, जब तक कि उसका दिमाग़ अवचेतन रूप से वे सारे कारण सोच नहीं लेता कि उसे साइन क्यों करना चाहिये। सभी विचारों में कार्य में परिणित होने की प्रवृत्ति होती है।

अगर आपका संभावित ग्राहक स्पष्ट रूप से आपके प्रस्ताव को समझता है और आपको विश्वास है कि इस पर अमल करना उसके सर्वश्रेष्ठ हित में है-- तो दूसरे इंटरव्यू में शुरू से शुरूआत क्यों की जाये ? क्यों न गेंद को एक गज़ की लाइन पर रखकर शुरूआत की जाये। आम तौर पर तब क्या होता है जब एक टीम दूसरी टीम को एक गज़ की लाइन पर ले आती है ? एक टचडाउन! क्या यह सही नहीं है ? टचडाउन! जिस टीम के पास गेंद होती है वह बहुत रोमांचित होती है और उसे लगता है कि उसे रोका नहीं जा सकता। उसे स्कोर करने की उम्मीद होती है और वह आम तौर पर स्कोर करती भी है। उसके विरोधी सुरक्षात्मक होते हैं। वे बचाव के लिये भागते हैं। इसी भागदौड़ में वे लाइन के पार निकल जाते हैं।

हालाँकि यह क्लोज़ मूल रूप से आख़िरी इंटरव्यू में प्रयुक्त करने की है, पर मेरा मानना है कि कई बार सेल पहले ही इंटरव्यू में पूरी की जा सकती है; परंतु हमें ही इस बात का एहसास नहीं होता। अक्सर इस तकनीक के प्रयोग के द्वारा मैं पहले ही इंटरव्यू में सेल क्लोज़ करने में कामयाब हुआ हूँ जबकि पहले मैं वहाँ से ख़ाली हाथ लौट आया करता था।

यहाँ एक अजीब अनुभव बताया जा रहा है। तक़रीबन तीन साल तक इस विचार के प्रयोग के बाद मुझे एक बड़े आर्थिक संस्थान ने एक प्रस्ताव पेश

किया। यह एक आकर्षक प्रस्ताव था। पहले इंटरव्यू के बाद हम इस नतीजे पर पहुँचे कि मुझे इस पर एक बार फिर विचार करना चाहिये और दूसरा अपॉइंटमेंट दस दिन बाद तय हुआ। इस दौरान मैंने कई दोस्तों से चर्चा की जो लंबे अनुभव वाले मुझसे बड़े लोग थे। मेरा अंतिम निर्णय यह था कि मैं प्रस्ताव को ठुकरा दूँगा।

जब मुझे दस दिन बाद कंपनी के अफ़सर द्वारा आकर्षक ऑफ़िस में ले जाया गया तो *वहाँ पर मेरा कॉन्ट्रैक्ट उसकी मेज़ पर पड़ा था, जहाँ मैं बैठा था उसके ठीक सामने*। सब कुछ लिखा हुआ था, मेरा नाम भी और नीचे एक सुंदर सुनहरी सील लगी हुई थी और "X" के सामने एक लाइन खिंची थी जहाँ मुझे साइन करने थे!

मैंने इसे कुछ देर तक पढ़ा।

एक भी शब्द नहीं कहा गया था।

मेरे दिमाग़ से वे सारे कारण ग़ायब हो गये जिनकी वजह से मैंने वह प्रस्ताव स्वीकार न करने का फैसला किया था। मेरे दिमाग़ में वे सारे कारण आ गये जिनके कारण मुझे वह प्रस्ताव स्वीकार कर लेना चाहिये था... "तनख़्वाह बहुत अच्छी थी; मैं इस बारे में पूरी तरह आश्वस्त हो सकता था, चाहे मैं बीमार रहूँ या स्वस्थ, समय अच्छा हो या बुरा... यह एक अच्छी कंपनी थी जिसके साथ जुड़ना गर्व की बात थी..."

मैंने ऊपर देखा और उस अफ़सर को यह बताना शुरू किया कि मैंने उनका ऑफर अस्वीकार करने का फैसला किया था और उसे इसके पीछे के कारण बताये। यह बोलते समय ऐसा लग रहा था जैसे मैं सिर्फ़ रटी हुई लाइनों को दोहरा रहा था जिन पर मुझे ख़ुद विश्वास नहीं था। परंतु मुझे आश्चर्य हुआ जब उसने इस पर ठंडी प्रतिक्रिया दी और हार मान ली। वह मेरे हाथ की तरफ़ बढ़ा, उसने गर्मजोशी से मुझसे हाथ मिलाया और कहाः "मुझे खेद है, मिस्टर बेटगर, हमें आपके साथ काम करने में ख़ुशी होती, परंतु मैं यही कामना करता हूँ कि आप जहाँ भी रहें, क़िस्मत आपका साथ दे और मैं आशा करता हूँ कि आप बहुत सुखी और सफल हों।"

इस इंटरव्यू के बारे में यह अजीब बात थी कि जब तक मैं उसके ऑफ़िस से बाहर नहीं निकला मुझे यह ख्याल ही नहीं आया कि यह आदमी उसी *तकनीक* का प्रयोग कर रहा था जिसका प्रयोग मैं तीन साल से कर रहा था, परंतु जब ऐसा हो रहा था तो मुझे इस बात का एहसास नहीं था। मेरे हाथ

में उसका पेन भी था, परंतु मुझे याद नहीं कि उसने मुझे पेन कब थमाया था। उसे यह जानकर आश्चर्य होता अगर उसे यह पता चलता कि मैं वह कॉन्ट्रैक्ट साइन करने के कितना क़रीब था। अगर उसने पहले प्रयास के बाद ही मैदान न छोड़ा होता, अगर वह कुछ देर और कोशिश करता ... *तो मैंने साइन कर दिये होते*।

वैसे, क्या आप यह जानने में रुचि रखते हैं कि कभी ग़रीब, ख़राब कपड़े पहने अर्नेस्ट विल्किस नाम के उस औद्योगिक बीमा एजेंट का क्या हुआ जिसने सेल क्लोज़ करने का यह विचार खोजा था ?

अर्नेस्ट विल्किस दुनिया में सबसे बड़े कॉरपोरेशन मेट्रोपॉलिटन लाइफ इन्श्योरेंस कंपनी के वाइस-प्रेसिडेन्ट बन गये। 1942 में उनकी असामयिक मृत्यु के समय यह माना जा रहा था कि वे उस महान कंपनी के प्रेसिडेन्ट बनने जा रहे हैं।

सेल के क़दम

का संक्षेप

और

"पॉकेट रिमाइन्डर"

1. ख़ाली ऑर्डर, एप्लीकेशन या कॉन्ट्रैक्ट को *पहले से ही* लिख लें चाहे आप केवल ग्राहक का नाम और पता ही लिखें।

2. अगर उसके हस्ताक्षर *ज़रूरी* हों तो हर उस जगह पर जहाँ उसे साइन करना हो एक बड़ा X का निशान बना दें।

3. आपके पहले शब्दः "क्या यह ठीक है, मिस्टर ब्लैंक ?" उसकी मेज़ पर काग़ज़ को ठीक उसके सामने रखते हुये। अगर यह इंटरव्यू खड़े-खड़े हो रहा हो तो खुले काग़ज़ को उसके हाथ में दे दें।

4. अब गेंद उसकी एक गज़ की लाइन पर है। अब *आपको* फुर्ती दिखानी है! एक आदमी दूसरे की जो सबसे महान सेवा कर सकता है उनमें से एक यह है कि वह उसे बुद्धिमत्तापूर्ण निर्णय पर पहुँचने में सहायता करे।

संक्षेप में

खंड पाँच

पॉकेट रिमाइन्डर्स

1. *हॉसर* फेंकने की कोशिश न करें- *हीविंग लाइन* फेंकें। एप्रोच का केवल एक लक्ष्य होना चाहिये-- सेल्स इंटरव्यू बेचना। आपका प्रॉडक्ट नहीं, बल्कि आपका इंटरव्यू। यह सेल के पहले की सेल है।

2. सेल्स का आधार है इंटरव्यू हासिल करना। और अच्छे, शिष्ट और ध्यान वाले इंटरव्यू हासिल करने का रहस्य है अपॉइंटमेंट सेल करना। अपॉइंटमेंट लेने का रहस्य है *होम रन* के लिये बल्ला घुमाना बंद करना

और *फर्स्ट बेस* तक पहुँचने की कोशिश करना। पहले, अपॉइंटमेंट बेचें। फिर, अपना प्रॉडक्ट बेचें।

3. सेक्रेट्रीज़ और स्विचबोर्ड ऑपरेटर्स से अधिक स्मार्ट बनने का सबसे अच्छा तरीक़ा यह है कि इसकी कभी कोशिश ही न की जाये! उनके साथ ईमानदार रहें और गंभीर रहें। उन्हें अपने विश्वास में लें। कभी भी चालाकी या छल-कपट का प्रयोग न करें।

4. "अगर आप सेलिंग के खेल में स्टार बनना चाहते हैं तो आपको अपनी मूलभूत चीज़ें ठीक से याद होनी चाहिये-- आपके काम के ए बी सी आपके दिमाग़ में पूरी तरह से बैठ जाना चाहिये ताकि वे आपका हिस्सा बन जायें।..." अपनी सेल्स टॉक का हर शब्द लिख लें। इसे सुधारते रहें। इसे पढ़ें और बार-बार पढ़ें ताकि यह आपको अच्छी तरह से याद हो जाये। परंतु इसे रटें नहीं। इसे अपनी पत्नी, अपने मैनेजर, दूसरे सेल्समैन के साथ आज़माकर देखें। तब तक सेल्स टॉक देते रहें जब तक कि आपको ऐसा करने में आनंद न आने लगे। न्यूट रॉक्ने ने कहा है: "आपको *ड्रिल करनी होगी... ड्रिल करनी होगी... ड्रिल करनी होगी।*"

5. नाटकीयता का अधिक से अधिक लाभ उठायें। "एक डिमॉन्स्ट्रेशन एक हज़ार शब्दों से भी अधिक मूल्यवान है।" ग्राहक को एक्शन में आने दीजिये। *सेल करने में ग्राहक को अपनी मदद करने दीजिये।*

6. कभी भी किसी ग्राहक को मत भूलो; न ही ऐसा होने दो कि ग्राहक आपको भूल जाये। नये ग्राहक नये बिज़नेस के सबसे अच्छे स्त्रोत होते हैं... *नये ग्राहक!* संदर्भों की लीड के पीछे उसी समय चले जायें जब वे गर्म हों। परिणामों की रिपोर्ट दें चाहे वे परिणाम अच्छे हों या बुरे। *अगले शॉट के लिये सही स्थिति में आने के लिये खेलें।*

7. हर दिन सेल को क्लोज़ करने के नियमों की ख़ुद जाँच करें। उन पर अमल करें जब तक कि वे उतने ही सहज न हो जायें जितना कि साँस लेना।

8. असफल इंटरव्यू के बाद अध्याय 31 के "पॉकेट रिमाइन्डर्स" का अवलोकन करें और यह पता लगायें कि आपसे क्या ग़लती हुई है या आप इसे किसी और तरीक़े से बेहतर कर सकते थे। यही एसिड टेस्ट है।

खंड छह हारने से न डरें

33 हारने से न डरें!

1927 की गर्मियों में सुंदर शनिवार की एक दोपहर थी। पैंतीस हज़ार बुरी तरह रोमांचित बेसबॉल समर्थक शाइब पार्क, फिलाडेल्फिया में खचाखच भरे हुये थे। वे लोग बेब रूथ को "रैज़बेरी" दे रहे थे। विश्व के महानतम बायें हाथ के पिचर्स में से एक बॉब ग्रव ने अभी-अभी बेब रूथ को तीन पिच की हुई गेंदों पर लगातार दूसरी बार छकाया था। बेस में दो रनर थे।

जब वह महान खिलाड़ी दर्शकों की हँसी और तानों के बीच बेंच पर लौटा तो उसने दर्शकों की तरफ़ अविचलित मुस्कान के साथ देखा जैसा उसने पहले किया था। उसने अपनी कैप को पसीने से भरी पेशानी के ऊपर हल्का सा उठाया, अपनी जगह पर आया और शांति से अपना पानी पिया।

आठवीं इनिंग में जब उसका तीसरी बार बैटिंग करने का नंबर आया तो स्थिति ख़राब थी। एथलेटिक्स यान्कीज़ से 3-1 से आगे थे। बेस फुल थे और दो लोग बाहर थे। जब बेब ने अपना फेवरिट बल्ला चुना और प्लेट की तरफ़ बढ़ा तो भीड़ एक साथ उठ खड़ी हुई जैसे किसी ने उसे ऐसा करने का संकेत दिया हो। रोमांच अद्‌भुत था!

"एक बार फिर उसे आउट कर दो!" समर्थकों ने ग्रव से कहा। ग्रव पिचर के बॉक्स के आसपास टहल रहा था और यह स्पष्ट था कि उसे भी लग रहा था कि वह ऐसा कर देगा।

जब शक्तिशाली बैटर ने अपनी जगह ली तो भीड़ पागल हो गयी। सबकी साँसें थम गयीं। एथलेटिक्स टीम के महान कैचर मिकी कॉकरेन ने सिग्नल दिया। ग्रव ने तूफ़ानी गति से गेंद फेंकी। रूथ ने बल्ला घुमाया-- पर ख़ाली। "स्ट्राइक वन!" अंपायर गरजा। एक बार फिर संकेत दिया गया और एक बार फिर गेंद पिच की गई। एक बार फिर बेब ने अपने बल्ले को शानदार तरीक़े से घुमाया-- परंतु गेंद इतनी तेज़ थी कि वह गेंद को नहीं छू पाया। "स्ट्राइक टू" अंपायर एक बार फिर गरजा।

रूथ लड़खड़ाया-- *और गिर गया*। सचमुच उसके पैरों तले ज़मीन खिसक गई थी। जब यह भारी-भरकम आदमी गिरा तो धूल का ग़ुबार उठा।

जनता पागल हो रही थी। मैं अपने पास खड़े अजनबी की तरफ़ मुड़ा और उसके कान में कुछ चिल्लाया। परंतु शोरगुल इतना भयानक था कि मैं अपनी ख़ुद की आवाज़ नहीं सुन पाया। आख़िरकार अपने पैरों पर खड़े होकर बैम्बिनो ने अपने पैंट पर से धूल साफ़ की, अपने हाथ सुखाये और अगली पिच के लिये तैयार हुआ। ग्रव ने इतनी तेज़ गेंद की जितनी कि उसके समर्थकों ने इससे पहले कभी नहीं देखी थी। बेब ने बल्ला घुमाया-- परंतु इस बार बल्ले और गेंद में संपर्क हो गया। एक सेकंड के सौवें हिस्से बाद हर एक को समझ में आया कि क्या हुआ था। वह बॉल दुबारा उस मैदान में लौटकर नहीं आयी।

वह स्कोरबोर्ड के ऊपर से होती हुई स्टेडियम को पार करती हुई सड़क के पार गिरी-- यह बेसबॉल में लगे सबसे लंबे हिटों में से एक था।

जब बेब रूथ बेस के चारों तरफ़ चलते हुये प्लेट के पार दूसरे रनर्स के पीछे आये--क्योंकि उन्होंने जीत का रन हासिल कर लिया था-- तो जनता ने तालियों से उनका स्वागत किया।

मैंने रूथ को अच्छी तरह से देखा जब उन्होंने स्टैंड की तरफ़ देखा और उन्होंने हल्के से मुस्कराते हुये अपनी कैप को हल्का सा उठाया और उनके चेहरे *पर वही भाव थे जो उस समय थे जब वे पिछली दो गेंदों में नाकामयाब हुये थे।*

सीज़न में बाद में जब यान्क ने अमेरिकन लीग को जीत लिया तो ग्रांटलैंड राइस ने रूथ का इंटरव्यू लिया। "बेब," उसने पूछा, "आप क्या करते हैं जब आपकी बैटिंग अच्छी नहीं होती ?" बेब ने जवाब दियाः "मैं बस वहाँ जाता हूँ और बल्ला घुमाता हूँ। मैं जानता हूँ कि अगर मैं अपने बल्ले को अच्छी तरह से घुमाऊँ तो औसत का पुराना नियम मेरे लिये भी उतना ही अच्छा काम करेगा जितना यह दूसरों के लिये काम करता है। अगर मैं एक गेम में दो या तीन बार अच्छा खेलता हूँ या एक सप्ताह तक एक भी गेंद हिट नहीं कर पाता, तो मैं चिंता क्यों करूँ ? पिचर्स को चिंता करने दें; क्योंकि इन्हीं लोगों को बाद में परिणाम भुगतने हैं।"

औसत के नियम में इस अडिग आस्था ने बेब रूथ को यह शक्ति दी कि वे अपने बुरे फॉर्म और असफलताओं को मुस्कराकर सहन करें। इसी आसान फिलॉसफ़ी ने उन्हें बेसबॉल का महानतम स्लगर बनाने में बहुत अधिक योगदान दिया। अच्छे या बुरे फॉर्म दोनों के ही प्रति इस निर्विकार भाव ने उन्हें इस खेल का महान शोमैन बनाया, बॉक्स ऑफ़िस का इतना बड़ा आकर्षण बनाया और सबसे ज़्यादा आमदनी करने वाला खिलाड़ी बनाया।

ऐसा क्यों है कि जब हम खेल या बिज़नेस में सबसे सफल आदमियों के बारे में पढ़ते हैं तो हमें उनकी असफलताओं के बारे में शायद ही कभी बताया

जाता है। उदाहरण के लियेः हम अमर बेब रूथ के इस अद्भुत रिकॉर्ड को पढ़ते हैं कि उन्होंने 851 होम रन बनाये जो किसी और ने नहीं बनाये, परंतु उनका विश्व का एक और इतना ही अद्भुत रिकॉर्ड सावधानी से दफ़ना दिया गया और उसका कभी ज़िक्र तक नहीं किया गया-- *इतिहास में किसी और खिलाड़ी से ज़्यादा बॉल मिस करने का रिकॉर्ड*। वे 1300 बार *असफल* हुये। तेरह सौ बार उन्हें अपमान झेलना पड़ा जब जनता के तानों और हँसी के बीच वे पैविलियन में वापस लौटे। परंतु उन्होंने कभी भी असफलता के भय को यह अनुमति नहीं दी कि वह उन्हें अपने प्रयासों में धीमा या कमज़ोर बना दे। जब वे बैटिंग करने उतरते थे तो वे असफलता को नहीं गिनते थे-- असली बात प्रयास करने में थी!

क्या आप अपनी असफलता से निराश हैं ? सुनिये! आपका औसत दूसरे लोगों की तरह ही अच्छा होगा। अगर आपको अपना नाम सफल लोगों की सूची में नहीं मिलता तो अपनी असफलताओं को दोष न दें। अपने रिकॉर्ड की जाँच करें। आपको शायद् यह पता चले कि असली कारण प्रयास की कमी है। आप पर्याप्त लोगों से नहीं मिल रहे हैं। आप औसत के पुराने नियम को काम करने का पर्याप्त अवसर नहीं दे रहे हैं।

इस औसत का अध्ययन करेंः 1915 में टाई कॉब ने 98 बेस स्टील करने का आश्चर्यजनक रिकॉर्ड बनाया। सात साल बाद 1922 में पिट्सबर्ग पाइरेट्स के मैक्स कैरी ने दूसरा सर्वश्रेष्ठ रिकॉर्ड बनाया जो 51 बेस स्टील करने का था। क्या इसका मतलब यह है कि कॉब कैरी की तुलना में दुगुना अच्छा था, जो उसका क़रीबी प्रतिद्वंद्वी था ? मैं आपको ही यह फैसला करने देता हूँ।

तथ्य यह हैंः

	कॉब	**कैरी**
प्रयास	134	53
असफल हुये	38	2
सफल हुये.................	96	51
औसत	71%	96%

हमें यह पता चलता है कि कैरी का औसत कॉब के औसत से बहुत अधिक था परंतु कॉब ने कैरी से 81 बार अधिक कोशिश की थी। उसके 81 प्रयासों के कारण उसने 44 बेस अधिक स्टील किये। उसने एक सीज़न में असफलता का ख़तरा अपने क़रीबी प्रतिद्वंद्वी से 81 बार अधिक उठाया। कॉब का नाम इतिहास में महानतम बेस-रनर के रूप में लिया जाता है। उन्हें आम

तौर पर विश्व का महानतम खिलाड़ी भी कहा जाता है।

टाई कॉब असफलता से नहीं डरे। क्या इससे उन्हें फ़ायदा हुआ ? टाई अठारह साल तक अपने रिटायरमेंट में आराम से रहे और उन्होंने यह समझदारी का फैसला किया कि वे जीवन बीमा की बहुत बड़ी क़िस्त चुकायेंगे ताकि उनकी जायदाद के एक्ज़ीक्यूटर्स के पास अंकल सैम को एस्टेट टैक्स चुकाने के लिये पर्याप्त कैश रहे।

क्या आपको अपने आप में भरोसा है, अपने काम में भरोसा है ? क्या आप असफलताओं और बाधाओं के लिये तैयार हैं ? आप चाहे जिस व्यवसाय में हों, हर ग़लती, हर असफलता एक प्रयास है। आपकी सबसे बड़ी पूँजी है अपने आख़िरी हिट के बाद किये गये प्रयासों की संख्या। यह संख्या जितनी अधिक होगी, आप अगले हिट के उतने ही क़रीब होंगे।

मैं असफलताओं के इस रिकॉर्ड के अध्ययन से प्रेरित हुआ थाः

एक युवक इलिनॉय की विधानसभा के लिये चुनाव लड़ा और बुरी तरह हारा।

वह बिज़नेस में गया-- असफल हुआ-- और उसने अपने जीवन के सत्रह साल अपने निकम्मे पार्टनर के क़र्ज़ को उतारने में बिताये।

वह एक सुंदर युवती से प्रेम करता था जिससे उसकी सगाई हुई थी-- फिर वह मर गई।

राजनीति में दुबारा आने पर वह काँग्रेस के लिये लड़ा और एक बार फिर बुरी तरह हारा।

फिर उसने युनाइटेड स्टेट्स लैंड ऑफ़िस के अपॉइंटमेंट के लिये कोशिश की-- परंतु असफल हुआ।

वह युनाइटेड स्टेट्स सीनेट का उम्मीदवार बना -- और बुरी तरह से हारा।

दो साल बाद उसे डगलस ने हराया।

एक के बाद एक असफलता-- बुरी असफलतायें-- महान झटके; परंतु इतने सब के बावजूद उसने कोशिश करना जारी रखा और वह इतिहास के महानतम व्यक्तियों में से एक बन गया।

शायद आपने उसका नाम सुना हो। उसका नाम अब्राहम लिंकन था।

हाल ही में मैं एक पूर्व-सेल्समैन से मिला जो अब एक छोटे मैन्युफैक्चरिंग प्लांट में क्लर्क है। उसने मुझे बताया कि असफलता के डर के कारण वह सेल्समैन के रूप में असफल हुआ। "जब मैं अपनी कंपनी की लीड पर किसी

से मिलने जाता था तो जब मुझे अपना ग्राहक ऑफ़िस के अंदर नहीं मिलता था तो मुझे दरअसल ख़ुशी होती थी। अगर वह अंदर होता था तो मुझे यह डर सताता था कि मुझे ऑर्डर नहीं मिल पायेगा और मैं नर्वस, चिंतित और असहज हो जाता था। इसका परिणाम यह होता था कि मैं सेल करने का दुखद प्रयास छोड़ देता था।"

असफलता का डर एक आम कमज़ोरी है जो ज़्यादातर आदमियों, औरतों और बच्चों में पायी जाती है।

मैंने कुछ समय पहले एक दिन सुबह माउन्ट आल्टो होटल में अल्टूना, पेनसिल्वेनिया के रिचर्ड डब्ल्यू. कैम्पबेल के साथ नाश्ता किया। डिक ने फाइडेलिटी मीच्युअल लाइफ इन्श्योरेन्स कंपनी के लिये जीवन बीमा बेचने का अद्भुत रिकॉर्ड बनाया था। यह वह आदमी था जो अपने जूते के फीते से ऊपर उठा था। मैंने उससे पूछा कि क्या कभी असफलता के डर ने उसे डराया था। मुझे यह सुनकर आश्चर्य हुआ जब उसने कहा कि इसकी वजह से उसने सेलिंग लगभग छोड़ दी थी। आइये हम डिक की बात सुनें:

"कोई भी इतना निराश या हताश नहीं हो सकता था जितना कि मैं: मैं अपने बिल नहीं चुका पाता था -- मेरे पास पैसे नहीं थे-- और मैं लगभग दिवालिया था। परंतु मुश्किलें जितनी बढ़ीं, मैं उतने ही कम लोगों से मिलने गया। मैं अपनी रिपोर्टों को देखकर इतना शर्मिंदा हो जाता था कि मैं उन्हें उन कॉलों से भरने लगा जो मैंने नहीं की थीं-- (मेरे अपने प्राइवेट रिकॉर्ड) हाँ, मैं ख़ुद को धोखा देने लगा था। कोई भी आदमी इससे नीचे नहीं गिर सकता! एक दिन, मैं देहात में एक सुनसान सड़क पर जा रहा था और मैंने गाड़ी बंद कर दी। मैं वहाँ तीन घंटे तक बैठा रहा। "आपने ऐसा क्यों किया?" मैंने अपने आपसे पूछा। अपने आपको मैंने सही दृष्टि से देखा। "कैम्पबेल," मैंने ख़ुद से कहा, "अगर आप इस तरह के इन्सान हैं -- अगर आप ख़ुद को धोखा देते हैं, तो आप दूसरों को भी धोखा देंगे। आप असफलता के लिये अभिशप्त हैं ... आप केवल एक ही विकल्प चुन सकते हैं और वह विकल्प आपको चुनना होगा-- अभी। और किसी समय नहीं-- आपको यह अभी करना है!!!"

उस दिन के बाद डिक कैम्पबेल ने पूरे और सही रिकॉर्ड रखे जिसमें उनके काम और जीवन की योजना के बारे में पूरी जानकारी थी। डिक ने कहा, "इस दुनिया में या तो हम ख़ुद को अनुशासित करते हैं या फिर दुनिया हमें अनुशासित रखती है। मैं अपने आपको अनुशासित रखने के पक्ष में हूँ।" डिक कैम्पबेल का विश्वास है कि इस योजना पर अमल करने से उनके मन से असफलता का डर निकल गया। उनका कहना था: "जब भी सेल्समैन पर्याप्त ग्राहकों से मिलने की आदत छोड़ देता है तो वह निर्विकार नहीं रह सकता।"

यही बेब रूथ में था-- निर्विकार बने रहने का भाव। बेब रूथ को खोजने वाले गिल्बर्ट का कहना थाः "जब वह होम रन हिट करता था, उससे भी अच्छा वह तब दिखता था जब वह हिट नहीं कर पाता था।"

डॉ. लुइस ई. बिश देश के प्रख्यात मनोविश्लेषक हैं। उन्होंने लिखा हैः "मुझे-चिंता-नहीं की आदत को थोड़ा-बहुत विकसित करें; यह चिंता न करें कि लोग क्या सोचेंगे। इससे आप दूसरों के प्रिय बनेंगे, दूसरे आपको पसंद करेंगे और आपको अधिक प्रेम करेंगे।"

जब आप बहुत अधिक कोशिश करते हैं या चिंता में पड़ जाते हैं तो आप बुरे दिखते हैं। आप बुरे होते हैं। हाँ, चले चलिये, परंतु आज हारने से न डरें। आज का दिन आपको न तो बना सकता है न ही मिटा सकता है। आप हर दिन 300 रन नहीं बना सकते। जनता एक अच्छे हारने वाले खिलाड़ी को पसंद करती है; घबराकर मैदान छोड़ने वाले को हर आदमी नापसंद करता है।

"मेरी बड़ी चिंता," लिंकन ने कहा था, "यह नहीं है कि आप असफल हो गये, बल्कि यह है कि कहीं आप अपनी असफलता से संतुष्ट तो नहीं हो गये।"

थॉमस एडीसन ने जब बल्ब का आविष्कार किया था तो उसके पहले वे दस हज़ार बार असफल हुये थे। एडीसन ने सोच लिया था कि हर असफलता उन्हें सफलता के ज़्यादा क़रीब ला रही थी।

अगर आप नौवीं इनिंग में बेस फुल होने पर एक होम रन हिट कर देते हैं, तो कोई भी यह याद नहीं रखेगा कि आप शुरूआती इनिंग्स में रन नहीं बना पाये।

अगर आप अंततः सफल हो जायें तो असफलताओं का कोई अर्थ नहीं होता। इस विचार से आपको ख़ुश होना चाहिये और आपको आगे बढ़ने में मदद मिलना चाहिये, ख़ासकर तब जब यात्रा कठिन हो।

आगे बढ़े चलिये! हर सप्ताह, हर महीने, आप सुधार कर रहे हैं। जल्दी ही एक दिन आपको वह काम करने का तरीक़ा मिल जायेगा जो आज आपको असंभव दिख रहा है।

शेक्सपियर ने लिखा थाः "हमारी शंकायें विश्वासघाती हैं और उन्हीं के कारण हम प्रयास करने से डरते हैं और इसी कारण हम बहुत सी अच्छी सी चीज़ों को नहीं पा पाते, जिन्हें हम अक्सर हासिल कर सकते हैं।"

साहस का अर्थ डर का अभाव नहीं, बल्कि डर पर विजय है।

34 बेंजामिन फ्रैंकलिन का सफलता का रहस्य और इसने मेरे लिये क्या किया

शायद इस अध्याय को पुस्तक की शुरूआत में होना चाहिये था, परंतु मैंने इसे आख़िरी के लिये बचाकर रख लिया था क्योंकि शायद यह सबसे महत्वपूर्ण अध्याय है। यह वही पथ है जिस पर मैं दौड़ा था।

मैं 1888 के बर्फ़ीले तूफ़ान के दौरान फिलाडेल्फिया में नसाऊ स्ट्रीट पर एक छोटे से घर में पैदा हुआ। हमारी सड़क के दोनों तरफ़ हर पचास गज़ बाद लैंप पोस्ट थे। जब मैं छोटा था तो मुझे याद है हर शाम जब अँधेरा होने को होता था तो एक लैंप जलाने वाला सड़क पर एक जलती हुई मशाल लेकर आता था। वह हर लैंप पोस्ट पर रुकता था, अपनी टॉर्च को लैंप तक ऊँचा उठाता था और इसे जलाता था। मैं आम तौर पर उसे तब तक देखा करता था जब तक कि वह मेरी आँखों से ओझल नहीं हो जाता था। वह अपने पीछे रोशनियों की क़तारें छोड़ जाता था ताकि लोग रास्ता देख सकें।

कई साल बाद जब मैं अँधेरे में भटक रहा था, और यह जानने की बुरी तरह कोशिश कर रहा था कि सेल कैसे करना चाहिये तो मैंने एक पुस्तक उठायी जिसने मेरे जीवन पर ज़बर्दस्त प्रभाव डाला, द *ऑटोबायोग्राफी ऑफ बेंजामिन फ्रैंकलिन*। फ्रैंकलिन के जीवन से मुझे उस लैंप जलाने वाले की याद आ गयी। वे भी अपने पीछे रोशनियों की एक क़तार छोड़ गये हैं, ताकि दूसरे लोग अपना रास्ता देख सकें।

उनमें से एक रोशनी बड़े आकाशदीप की तरह अलग हटकर दिखती है, एक ऐसा विचार जो फ्रैंकलिन ने तब खोजा जब वे फिलाडेल्फिया में एक छोटे प्रिंटर थे और बुरी तरह क़र्ज़ में डूबे हुये थे। वे अपने आपको साधारण योग्यता वाला साधारण आदमी समझते थे परंतु उनका विश्वास था कि वे सफल जीवन के अनिवार्य सिद्धांत हासिल कर सकते हैं, बशर्ते कि उन्हें सही

तरीक़ा मालूम पड़ जाये। चूँकि उनका मस्तिष्क खोजी प्रवृत्ति का था, इसलिये उन्होंने इतना आसान परंतु प्रैक्टिकल तरीक़ा खोजा कि कोई भी इसका प्रयोग कर सकता है।

फ्रैंकलिन ने तेरह विषयों को चुना जिन्हें हासिल करना या जिनमें पारंगत होना उनके लिये आवश्यक था और उन्होंने हर विषय पर क्रमशः एक सप्ताह तक पूरी तरह से ध्यान देना शुरू किया। इस तरह वे तेरह सप्ताह में इस सूची को पूरा कर लेते थे और साल भर में इस प्रक्रिया को चार बार दोहरा लेते थे। इस अध्याय के अंत में आपको फ्रैंकलिन के तेरह विषयों की वही सूची मिलेगी जो उनकी आत्मकथा में दी गई है।

जब वे उन्यासी वर्ष के थे तो बेंजामिन फ्रैंकलिन ने अपने जीवन की किसी और घटना की तुलना में इस विचार के बारे में ज़्यादा लिखा-- पंद्रह पेज-- क्योंकि उन्हें लगता था कि केवल इसी एक चीज़ के कारण उन्हें इतनी सफलता और इतना सुख मिला था। उन्होंने अंत में यह निष्कर्ष निकालाः "इसलिये मैं आशा करता हूँ कि मेरे बाद आने वाले कुछ लोग इस उदाहरण का अनुसरण करेंगे और इसका लाभ उठायेंगे।"

जब मैंने पहली बार यह शब्द पढ़े तो मैं तत्काल उस पृष्ठ पर उत्सुकतावश पहुँच गया जहाँ फ्रैंकलिन ने अपनी योजना को स्पष्ट किया था। इतने सालों में मैं इन पृष्ठों को दर्जनों बार पढ़ चुका हूँ। यह मेरे लिये एक तरह से उनकी विरासत है!

मैंने सोचा कि अगर बेंजामिन फ्रैंकलिन जैसे जीनियस जो दुनिया के सबसे समझदार और सबसे प्रैक्टिकल लोगों में से एक थे, यक़ीन करते थे कि यह उनके द्वारा किया गया सबसे महत्वपूर्ण काम था तो क्यों न मैं भी इसे करने की कोशिश करके देखूँ ? मुझे लगता है कि अगर मैं कभी कॉलेज या हाई स्कूल गया होता तो मुझे ऐसा महसूस होता कि मैं इस तरह की किसी योजना से अधिक स्मार्ट हूँ। परंतु मुझमें हीन भावना थी क्योंकि मैं अपने पूरे जीवन में सिर्फ़ छह साल के लिये स्कूल गया था। फिर मुझे यह पता चला कि फ्रैंकलिन को केवल दो साल ही स्कूल की पढ़ाई नसीब हुई थी परंतु उनकी मृत्यु के 150 वर्ष बाद दुनिया की तमाम महानतम युनिवर्सिटीज़ उन पर सम्मान वरसा रही हैं। मैंने सोचा कि इस पर अमल करने की कोशिश न करना मूर्खता ही होगी! इसके बावजूद, मैंने इस बात को गोपनीय रखा कि मैं इस पर अमल कर रहा हूँ। मुझे डर था कि लोग मुझ पर हँसेंगे।

मैंने उस योजना का पूरी तरह पालन किया जैसा उन्होंने बताया था कि

उन्होंने किया था। मैंने उसे लिया और सेलिंग पर लागू कर दिया। फ्रैंकलिन के तेरह विषयों में से मैंने छह चुने और बाक़ी सात को मैंने बदलकर उनकी जगह पर वे विषय रख लिये जो मुझे लगता था कि मेरे बिज़नेस में मेरे लिये ज़्यादा मददगार सिद्ध होंगे, ऐसे विषय जिनमें मैं ख़ास तौर पर कमज़ोर था।

यह मेरी सूची है और उसी क्रम में है जिसमें मैंने उनका प्रयोग किया:

1 उत्साह।

2 ख़ुद को व्यवस्थित रखनाः सेल्फ-ऑर्गेनाइज़ेशन।

3 दूसरे की रुचियों के विषय में सोचें।

4 सवाल।

5 मुख्य मुद्दा।

6 मौनः सुनें।

7 गंभीरताः विश्वास जगायें।

8 अपने विषय का ज्ञान।

9 सराहना और तारीफ़।

10 मुस्करानाः ख़ुशी।

11 नाम और चेहरे याद रखना।

12 सेवा और प्रॉस्पेक्टिंग।

13 सेल क्लोज़ करनाः एक्शन।

मैंने अपने हर विषय के लिये एक पॉकेट रिमाइन्डर, एक 3" x 5" का कार्ड बनाया, जिसमें इन सिद्धांतों का संक्षेप दिया गया था। यह उन "पॉकेट रिमाइन्डर्स" की तरह ही था जिसे आप इस पूरी पुस्तक में पायेंगे। पहले सप्ताह मैंने *उत्साह* वाले कार्ड को अपनी जेब में रखा। दिन में समय-समय पर मैं इन सिद्धांतों को पढ़ लिया करता था। सिर्फ़ उसी सप्ताह के लिये मैंने फैसला किया कि मैं अपनी सेलिंग और अपने जीवन में उत्साह की मात्रा को दुगुना कर लूँगा। दूसरे सप्ताह मैंने क्रमबद्धताः *सेल्फ-ऑर्गेनाइज़ेशन* वाले कार्ड को रखा। और मैं इसी तरह हर सप्ताह कार्ड बदलता गया।

जब मैंने पहले तेरह सप्ताह पूरे कर लिये और एक बार फिर अपने पहले विषय- *उत्साह*- से शुरू किया तो मैं जानता था कि अब मेरी ख़ुद पर बेहतर पकड़ बन चुकी है। मुझे अपने भीतर एक ऐसी शक्ति का अनुभव होने

लगा था जिसे मैंने पहले कभी महसूस नहीं किया था। हर सप्ताह, मुझे अपने विषय की अधिक स्पष्ट समझ हासिल होती गई। यह मेरे भीतर बहुत गहराई में बैठ गयी। मेरा बिज़नेस अधिक रोचक बन गया। यह रोमांचक बन गया!

एक साल के अंत में मैंने चार कोर्स पूरे कर लिये थे। मैंने पाया कि अब मैं उन चीज़ों को स्वाभाविक रूप से और अचेतनता से कर रहा था जिसकी मैंने एक साल पहले कभी कोशिश भी नहीं की होती। हालाँकि मैं इनमें से किसी सिद्धांत में पूरी तरह से प्रवीण नहीं हो पाया, परंतु मैंने पाया कि यह आसान योजना सचमुच एक जादुई फॉर्मूला है। मुझे संदेह है कि इसके बिना मेरा उत्साह बना रह सकता था... और *मेरा विश्वास है कि अगर किसी आदमी में उत्साह लंबे समय तक बना रहे, तो वह कुछ भी कर सकता है!*

मेरे साथ एक आश्चर्यजनक बात हुईः शायद ही मैं कभी ऐसे व्यक्ति से मिला होऊँ जिसने फ्रैंकलिन की तेरह सप्ताह की योजना के बारे में न सुना हो, परंतु मैं आज तक किसी ऐसे व्यक्ति से नहीं मिला जिसने मुझे यह बताया हो कि उसने इसे आज़माकर देखा है! इसके बावजूद कि बेंजामिन फ्रैंकलिन ने अपने लंबे और अद्‌भुत जीवन के अंतिम पड़ाव में यह लिखा थाः "इसलिये मैं आशा करता हूँ कि मेरे बाद आने वाले कुछ लोग इस उदाहरण का अनुसरण करेंगे और इसका लाभ उठायेंगे।"

मै नहीं जानता कि कोई सेल्स मैनेजर अपने सेल्समैनों की सफलता को सुनिश्चित करने के लिये इससे बढ़िया तरीक़ा ढूँढ सकता है कि वह अपने सेल्समैनों के लिये इस योजना पर अमल करना पूरी तरह अनिवार्य कर दे।

याद रखें, फ्रैंकलिन एक वैज्ञानिक थे। यह योजना वैज्ञानिक है। इसे नकारते समय आप अपने सामने आये सबसे प्रैक्टिकल विचारों में से एक को नकार रहे हैं। मैं जानता हूँ। मैं जानता हूँ इसने मेरे लिये क्या किया है। मैं

जानता हूँ कि यह योजना हर आदमी के लिये बहुत कुछ कर सकती है बशर्ते कि वह इस रास्ते पर चले। यह आसान रास्ता नहीं है। दरअसल कोई भी रास्ता *आसान* नहीं होता। परंतु यह सफलता तक ले जाने वाला रास्ता है।

फ्रैंकलिन के तेरह विषय

(जिस तरह उन्होंने इन्हें लिखा और उसी क्रम में जिसमें उन्होंने इनका प्रयोग किया)

1. *संयम* - इतना मत खाओ कि सुस्ती आ जाये; इतना मत पियो कि होश न रहे।

2. *चुप्पी*- ऐसी कोई चीज़ न बोलें जिससे दूसरों को या आपको लाभ न हो रहा हो; फालतू की चर्चा से बचें।

3. *व्यवस्था*- आपकी सभी चीज़ें सही जगह पर रहें; आपके बिज़नेस के हर हिस्से का अपना समय तय हो।

4. *संकल्प*- वह करने का संकल्प करें जो आपको करना चाहिये; हर वह काम कर दें, जिसका आपने संकल्प किया है।

5. *मितव्ययिता*- दूसरों की या अपनी भलाई करने के अतिरिक्त किसी चीज़ पर पैसे ख़र्च न करें; कुछ भी बर्बाद न करें।

6. *मेहनत*- समय न गँवायें; हमेशा किसी उपयोगी काम में लगे रहें; सभी अनावश्यक गतिविधियों को बंद कर दें।

7. *निष्कपटता*- नुक़सान पहुँचाने वाले धोखे का प्रयोग न करें; निष्कपटता से और ईमानदारी से सोचें, और अगर आप बोलें तो इसी तरह बोलें।

8. *न्याय*- किसी को चोट न पहुँचायें या ऐसे लाभ देना न छोड़ें जिन्हें देना आपका कर्त्तव्य है।

9. *मध्यमार्ग*- अति करने से परहेज़ करें; उन बुराइयों पर गुस्सा करना बंद कर दें जितना आप करते हैं।

10. *स्वच्छता*- शरीर, कपड़े या रहन-सहन में गंदगी बर्दाश्त न करें।

11. *शांति*- छोटी-मोटी बातों या सामान्य दुर्घटनाओं या अवश्यंभावी घटनाओं से विचलित न हों।

12. *पवित्रता-* यौन स्वेच्छाचार से बचें और स्वास्थ्य या संतानोत्पत्ति के अलावा इसका प्रयोग न करें। कभी भी इसकी वजह से आपमें शिथिलता, कमज़ोरी उत्पन्न न हो, न ही आपकी या किसी और की शांति या प्रतिष्ठा पर आँच आये।

13. *विनम्रता-* जीसस और सुकरात से सीखें।

35 आइये मैं और आप दिल खोलकर चर्चा करें

अगर मैं आपका अपना भाई होता तो भी मैं आपसे वही कहता जो मैं आपसे अभी कहने जा रहा हूँ... आपके पास ज़्यादा समय नहीं है!

मैं नहीं जानता कि आपकी उम्र क्या है, परंतु हम उदाहरण के लिये यह मान लेते हैं कि आप 35 वर्ष के हैं। आप जितना सोचते हैं, *यह आपसे उससे अधिक* दूर है। बहुत जल्दी ही आप 40 साल के हो जायेंगे। और आप एक बार 40 पार कर लेते हैं तो समय तेज़ी से गुज़रता चला जाता है। मैं जानता हूँ। मैं यह लिखते समय इकसठ वर्ष का हूँ और मुझे इस बात का विश्वास ही नहीं होता। मेरा सिर चकराने लगता है जब मैं यह सोचता हूँ कि चालीस साल के बाद मेरा समय कितनी तेज़ी से गुज़रा है।

अब आपने यह पुस्तक पढ़ ली है। मुझे लगता है कि मैं जानता हूँ आपको कैसा लग रहा होगा। वैसा ही जैसा मुझे लगता अगर मैंने इसे पहली बार पढ़ा होता। आपने इतना कुछ पढ़ा है, कि अब तक आप दुविधा में पड़ गये होंगे। आप नहीं जानते कि आपको इस बारे में क्या करना है।

आप इसके बारे में इन तीन चीज़ों में से एक कर सकते हैं।

पहलीः कुछ नहीं। अगर आप इसके बारे में कुछ भी नहीं करते हैं, तो इस पुस्तक को पढ़ने में शायद आपने अपना समय बर्बाद किया है।

दूसरीः आप कह सकते हैं: "इसमें बहुत से अच्छे विचार हैं। मैं पूरी शक्ति से इनका पालन करूँगा। मैं इनके बारे में सर्वश्रेष्ठ कर्म करूँगा।"

अगर आप ऐसा करते हैं-- तो मैं परिणाम की भविष्यवाणी कर दूँ- असफलता।

तीसरीः आप इस महाद्वीप के सबसे महान मस्तिष्कों में से एक बेंजामिन फ्रैंकलिन की सलाह ले सकते हैं। मैं अच्छी तरह जानता

> हूँ कि अगर आज आप उनके पास बैठकर उनसे सलाह माँगते तो वे क्या कहते। उन्होंने आपसे यही कहा होता कि आप एक बार में एक ही चीज़ करें और उस एक चीज़ पर एक सप्ताह तक पूरा ध्यान दें; *बाक़ी सभी को उनके स्वाभाविक क्रम में होने दें।*

चाहे आप प्रिंटर हों, सेल्समैन हों, बैंकर हों या कैंडी पुशकार्ट पेडलर हों हम यह मान लेते हैं कि आप तेरह विषय चुनें जो आपके लिये सबसे उपयुक्त हों। एक बार में एक चीज़ पर ध्यान केंद्रित करके आप एक सप्ताह में उससे आगे निकल जायेंगे जो आप आम तौर पर एक वर्ष में कर पाते। आपमें एक नया विश्वास आ जायेगा। तेरह सप्ताह के अंत में मैं जानता हूँ कि आप अपनी प्रगति को देखकर हैरान रह जायेंगे। अगर आपके दोस्त, बिज़नेस सहयोगी और आपके परिवार वाले आपमें बड़ा परिवर्तन नहीं देखते- तो मैं जानता हूँ कि जब आप इन्हें दूसरी बार तेरह सप्ताह तक करेंगे, उस वक़्त *हर आदमी* आपको एक पूरी तरह से अलग व्यक्ति के रूप में देखने लग जायेगा।

मैं इस पुस्तक को उसी तरह से ख़त्म कर रहा हूँ, जिस तरह से मैंने इसे शुरू किया था।

जब डेल कारनेगी ने मुझे अपने साथ लेक्चर टूर पर चलने का आमंत्रण दिया तो मुझे यह विचार अद्भुत लगा-- परंतु जब मैं उस महान संगठन जूनियर चैंबर ऑफ कॉमर्स के युवकों के सामने गया तो उन्होंने मुझे इतनी प्रेरणा दी कि मैंने जल्दी ही यह पाया कि मैं वह कर रहा हूँ जिसे मैं पहले असंभव मान रहा था -- हर रात तीन लेक्चर देना, पाँच रातों तक लगातार उसी समूह को-- तीस शहरों में, इस किनारे से उस किनारे तक।

पुस्तक लिखने का विचार तो और भी असंभव लग रहा था। परंतु मैंने शुरू कर दिया। मैंने उसी तरह से लिखने की कोशिश की है जिस तरह मैं बोलता हूँ-- मैंने उन आश्चर्यजनक चेहरों की याद को अपने सामने हमेशा रखा है-- जिन्होंने मुझे प्रेरित किया है। तो यह थी पुस्तक। मुझे आशा है यह आपको पसंद आयी होगी।